AF176434

# Thomas M. Meine

# Irische Geschichten

# Am Barrow River
## und andere

Nach dem Buch
**By the Barrow River and other stories**
von Edmund Leamy
Autor von 'Irish Fairy Tales' (Irische Märchen)
mit einem Vorwort von Katharine Tynan

erschienen im Jahre 1907
bei Sealy, Bryers and Walker, Dublin

Bibliografische Information der Deutschen Nationalbibliothek

Die Deutsche Nationalbibliothek verzeichnet diese Publikation in der

Deutschen Nationalbibliografie; detaillierte bibliografische Daten sind im Internet über http://dnb.dnb.de abrufbar.


Herstellung und Verlag:

Books on Demand GmbH, Norderstedt

Alle Rechte vorbehalten

Februar 2020

ISBN 9 783752 894660

# INHALT

*) siehe nächste Seite

*'Die List der Madame Martin'* ist die letzte Geschichte, die der Autor geschrieben hat. Sie wurde in Frankreich verfasst, wohin er wegen seiner schlechten Gesundheit gegangen war und dort im Jahre 1904, im Alter von 56 Jahren, in der südfranzösischen Stadt Pau verstarb. Sie befasst sich mit den Zeiten nach der Französischen Revolution, die für die Iren auch stets ein Beispiel für ihren eigenen Drang nach Freiheit und der Befreiung von der lästigen englischen Besatzung war.

Sie passt nicht direkt zum Thema des Buchs, zeigt aber, dass es Edmund Leamy auf ein höheres literarische Niveau hätte schaffen können, wenn er während seiner aktiven beruflichen und politischen Laufbahn Zeit und Muße dafür gehabt hätte.

Sie ist mit einem köstlichen Humor versehen, der sich sonst in dieser Weise nur bei der Geschichte 'Schlimmer als Cremona' wiederfindet, wo er den Schnupftabak schniefenden Prinz Eugen von Savoyen mit seiner davon vollgerotzten Weste beschreibt.

Es war Edmund Leamy, der immer für die Sache Irlands eingetreten war, nicht mehr vergönnt, die Entstehung der unabhängigen Dominion Irland innerhalb der britischen Monarchie im Jahre 1922 zu erleben, als Folge des Irischen Unabhängigkeitskriegs und vieler Freiheitskämpfe zuvor.

1949 konnte der britische (englische) Einfluss mit dem Austritt aus dem Commonwealth [ = gemeinsam (common) für den Wohlstand (wealth) der Engländer] gänzlich abgeschüttelt werden, und es entstand die heutige Republik Irland, der allerdings noch ein Stück fehlt, an das sich die Engländer immer noch genauso klammern wie an Gibraltar, die Falklands am Ende der Welt oder der Taschendieb an die gestohlene Uhr.

## VORWORT von Katherine Tynan

Edmund Leamy war das Vorbild eines ritterlichen irischen Gentleman, Patrioten und Christen. Während einer Freundschaft, die sich über viele Jahre erstreckte, konnte ich niemals feststellen, dass er auch nur im Geringsten von dem Eindruck abwich, den ich von ihm hatte. Sein Wesen war im höchsten Maße poetisch und romantisch. Über sonnige, wie auch wolkige Tage hinweg, war er durch und durch Ire, und sein Glaube an das endgültige Schicksal des Landes war unerschütterlich. Ich habe niemals eine menschliche Natur gekannt, die edler oder liebenswürdiger gewesen wäre. Lange Jahre von schwacher Gesundheit und Leiden, unter denen die meisten Menschen zerbrochen wären, konnten seine edle Natur nicht ändern. Bis zuletzt behielt er sein großes, liebevolles, treues wahres Herz. Auch wenn die Dinge für ihn traurig genug waren, war es ein Glück für ihn, wenn es Freunden und Nachbarn gut ging. Er kannte keine Missgunst in seinen Gedanken. Die Erfahrungen, die gewöhnlich das mittlere Lebensalter zu einer Zeit der Ernüchterung machen, kamen für ihn, genauso wie für andere Männer, aber er war nie desillusioniert. Er hatte das Herz eines unschuldigen und vertrauensvollen Jungen, bis zu seinem Tod.

Um so gefestigt zu sein, gab es jemanden bei seinem Herzen, die dazu betrug, seine Illusionen am Leben zu erhalten; und seine Last der Krankheit wurde ihm, dank der Barmherzigkeit Gottes, durch eine ebensolche, fröhliche und hingebungsvolle Gefährtenschaft, erleichtert.

Er war Irlands Mann; alles was er tat, tat er für Irland. Er hätte keine politisch angepasste Verszeile oder Prosa für die englische Leserschaft schreiben können, wie sicher ihm auch Stimmrecht und eine Belohnung gewesen wären. Er schrieb viel für Irland, und obwohl er, wie ich glaube, die Höhepunkte seiner Entwicklung als Redner erreicht hatte, ein Redner, der zutiefst durch seine körperliche Schwäche behindert wurde, haben doch seine Geschichten und Gedichte soviel von der Persönlichkeit des Mannes, diese erfrischende, ehrliche und herzliche Persönlichkeit, dass es ein guter Gedanke war, wenigstens eine Handvoll seiner vielen Veröffentlichungen in irischen Zeitungen zu retten, die sich über eine Anzahl von Jahren erstreckten.

Er hatte nicht die Muße, sich gänzlich zum Literaten zu machen. Er war immer mittendrin im Kampf; es hätte ihm das Herz gebrochen, wenn es anders gewesen wäre. Aber die Arbeit, die er hinterlassen hat, insbesondere seine Märchen und dramatischen Geschichten, mit ihrer Fülle an Farbigkeit und Einfallsreichtum, geben einen ehrlichen Eindruck von der Arbeit, die er möglicherweise geleistet hätte. Sein Buch der *Irischen Märchen*, das seit Langem nicht mehr gedruckt wurde, ist in angemessener Weise neu aufgelegt worden; und ich bin sicher, dass der vorliegende Band, der seine Fantasie auf eine andere Art und Weise zeigt und eine Reihe von Geschichten enthält, die zuvor noch nicht zusammengestellt wurden, auch von seinen Landsleuten willkommen geheißen wird. Würde ich sein Epitaph schreiben, wäre es so: 'Hier liegt eine reine Seele!'; und wenn ich die höchste Tugend in ihm nennen müsste, wäre es: 'Nächstenliebe, die bei ihm Glaube und Hoffnung beinhaltete'.

Katherine Tynan [irische Schriftstellerin und bedeutende Vertreterin des irischen Widerstands], St. Patrick's Day, 1907.

Yours faithfully Edmund Leamy

# AM BARROW RIVER

'Es gibt einige, die sehen können, aber nicht hören, und einige die hören können, aber nicht sehen, und dann einige, die weder sehen noch hören können. Du bist einer von diesen Letzteren, Dermod, Sohn des Carroll.'

Derjenige, der das sagte, war ein Mann von ungefähr vierzig Jahren, etwas über der mittleren Körpergröße, mit einem gut proportionierten Körperbau und einer lebendigen Gesichtsfarbe. Seine buschigen Brauen und schattierten, nachdenklichen Augen, würde man eher bei einem Dichter oder Träumer vermuten, als bei einem Soldaten. Doch Cathal, Sohn des Rory, war ein Soldat und einer der Wachen von Cobhthach Cael, dem Usurpator [Thronräuber], der über Leinster regierte. Im Wachraum in der Außenmauer der Befestigungsanlage von Dun Righ richtete er diese Worte an einen seiner Gefährten, ein Knabe von zwanzig Jahren, der aber furchtlos in seinem Verhalten war.

'Aber was hast du gesehen oder gehört, O Cathal?', sagte ein anderer aus der Garde, von denen es etwa sechs oder sieben gab. 'Sie sagen von dir, dass die weise Frau aus dem Feenreich zu dir gekommen ist, in der Nacht, als du geboren wurdest. Sie hat deine Augen und Ohren berührt, und nun kannst du sehen und hören, was andere nicht sehen oder hören können.'

'Was macht es, was *ich* sehen oder hören kann? Was macht es, was *man* sehen oder hören kann, Domhnall, Sohn des Eochy, wenn der König blind und taub ist, wie auch diejenigen, die um ihn herum sind?', antwortete Cathal.

'Warum sagst du blind oder taub, O Cathal?'

10

'Es war so, während der letzten Nacht', antwortete Cathal, 'als die Männer von Leinster beim Bankett versammelt waren und sich der König von Offaly erhob und der Schrei des *Slainthe* [Trinkspruchs auf die Gesundheit] durch die Halle dröhnte, wie der Donner der Wellen am Ufer von Carmen. Dabei ächzte das Schild des Königs an der Wand und fiel mit einem mächtigen Knall herunter. Und dennoch hörten und sahen sie nichts und fuhren fort mit ihrer Orgie. Als ich das sah, und auch, dass sie das nicht bemerkt hatten, erhob ich mich und befestigte das Schild wieder an seinem Platz an der Wand.'

'Und was hast du noch gesehen, O Sohn von Rory?'

'Was ich noch gesehen habe? Ich hatte Wache auf dem Schutzwall gehalten, als der junge Mond über die Wälder kam und sich selbst im Wasser des Barrow betrachtete. Ich habe dort Lady Edain gesehen, in ihrer runden Festung, wo sie ihren weißen Arm schwenkte – weißer als der Mond. Ich habe sie stöhnen gehört – leise wie der Wind, der in einer Sommernacht durch das Schilf am Ufer stöhnt. Als ich hinhörte und hinsah, habe ich eine Frau ans Ufer des Flusses kommen sehen, in einem Umhang aus grüner Seide über ihren Schultern. Sie setzte sich gegenüber dem Fort hin, wo sie mit einem Banner winkte. Und das, mit dem sie das Banner schwenkte, war ein Schwert aus Bronze.'

'Und was hast du darin erkannt, O Cathal, Sohn des Rory?'

'Was ich darin erkannt habe? Krieg und Zerstörung habe ich darin erkannt, Domhall, Sohn des Eochy – Krieg und Zerstörung. Denn wenn ein Schild des Königs von der Wand fällt, bedeutet es, dass sein Haus fallen wird, und die Frau, die mit dem Schwert winkte, war die Frau mit dem langen, goldenen

11

Haar aus dem Feenreich. Gefährlich anzuschauen ist sie, Domhnall, Sohn des Eochy, denn weißer als der über Nacht gefallenen Schnee leuchtet ihre Gestalt durch ihr Kleid, und ihre grauen Augen funkeln wie die Sterne. Rot sind ihre Lippen und dünn, und ihre Zähne sind wie ein Perlenregen, und gefährlich ist es, wenn man ihr zuhört, denn die Saiten einer Harfe sind weniger süß als der Klang ihrer Stimme. Sie kommt am Vorabend der Schlacht, und sie winkt denjenigen mit dem Schicksal, die fallen werden; und sie saß am Ufer des Barrow, der hell leuchtend unter dem jungen Mond dahinfloss, und wenn man sie dort wiedersieht, wird alles rot von Blut sein.'

'Aber die Lady Edain, hat sie zur Frau aus dem Feenreich gesprochen, Cathal, Sohn des Rory?'

'Böses soll dir geschehen für deine böse Zunge, Sohn des Eochy; erwähne niemals wieder den Namen der Lady Edain zusammen mit der Frau aus dem Feenreich, oder ich werde dir, an diesen Steinen hier, die Spitze meines Speers durch den Rücken in dein Herzen stechen', und Cathals sanfte Augen funkelten vor Ärger.

'Es liegt mir fern, etwas Böses über Lady Edain zu sagen oder zu denken, Cathal', sagte Domhnall, 'aber du sagtest, dass die Lady Edain von ihrer Festung herunterschaute, als die Frau aus dem Feenreich mit dem grünen Umhang ans Ufer des Barrow kam?'

'Aber sie hat sie nicht gesehen, Domhnall. Nein! Nein!, sie hat die Frau mit dem grünen Umhang nicht gesehen, denn wer sie ihren Fluch winken sieht, dessen Stunde ist gekommen. Nein! Nein! Mein kleines Prinzesschen hat sie nicht gesehen, Domhnall, und wenn sie gestöhnt hat, dann war es wegen des

Jungen, der sie verlassen hat – wegen des jungen Helden, Ebor, der mit Prinz Labbraidh fortgegangen ist, dem rechtmäßigen König, aber wir sind heute Nacht die Wachen von König Cobhthach Ceal.'

'Oh, nein, Domhnall, Sohn des Eochy, mein kleines Prinzesschen hat die Frau aus dem Feenreich nicht gesehen, denn ihr Leben ist noch jung und liegt noch vor ihr. Ich erinnere mich gut, Domhnall, Sohn des Eochy, als das Fort angegriffen wurde. Ich war so jung wie Dermod, dem Sohn des Carroll, der neben dir sitzt, und als ich das kleine Mädchen aus den Flammen holte und sie in der Kuhle meines Schildes lag – genau in diesem Schild, das dort an der Wand lehnt, Domhnall. Es leuchtete wie Gold, nun, wie der goldene Knauf an des Königs eigenem Schild, wegen der goldenen Locken, sanfter als Seide, die wie Sonnenstrahlen um ihr kleines Gesicht tanzten. Sie hat zu mir hochgeschaut und gelächelt, Domhnall, Sohn des Eochy, während die Festung voll in Flammen stand. Und seitdem war sie mir lieber als ich selbst. Ich habe sie bewacht, und nun willst du mir erzählen, sie habe die Frau aus dem Feenreich gesehen?'

'Das meinte ich nicht so, Cathal, Sohn meines Herzens', sagte Domhnall, 'aber *du* hast die Frau aus dem Feenreich gesehen', sagte er, 'und was bedeutet das für *dich*?'

'Den Tod', sagte Cathal, 'den Tod. Domhnall, habe ich dir nicht gesagt, dass es den Tod für jeden bedeutet, der sie gesehen hat? Ich bin aber ein Soldat, wie du einer bist, und mein Vater vor mir, und sein Vater, und wiederum dessen Vater, starben alle in der Schlacht. Warum also nicht auch ich, und kein Mann kann seinem Schicksal entkommen, Domhnall? Aber das Mädchen mit den Locken! – warum sollte sie jetzt sterben, Domhnall, warum sollte sie jetzt sterben?'

13

Und Cathal sprach erbittert. Was für ein Elend ist das, wenn sie heute Nacht hier sein muss, wo sie für viele Jahre wie ein Vogel im Käfig saß. Es gab sicher niemals einen Vogel, der eine so süße Stimme hat. Verderben und Zerstörung kommen so schnell, wie der traurige Märzwind über die Hügel kommt.'

'Der König wird sie hierbehalten, Domhnall' fuhr er fort und antwortete sich dann selbst, 'denn hat ihm nicht der Druide Dubthach gesagt – der tot und gegangen ist und den das Böse verfolgen und dem die Sorgen sein Herz zerfressen sollen, wo auch immer er ist – dass das Fort sicher ist gegen jeden Überfall, so lange wie Lady Edain dort als Gefangene gehalten wird und unverheiratet bleibt – ja, eine Gefangene ist sie in diesem steinernen Fort.'

'Die Liebe hat aber ihren Weg in das Fort gefunden, Domhnall, und die Lady Edain hat ihr Herz an Ebor gegeben, dem Sohn von Cailté, obwohl sie nie ein Wort mit ihm gesprochen hatte, aber er ist weggegangen, weggegangen mit dem verbannten Prinzen. Er, der heute hier sein müsste, wenn das schwarze Verderben gegen das Fort marschiert, ist gegangen! Aber sie hat die Frau aus dem Feenreich nicht gesehen, Domhnall. Nein! Nein! Sage nicht, dass sie die Frau aus dem Feenreich gesehen hat!' Cathal beugte seinen Kopf in seine Hände, und für einen Moment war es still.

Dann fuhr er fort:

'Hörst du nicht, Domhnall – hörst du nicht?', und all die Wachen strengten ihre Ohren an.

Durch die Steinmauer des Wachzimmers hindurch, schlich sich ein Klang, fast so weich wie ein Seufzer. Dann schwoll er an, und eine Melodie fiel auf ihre Ohren, die so einschläfernd war, wie ein Wasserfall im Herzen der tiefen Wälder. Die Lauschenden schlossen ihre Augen, einer nach dem anderen. Sie lehnten sich zurück an die nackten Steinbänke und fielen in einen angenehmen Schlaf.

Plötzlich schreckte sie ein metallischer Klang hoch. Cathals Schild war von der Wand auf den steinernen Fußboden gefallen. Die verhexende Musik hatte aufgehört, und sie erschraken, als sie bemerkten, dass die Kerze auf dem Halter, die dem Raum Licht spendete, schon einen halben Zoll heruntergebrannt war.

Sie mussten für mindestens eine halbe Stunde geschlafen haben. Cathal sprang auf, bat seine Kameraden, sich ihre Ohren zuzustopfen, wenn sie die Musik wieder hören sollten, und kletterte nach oben auf den Schutzwall.

Innen war alles ruhig und außerhalb auch. Der Mittsommernachtsmond, mit seinem Gefolge von Sternen, ließ ein Licht herunterfallen, fast so hell wie das am Tag. Der Barrow River erstrahlte wie ein silberner Spiegel und floss so langsam dahin, dass man fast glauben könnte, er stünde still. Es gab auch nicht genug Bewegung in der Luft, um die geringste Delle auf seiner Oberfläche zu hinterlassen.

Cathals Blicke folgten seinem Verlauf, bis er sich im Wald verlor, der sich, eine gute Strecke unterhalb, für einige Meilen auf beiden seiner Seiten, erstreckte.

Zwischen dem Wald und dem Fort, etwas näher an Letzterem gelegen, war die kleine Freistadt mit ihren strohgedeckten Häusern, in denen die Handwerker des Königs wohnten. Auch dort war alles ruhig, und so weit wie die Augen von Cathal sehen konnten, gab es in keiner Richtung irgendwelche Bewegungen.

Er machte seinen Rundgang auf dem Schutzwall und hielt nur inne, wenn immer er zur befestigten Anlage von Lady Edain kam. Es war in solch einer anderen Nacht, nur der Mond war nicht so voll, dass er sie an ihrem offenen Fensterflügel gesehen hatte. Und es war auch an einer solchen Nacht, als er die Frau aus dem Feenreich gesehen hatte, die am Ufer des Barrow saß.

Der Fensterflügel war heute geschlossen und es gab keinerlei Anzeichen von Lady Edain. Aber was war das für eine leuchtende Gestalt, die aus den Wäldern entlang des Ufers kam? Cathal musste sich das nicht erst fragen. Es war die Frau aus dem Feenreich, und nun sitzt sie am Ufer und beginnt mit ihrem Werk des Winkens, und er bemerkte das Funkeln der Spitze des Schwertes, als sie es bei ihrer Arbeit schwenkte.

Und als er hinschaute, sah er, oder dachte, dass er sah, wie der Barrow Fluss einen purpurnen Farbton annahm, aber der Mond schien noch von dem wolkenlosen Himmel und er wusste, dass er ein Opfer seiner Einbildung geworden war und dass das Gewässer silbrig hell dahinfloss.

Er wusste aber auch, dass dieses zweite Erscheinen der Frau aus dem Feenreich anzeigt, dass sich der Fluss purpurrot mit dem Blut der Helden färben wird, bevor der Mond wieder verschwindet – vielleicht sogar noch bevor dessen Untergang. Und trotzdem schläft König Cobhthach und wiegt sich in Sicherheit in seinem Fort, und es gibt niemanden der Cathals Warnungen oder Visionen beherzigen würde, ausgenommen, vielleicht, einige seiner Kameraden im Wachraum.

Und wenn der Mond wieder aufgegangen ist, was würde das Schicksal von Lady Edain sein – seinem kleinen Prinzesschen?

Ein Stöhnen kam über Cathals Lippen, als ihm die Frage in den Kopf kam.

Er konnte mit seinem Speer den Fensterladen berühren, hinter dem sie schlief und vielleicht von dem so weit entfernten Liebhaber träumte. Für einen Moment kam ihn der Gedanke in den Sinn, dass er das Fort hinaufklettern und den Fensterladen aufbrechen sollte, um dann die Lady Edain irgendwohin von dem verfluchten Ort wegzutragen, aber ihre Dienstmägde, die neben ihr schliefen, würden sich zu Tode erschrecken, laut aufschreien und sein Vorhaben verderben. Auch könnte die Lady Edain die Frau aus dem Feenreich sehen, und nichts könnte sie retten.

Mit schweren Herzen ging er die Schritte zurück, und als er zum Wachhaus kam, stieg er hinunter und betrat den Wachraum. Seine Gefährten schliefen fest. Er versuchte sie zu wecken, aber es gelang ihm nicht. Ein Bann war über sie gekommen, und sogar während er seine Anstrengungen unternahm, wurde er selbst von dem Verlangen nach Schlaf übermannt. Seine Augenlider schlossen sich, als wären sie mit Blei beschwert. Er sank nieder auf die steinerne Bank neben Domhnall, dem Sohn des Eochy, und mit einer schwachen Wahrnehmung von seltsamer Musik in seinen Ohren, fiel auch er in einen tiefen Schlummer.

Die Lady Edain warf sich unruhig auf ihrem handbestickten Bett hin und her, genau in dem Moment, als Cathal in Richtung ihres Fensterladens geblickt hatte. Ihre Dienstmädchen lagen schlafend um sie herum. Sie hatte geträumt – geträumt, dass sie mit ihrem Liebhaber durch einen moosbedeckten Weg wandern würde, beleuchtet vom Mondlicht, inmitten der Wälder.

Und als ihr Herz voller Freude war und sie – wie sie dachte – der Musik seiner Stimme lauschte, brach plötzlich eine bewaffnete Bande aus dem Wald auf den Weg heraus, und Ebor hatte kaum Zeit seinen Speer zu erheben, als er, ins Herz getroffen, zu Boden fiel. Sie wachte mit einem Schrei auf. Es gab genug Licht, das durch die Spalten im Fensterladen kam, und ihr erlaubte, zu sehen, dass ihre Dienstmädchen friedlich schliefen. Dennoch war sie nur halb zufrieden damit, dass sie nur geträumt hatte.

Sie erhob sich von dem Bett, warf sich einen grünen Mantel über und befestigte ihn mit einer silbernen Spange. Dann ging sie leise zum Fensterladen, öffnete ihn, und lehnte sich heraus. Ihre goldenen Haare fielen herunter, einige auf ihre Brust, andere über ihre Schulter; und als sie so dasaß, im vollen Glanz des Mondes, hätte mancher durchaus glauben können, dass sie selbst die wunderschöne, goldhaarige, grün bekleidete Frau aus dem Feenreich sei, die in der Kemenate der Maid Platz genommen hat.

Die sanfte Wirkung des Mondes kroch hoch ins Herz der Lady Edain und unterdrückte dessen Unruhe. Sie blickte auf das schillernde Wasser des ruhigen Flusses und entlang seines grünen Ufers, aber sie konnte die Frau aus dem Feenreich nicht sehen, denn die Liebe hatte ihre Augen für diesen Anblick blind gemacht, sonst wäre sie verloren gewesen.

Dann schaute sie hoch zum Mond, der nun langsam über die Ecke des Waldes zog, und der Gedanke kam in ihr Herz, der zu Liebenden allen Alters und in allen Ländern kommt, dass der gleiche Mond auf ihn herabschaut, der so weit weg war, und vielleicht – sogar in diesem Moment – blickte auch er ihn an und dachte daran, wie er auf den Barrow River scheint. Dann ruhten ihre Augen auf dem Landstrich, welcher den Wald von den Feldern trennte, die zwischen diesem und dem Fort lagen, und sie sah den Pfad, über den ihr Liebhaber in den Wald gegangen war, an diesem unheilvollen Tag, als er sich mit Prinz Labraidh in die Verbannung begab.

Und gerade als sie hinblickte, dachte sie, dass etwas aus dem Wald herausgekommen war und in Richtung der Festung ging. Nach einer Weile erfasste sie das Glitzern von Waffen und sah, dass es ein Reiter war, der herankam – irgendein Krieger, ohne Zweifel, welcher wohl die Gastfreundschaft von Dun Righ suchte. Sie beobachtete beide, Pferd und Reiter, als sie sich näherten und ihre Schatten auf das Gras warfen. Sie kamen direkt unter den Schutzwall des Forts, am weitesten entfernt von der Stelle, wo sie war, und in der Nähe der Tür, die zum Wachraum führte.

Während sie darüber nachdachte, wer er sein könnte, hörte sie eine verzerrte Musik, die entlang des Schutzwalls kroch, wie ein träger Wind über die Oberfläche eines Flusses. Sie schaute in die Richtung, aus der sie zu kommen schien, und dann sah sie eine eingehüllte Gestalt, etwas gebeugt, und bemerkte eine kleine Harfe, die in seinen Händen strahlte, und zwei Speere über seinen Schultern.

Sofort kam ihr der Gedanke an den Harfenspieler Craiftine in den Sinn, der auch mit dem verbannten Prinzen fortgegangen war. Vielleicht war er zurückgekommen, geschickt von ihrem Liebhaber, um eine Nachricht zu überbringen!

'Nur Craiftine', sagte sie zu sich selbst, 'kann eine solche Musik aus den Saiten hervorbringen', die sie nun vernahm. Und während sie hinhörte, überkam sie eine sanfte Müdigkeit. Als sie ihren Kopf auf ihre Hand legte, fühlte sie sich, als würde sie einschlafen, aber sofort änderte sich die Musik und flüsterte nun wie der Wind, der über den Springbrunnen der Tränen bläst, auf der Insel der Königin der Sorgen, in den weiter westlich gelegenen Meeren. Und Sorge erfüllte ihr Herz, und die Tränen, die in ihre Augen stiegen, vertrieben ihnen den Schlaf.

Sie erhob sich und schaute direkt auf den herankommenden Harfenspieler. Ja, es war Craiftine! Sei geneigter Kopf, die gebeugten Schultern und sein bardischer Umhang verrieten ihn.

Er kam näher, immer noch spielend, bis er auf dem Schutzwall stand, der zum Fensterflügel hin zeigte.

Dann wurde der Umhang zurückgeworfen. Die gebeugte Gestalt richtete sich auf, und im Schein des Mondlichts erkannte Edain ihren kriegerischen Liebhaber, Ebor!

Er machte eine Geste, damit sie sich zurückziehen sollte, legte seine zwei Speerschäfte auf die Fensterbank, und innerhalb einer Sekunde war er im Raum und die Lady war in seinen Armen.

Er schaute sich um und sah die schlafenden Dienstmädchen.

'Wir brauchen keine Angst zu haben, dass sie aufwachen', sagte er sanft. 'Alle im Fort, sogar die Wachen, sind unter dem Bann des Schlafs. Craiftine ist vor einer Weile hierher gekommen und hat sie alle zum Schlafen gebracht, außer Cathal, Sohn des Rory, dem Hauptmann der Wachen, aber auch er ist nun unter seinem Bann. Craiftine hat mir seine Harfe geliehen, die, selbst in meinen Händen, etwas von ihrer Kraft bewahrt. Aber uns bleibt keine Zeit übrig. Zieh dich schnell an. Mein Pferd ist unterhalb des Schutzwalls, wir haben keinen Moment zu verlieren.'

Edain brauchte keine besondere Aufforderung sich zu beeilen. In einer Sekunde war sie bereit, in der nächsten trug sie Ebor in seinen Armen, über die Speerschäfte hinweg, zum Schutzwall.

Er ließ sich herab und stand auf dem Rücken des Pferdes. Er fing sie auf, setzte sie vor sich auf das Ross, und schneller als das Licht galoppierte er davon, in den Schutz des Waldes. Aber leider schaute Ebor, als sie wegritten, in Richtung des Ufers und sah die Frau aus dem Feenreich, die ihre verhängnisvollen Bannsprüche sprach und winkte.

Die Pfade in den stillen Wäldern waren Ebor bestens bekannt, und er ritt weiter mit dem Mädchen in seiner Obhut, über angenehme, moosbedeckte Wege, die Edain an die erinnerten, welche sie in ihren Träumen gesehen hatte.

Sie waren nicht mehr als eine Viertelmeile vorangekommen, als sie, die glücklich mit Ebor plauderte, plötzlich einen furchterfüllten Schrei ausstieß:

'Oh, Ebor, schau, dort sind bewaffnete Männer!'

'Das sind Freunde, Edain', antwortete er, 'Freunde, und nun ist meine hübsche Braut endlich sicher.'

Sie waren an eine weite Lichtung gekommen. Diese war übersät mit Kriegern, und durch die Bäume hindurch, wo immer das Mondlicht hinfiel, erblickte Edain Gestalten und das Funkeln von Waffen. Ebor sprang von seinem Pferd und nahm Lady Edain beim Arm, um sie sanft herunterzuheben.

Ein Krieger mit stattlicher Miene, der den goldenen Helm eines Königs trug, näherte sich. 'Ein hunderttausendfaches Willkommen, Edain', rief er aus, als er sie in seine Arme schloss.

Es war ihr Verwandter, Labraidh, der rechtmäßige König von Leinster, der zurückgekommen war, um seinen Anspruch geltend zu machen. Labraidh war über die Meere gefahren, um Verbündete zu finden. Bei seiner Rückkehr landete er an der Mündung des Slaney, und nach Gewaltmärschen durch die Wälder, ist er hierher gekommen. Nicht gewillt, das Leben seiner Cousine zu riskieren, wenn er die Festung überfallen hätte, während sich noch darin befand, war es ihm leichtgefallen, den Bitten seines Harfenspielers, Craiftine, und den von Ebor, nachzugeben. Er gestattete ihnen, ihr Vorhaben durchzuführen, welches die Flucht von Edain ermöglichte. Er wusste von den bekannten Fähigkeiten von Craiftine und den Mut von Ebor und zweifelte nicht an ihrem Erfolg.

Und nun, da Edain frei war, beschloss er, sofort loszumarschieren und das Risiko eines Überfalls auf das Fort einzugehen. Zuerst aber führte er Lady Edain zu seinem Zelt, wo sich seine Frau, die Lady Moriadh und ihre Begleiterinnen befanden. Er vertraute sie der Fürsorge von Moridah an, kam zurück und setzte sich an die Spitze der Truppen, denen er befahl, sich so schnell wie möglich vorwärts zu begeben, bis sie zum Rand des Waldes gekommen waren, in Sichtweite des Forts.

Ebor war an der Seite des Prinzen, glücklich in der Gewissheit, dass Lady Edain in Sicherheit war, und zu stark mit seinem Verlangen nach der Schlacht beschäftigt, dass er nicht einen Moment an den Anblick der Frau aus dem Feenreich dachte. Als sie den Rand des Waldes erreichten, hielten sie für eine Weile inne. Sie konnten den Schutzwall deutlich sehen und auch, dass sich niemand darauf bewegte. Der Mond war zu dieser Zeit über dem Wald untergegangen, und im Osten konnte man sie ersten grauen Streifen der Morgendämmerung erkennen.

Dann verteilte der Prinz seine Streitkräfte auf drei Bataillons. Das Zentrum befehligte er selbst, das zur Rechten war unter der Führung von Ebor und sollte sich längst des Ufers bewegen, um einen Angriff in dieser Richtung durchzuführen. Das dritte Bataillon sollte zur Linken um die Festung herumgehen. Befehle wurden ausgegeben, dass keine Trompeten geblasen und keine Rufe abgegeben werden sollten, bis sie sich Angesicht zu Angesicht mit dem Feind befanden.

Die Garnison, die keine Ahnung von dem Herannahen Labraidhs hatte, und von dem man auch nicht wusste, dass er sich in *Erin* [Irland] befand, war vom Schlaf übermannt worden, der fast so tief war, wie der, welcher die Augenlider von Cathal und seinen Kameraden im Wachraum geschlossen hatte. Der Schutzwall wurde ohne Schwierigkeiten erklommen, und erst nachdem sie die innere Mauer passiert und das Haus des Thronräubers umzingelt hatten, wurden sie entdeckt, und dann auch nur, als sie begonnen hatten, gegen die Tür zu schlagen.

Dem Krach folgte die Aufforderung 'zu den Waffen', der durch das ganze Fort hallte. Er wurde von den Kriegern in den anderen Häusern gehört, die sich hastig bewaffneten und herausströmten.

Ein gab einen verzweifelten Kampf von Mann zu Mann, aber die Überraschung hatte den Angreifern einen mächtigen Vorteil verschafft. Sie umzingelten die verzweifelte Garnison mit einem Ring aus stählernen Waffen und kamen näher und näher, so wie sich deren Reihen lichteten.

Schon bald konnte man den Schrei 'Feuer' hören. Das Haus des Königs brannte. Er stand davor und kämpfte mit Verzweiflung, aber um ihn herum fielen seine Männer, einer nach dem anderen.

Das Donnern der Flammen, die sich nun auch auf die anderen Häuser ausgebreitet hatten, vermischten sich mit den Schreien der Krieger und dem Schall der getroffenen Schilder.

Prinz Labriadh drang immer wieder voran, um Cobhthach zu stellen, aber der Strom der Schlacht drängte sie auseinander. Es wurde unmöglich, das Fort zu retten, und Cobhthach beschloss, sich seinen Weg nach draußen freizukämpfen. Mit letzter Anstrengung trieb er diejenigen, die vor ihm waren, zurück gegen den inneren Schutzwall, und noch bevor sie sich erholen konnten, gelang es ihm, hinaufzuspringen.

Er wurde von Ebor verfolgt, der seine Absichten erkannte. Dieser sprang, mithilfe der Stiele seiner Speere, auf den Schutzwall. Er rief Cobhthach zu, wie ein Krieger zu kämpfen und nicht wie ein Feigling wegzurennen, und warf einen Speer auf ihn, der vom Cobhthachs Helm abprallte. Cobhthach blieb aber nicht stehen. Ebor warf einen zweiten, besser gezielten, der durch den Rücken von Cobhthach ging und sein Herz durchdrang, gerade als er versuchte, auf die äußere Mauer zu springen. Der Thronräuber fiel tot in den dazwischenliegenden Graben.

Ebor war gerade dabei wieder in die Festung herunterzusteigen, als er den Anblick einer Gestalt auf Flussufer wahrnahm. Es war die Frau aus dem Feenreich. Sie winkte nicht länger, sondern planschte mit ihren Händen in dem Gewässer, das nun blutrot dahinfloss. Ein kalter Schauer ergriff sein Herz, denn er dachte an Lady Edain und wusste, dass seine Stunde gekommen war. Er würde aber im Kampf sterben.

Er drehte sich herum und sah, wie Cathal, Sohn des Rory, ihm auf dem Schutzwall entgegenkam. Dieser warf seinen Speer, dem Ebor seinen Schild entgegenhielt, aber er wurde mit einer solchen Wucht geworfen, dass er den Schild durchdrang und ihn schwer verletzte. Seine einzige Waffe war nun sein Schwert, und als Cathal, Sohn des Rory, ihm entgegenkam, stach er es mit all seiner verbleibenden Kraft in dessen Seite.

Diese Anstrengung verbrauchte seine letzten Kräfte. Er fiel tot nach hinten um, und Cathal, Sohn des Rory, fiel tot neben ihn. Die Frau aus dem Feenreich planschte immer noch mit ihren Händen in dem purpurroten Wasser des Barrow River.

## BENDEMEER COTTAGE

Vor einigen Jahren besuchte ich einen Freund in der Grafschaft Wicklow, dessen Haus sich in einem der herrlichsten Täler im 'Garten Irland' befand. Es war in der Jahreszeit, als Flieder und Goldregen in voller Blüte waren und die Luft mit ihrem Duft erfüllten. Das Wetter war traumhaft, und ich verbrachte die meiste Zeit draußen, unternahm lange Spaziergänge über die Hügel und durch die Hecken, die von der Musik der Vögel erfüllt, und bald auch mit dem Duft des Weißdorns beladen waren.

Im Verlauf meiner Streifzüge kam ich eines Tages zufällig an einem rostigen Eisentor vorbei, das durch eine ebenso rostige Kette verschlossen war. Der untere Teil war teilweise durch großes, hochwachsendes Gras verdeckt, was zeigte, dass es für lange Zeit nicht geöffnet wurde. Es war an zwei, mit Flechte bewachsenen Steinpfeilern eingehängt. Auf der Oberseite des einen befand sich eine steinerne Kugel. Die andere, die auf dem zweiten angebracht war, ist entfernt worden oder ist, durch die Einwirkungen der Zeit und des Wetters, heruntergefallen.

Vom Tor aus führte ein ehemals mit Kies angelegter Weg, der jetzt aber fast ganz vom Gras überwuchert war. Er ging durch eine recht große Rasenfläche hindurch, zu einem langen, einstöckigen Cottage von solider Bauweise. Dessen Fenster und Türen waren mit Stein umrandet, der, wie auch die Pfeiler, von Flechten bedeckt waren. Das Gras erhob sich hoch über die Türschwelle und erreichte fast die Fensterbänke. Die meisten Schiefer auf dem Dach schienen in einem guten Zustand zu sein, waren aber ebenfalls mit braunen oder grauen Flecken von Moos oder Flechten überzogen. Einige der Schiefer waren heruntergefallen und legten einen Teil der Dachsparren frei. Auf dem Rasen, wie es wohl auch der Fall war, als man das Häuschen bewohnte, weideten einige Schafe. Im Zentrum befand sich eine fast kreisförmige, kleine Wasserstelle, die von einem Drahtgitterzaun umgeben war. In Richtung dieses Teiches gab es eine sanfte Neigung des Bodens, sowohl vom Straßenrand aus, als auch von der Seite, die unmittelbar vor der Hütte lag.

Das Tor durchtrennte eine lange und hohe Hecke, und das gab mir die Gelegenheit, darüber hinwegzuschauen, um zu sehen, was dahinter lag. Die stille, fast düstere Verlassenheit des Cottage stand in einem verblüffenden und beeindruckenden Kontrast zu dem fröhlichen Erscheinungsbild von all den anderen, die ich in der Nachbarschaft gesehen habe, und das war es auch, was mich gereizt hatte, das Tor zu öffnen und zu dem Häuschen hochzuschlendern.

Die Fenster waren mit Brettern verrammelt, die an einigen Stellen nachgegeben hatten. Die Tür aus Eichenholz war fest und gut gesichert. Darüber sah ich einen Stein, in den einige

Worte eingemeißelt waren. Von diesen konnte ich, wegen der überwuchernden Flechten, nur die Buchstaben '...ottage' erkennen. Mithilfe meines Spazierstocks gelang es mir, die Flechten zu entfernen, was mich in die Lage versetzte, die Inschrift zu entziffern. Sie lautete 'Bendemeer Cottage'. Dieser Name brachte mir die vertrauten und wundervollen, melodischen Verse von Moore in den Sinn [Thomas Moore, irischer Poet, Sänger und Liederschreiber aus Dublin]:

*'Es gibt ein schattige, von Rosen umgebene Laube am Bendemeer Fluss, und den ganzen Tag lang singt dort die Nachtigall.'*

Und gerade als das Echo der Melodie in meinen Erinnerungen erklang, erfasste mein Ohr das schwache Flüstern von dahingleitendem Wasser. Ich ging um das Haus herum und sah einen gemächlich fließenden Bach in der Nähe einer Hecke. Zwischen dem Cottage und dem nahen Bach gab es eine große Ansammlung von verhedderten Rosenbüschen, die seit Langem aufgehört hatten, zu blühen, und aus denen nur ein paar schwache Blätter austrieben.

'Und das war ihre Rosenlaube', sagte ich, 'in längst vergangenen Tagen. Wer waren sie, die diesen Duft genossen haben? Wohin sind sie gegangen und warum ist der Mehltau auf die Blüten gefallen?'

Es war eine unnütze Frage, da es niemanden gab, der sie beantworten konnte. Ich ging immer wieder und wieder um das Cottage herum. Noch vor wenigen Augenblicken hatte ich keine Ahnung von seiner Existenz, und nun hatte es bereits begonnen, mich zu faszinieren.

'Gibt es da jemanden', fragte ich mich, 'in irgendeinem entfernten Land, der sein Herz fragt: »Sind die Rosen noch in blühender Pracht am Bendemeer?«', denn ich hatte keinen Zweifel, dass der Name sowohl dem Fluss, wie auch dem Cottage gegeben wurde.

Langsam und voller Gedanken machte ich mich auf den Heimweg und hörte kaum, wie die Amseln ihre vollen Töne in die Stille der Nacht trällerten. Der Anblick einer verfallenen Heimstätte – ach, was für ein Anblick!, so häufig zu sehen, in vielen Teilen Irlands – hatte immer einen tiefen Eindruck bei mir hinterlassen. Ich kann nicht anders, als mir ein knisterndes Feuer auf dem Kaminboden herbeizuwünschen, das die Gesichter von glücklichen Kindern erleuchtet, und über das Schicksal zu spekulieren, welches sie erwartete, als sie das Feuer gelöscht hatten und weit über die Meere hinweg verstreut wurden.

Aber dieses verwahrloste Cottage, dessen Name so sehr Jugend und Blüte suggerierte, und Liebe und Glückseligkeit, war wie ein zerfallener Grabstein, der sich über tote Hoffnungen erhob – eine Verspottung dieser Eitelkeiten.

An diesem Abend stellte ich meinem Freund Fragen bezüglich des Hauses. Er kannte es nicht, obwohl er bereits zwanzig Jahre nicht weit davon gewohnt hatte. Er holte mich aus meiner Sentimentalität und meinte, dass die ehemaligen Bewohner wohl dessen müde geworden waren, und dass sie wahrscheinlich einige Dornen zwischen seinen Rosen gefunden hatten.

'Sie waren sentimentale Leute, genau wie du', sagte er. 'Wahrscheinlich sind sie in der Stadt aufgewachsen, und das ist der Grund, warum sie dem Cottage so einen absurden Namen gegeben haben und bald von dem Leben in so einem Cottage genug hatten.'

Mein Freund war ein sehr gutherziger, großmütiger Bursche, immer bereit, einem anderen bei einem Kummer beizustehen. Er war aber geneigt, jeden als nichts Besseres als einen Dummkopf zu bezeichnen, wenn der sich über etwas Sorgen machte, die er als eingebildete Leiden betrachtete.

Ich sah ein, dass ich keine Informationen von ihm bekommen konnte, und ich sollte wohl auch keine Sympathie von ihm bezüglich meines Wunsches erwarten, diese zu beschaffen. Aber mein Verlangen wurde stärker, anstatt nachzulassen; ich befand mich immer und immer wieder in der Situation, in der Richtung dieses einsamen Häuschens zu marschieren.

Aber Tag für Tag sah ich nur die weidenden Schafe auf dem Rasen und hörte nur das Gemurmel des Baches. Ich war drauf und dran aufzugeben, etwas über seine Geschichte zu erfahren, als ich eines Abends zufällig einem alten Schäfer begegnete, der auf das Haus zukam, während ich den Zaunübertritt auf der Straße überquerte. Er begrüßte mich so freundlich, wie es bis heute bei den Leuten seines Schlags üblich ist. Ich begegnete seinem Gruß mit gleicher Freundlichkeit.

Er sprach über das ausgezeichnete Wetter, und als ich sah, dass er gesprächig war, beschloss ich, die Unterhaltung fortzusetzen. Ich dachte, er wäre gerade dabei auch über den Zaunübertritt zu gehen, aber stattdessen ging er auf der Straße weiter, die weg zum Haus meines Freundes führte.

'Das ist ein einsames Cottage, da drüben', sagte ich zaghaft.

'Oh ja, Sie können es wirklich einsam nennen', sagte er, 'aber ich erinnere mich an eine Zeit, als es eines der lebendigsten Cottages war, das ich innerhalb eines Tagesmarsches in der gesamten Grafschaft Wicklow zu sehen bekommen habe.'

'Das muss vor langer Zeit gewesen sein', warf ich ein.

'Ja, das stimmt genau. Es war vor fünfzig oder mehr Jahren. Das war ungefähr die Zeit, als der arme Boney bei seinem Einsatz in Waterloo war. Ich erinnere mich noch gut daran. Damals war ich nur ein Laufbursche, verehrter Herr, aber sehr oft habe ich Erledigungen für die Lady gemacht. Mit Sicherheit war sie eine sehr elegante Lady, verehrter Herr, mit ihren Augen, die so blau waren wie der Himmel über uns, an diesem gesegneten Abend, und ihr Lächeln war so hell und leuchtend wie die Sonnenstrahlen, und ihre Stimme war süßer als der Gesang der Amsel, die in jetzt in der Ulme dort hinten singt, nur doppelt so leise.'

'Und wie lange hat sie dort gelebt und war sie verheiratet?'

'Ja genau, sie war verheiratet, oder zumindest hat es das arme Ding geglaubt. Ihr Ehegatte war auch ein eleganter Mann. Er war größer als Sie, verehrter Herr, aber seine Haare waren doppelt so dunkel. Er war irgendein Ausländer, aber er hatte einen englischen Familiennamen – oder zumindest klang er so – er war Duran. Und sicherlich schienen sie glücklich genug zu sein, obwohl es keine Kinder gab, und sie lebten hier mehr als drei Jahre, verehrter Herr, und man konnte nicht sehen, wer von beiden verliebter in den anderen war. Und das Cottage, verehrter Herr, war mit Rosen überdeckt, und ich habe selbst viele Male die Rosenbüsche getrimmt, die sie hinter dem Haus am Bach sehen können, wo einmal das Sommerhaus stand. Haben Sie den Teich an der Vorderseite bemerkt, verehrter Herr?'

'Das habe ich', gab ich als Antwort.

'Nun, zu der damaligen Zeit war das noch kein Teich gewesen, verehrter Herr, aber ein Loch von einem Steinbruch, und die junge Herrin wollte unbedingt, dass man einen Teich daraus macht. Ich selbst habe dabei geholfen, den Bach einzudämmen, um das Wasser in die Senke zu leiten, die sie auf dem Rasenplatz sehen. Es wurde ein schöner, kleiner Teich daraus, das ist sicher. Das weiß ich ganz bestimmt, denn ein paar Tage nachdem er fertiggestellt war, kam die Nachricht, dass Boney eingezogen wurde.'

'Haben sie noch lange danach hier gelebt?', fragte ich.

'Nicht viel länger als zwei Jahre, verehrter Herr, denn der Teich wurde im ersten Jahr, als sie hier waren, angelegt. Das ist die wahre Geschichte, aber niemanden hier interessiert das noch, außer mir. Die Nachbarn, die Kinder waren, wie ich, sind alle tot und gegangen. Sie waren Fremde, und die beiden trafen oder beschäftigten sich nicht mit jemandem von außerhalb, und bis das Leid kam, waren sie den ganzen Tag lang glücklich.'

'Was war das für ein Leid?'

'Nun, ich selbst weiß nicht die genauen Einzelheiten, verehrter Herr. Aber es war so: Eines Tages, als der Hausherr weg und nach Dublin gegangen war, kam eine dunkelhaarige Frau zur Tür, die zigeunerhafter aussah, als alles andere, mit großen, goldenen Ringen an ihren Ohren. Ich selbst befand mich zufällig im Garten hinter dem Haus, wo ich ihnen einige Rosenbüsche getrimmt habe. Ich habe nur einige eigenartige Worte vernommen. Soweit ich aber hören konnte, hatte die dunkelhaarige Frau gesagt, dass die arme liebliche Lady überhaupt kein Recht habe, sich Mrs. Duran zu nennen, da er ihr entweder versprochen, oder sogar mit ihr verheiratet war.'

'Ich habe das erst später richtig verstehen können, da ich damals nur ein Laufbursche war, verehrter Herr, und nicht viel davon wusste.'

'Als die seltsame Frau aber weggegangen war, ging ich ins Haus, um die Herrin zu fragen, ob sie noch etwas für mich zu tun hätte. Sie war weiß wie ein Geist, die Frau, die gewöhnlich aufgeblüht war, wie die Rosen, die Sie in den Hecken im Monat Juni sehen. Nun, verehrter Herr, sie hatte mir gesagt, dass sie vor dem nächsten Morgen nichts mehr von mir wollte, und ich habe sie von diesem Zeitpunkt an nicht mehr lebend gesehen.'

'Warum, was ist passiert?'

'Was passiert ist, verehrter Herr? Es gab mit Sicherheit keine beklagenswertere Geschichte.'

'Der Hausherr kam in dieser Nacht zurück nach Hause, aber es gab kein Anzeichen von der armen Herrin. Viel später hörte ich, dass sie einen Brief hinterlassen hatte, aber ich erfuhr nie, was darin gestanden hatte.'

'Nun, mit Sicherheit, war er außer sich, und als es dann keine Anzeichen mehr dafür gab, dass sie zurückkommen würde, ging er weg, irgendwo hin ins Ausland. Ich selbst dachte, dass auch er nicht wieder zurückkommen würde, aber er kam eines Morgens zurück, und lebte weiterhin im Cottage, wie zuvor, als sie noch zusammen waren. Der Einzige, den er je ins Haus gelassen hat, ausgenommen eine alte Dienerin, war ich. Denn sehen Sie, verehrter Herr, er wusste, dass die arme junge Herrin mich gern hatte, und er beschäftigte mich gewöhnlich damit, nach den Rosen zu sehen und um das Sommerhaus in Ordnung zu halten, wo ich sie oftmals gesehen habe, wie sie zusammensaßen.'

'Nun saß er auch des Öfteren dort und schaute so einsam aus, wie ein Friedhof bei Nacht, verehrter Herr, und er sprach kaum ein Wort. Und dann wusste ich, dass er noch so verliebt war, wie zuvor, in die arme Herrin, und dass er die ganze Zeit über an sie dachte. Ich selbst habe ihr Bild in seinem Schlafzimmer gesehen und gedacht, sie würde ihn so anlächeln, als wäre sie aus dem Rahmen gekommen. Dann wusste ich, die seltsame Frau hatte ihr und ihm unrecht getan.'

'Und wie lange lebte er dort alleine?'

'Das ist mit Sicherheit der schlimmste Teil der Geschichte, verehrter Herr. Sehen Sie, als die arme Herrin fortgegangen war, kümmerte er sich nicht um den Teich und das Wasser begann zu versickern. Dann kam ein trockener Sommer, als alle Flüsse im Land austrockneten. Es war der trockenste Sommer, an den ich mich erinnern kann. Das Gras war so dünn und braun, wie mein alter Mantel, und genauso wenig nahrhaft, und eines Morgens bemerkten wir etwas unter dem flachen Wasser des Teichs, und was konnte das anderes sein, als der Körper der armen Herrin?'

'Danach haben wir sie auf dem Friedhof hinter dem Hügel dort begraben; der arme Herr verließ den Ort und das Cottage wurde verschlossen, da niemand darin wohnen wollte. Die Felder darum herum wurden von Mr. Toole übernommen, der seine Farm nebenan hatte. Und in dieser Minute sehen sie die Schafe in der Senke grasen, genau an der Stelle, wo man die arme Lady gefunden hat.'

# EINE NACHT MIT DEN RAPPAREES
*Aus den Memoiren eines Offiziers der Irischen Brigade*

[Anm.: Die Rapparees waren irische Guerillakämpfer, die aufseiten der katholischen Jakobiter operierten. Am Ende der Konflikte trieben sich viele von ihnen als Banditen herum].

Es war gegen Ende des Monats Oktober im Jahr der Schlacht von Fontenoy [1745], und ein paar Monate bevor ich mich den Wildgänsen [Spitzname der Irischen Brigaden die auf der Seite Frankreichs kämpften] auf ihrem Zug nach Frankreich anschloss, als das passierte, was ich jetzt erzählen werde.

Ich hatte mich ein paar Tage bei einem Freund im Westen der Grafschaft Cork aufgehalten und war dann rechtzeitig zu meinem Marsch nach Hause aufgebrochen, um dort vor Einbruch der Nacht anzukommen. Der kürzeste Weg, etwa fünf Meilen lang, führte über die Berge. Ich kannte ihn, seit ich ein Kind war, und ich war mir sicher, dass ich ihm sowohl am Tag, als auch in der Dunkelheit folgen konnte.

Als ich aufbrach, blies ein leichter Wind. Einige dunkle Wolken waren am Himmel, aber der Wind kam nicht aus einer regnerischen Gegend, sodass ich zuversichtlich war, dass sich das Wetter halten würde.

Jedoch, als ich die halbe Strecke gegangen war, drehte er sich plötzlich und ein leichter Regen kam herunter. Ich ging schneller voran, immer noch ohne Bedenken, aber eine halbe Meile weiter war der Berg urplötzlich vom Nebel eingehüllt, der mit jedem Schritt dichter wurde. Ich konnte meine Hand kaum erkennen, wenn ich sie vor mir ausstreckte. Die Schafsspur im Moos unter meinen Füßen war kaum noch zu erkennen, und

34

wieder und wieder stolperte ich über Heidekraut und Farn, das auf beiden Seiten immer höher wuchs.

Ich musste mich behutsam und sehr langsam bewegen; dennoch, trotz meiner Vorsicht, verhedderte ich mich fortwährend in den Pflanzen. Es gelang mir aber, stets auf den Pfad zurückzukommen. Ich ging weiter, bis ich glaubte, eine weitere halbe Meile von dem Platz aus vorangekommen zu sein, wo ich vom Nebel eingeschlossen wurde.

Wie lange ich auf diese Weise vorwärts marschiert bin, war schwer zu sagen. Mir wurde aber bewusst, dass die Nacht hereingebrochen war und ich nicht länger irgendetwas, selbst wenn es direkt zwischen meinen Füßen war, unterscheiden konnte. Ich begann daran zu zweifeln, auf dem richtigen Weg zu sein, denn die Schafsspuren durchzogen den Berg in alle Richtungen. Ich dachte mir also, dass es gut wäre, ins Farnkraut zurückzugehen, um dort den bestmöglichen Schutz zu finden.

Das Farnkraut wuchs hier fast einen Meter hoch, und einige der Stängel waren dick und stark. Ich habe mich als Kind oft damit vergnügt, die Stängel zusammenzubinden und mir daraus einen gemütlichen Unterschlupf herzustellen, was mir auch dabei half, einem heftigen Sommerregen zu entgehen.

Die reine Erinnerung an meine kindlichen Bemühungen erwärmten mein Herz; dennoch war ich mir bewusst genug, dass das Experiment, das ich nun eingehen würde, nicht sehr erfolgreich sein würde. Ich machte mich aber trotzdem ans Werk und beschloss, einige Farnkrautbüschel herauszureißen, und begann damit, diese um die aufragenden Stängel zu wickeln, um ein Dach daraus zu machen. Nachdem ich mich aber ein kurzes Stück vom Pfad entfernt hatte, rutschte ich aus und fiel zu Boden.

Ich erwischte ein Farnbüschel, riss es aber nur mit den Wurzeln ab und rutschte irgendwo hinunter – ich wusste nicht wohin. Steine rollten an meiner Seite, aber zum Glück traf mich keiner. Schneller als ich dies erzählen kann, lag ich flach auf dem Bauch. Ich streckte meine Hände aus und fand ebenen Boden, soweit ich auf beiden Seiten reichen konnte. Dann kämpfte ich, bis ich wieder auf den Füßen stand.

Für eine Weile war ich benommen, aber als ich mich wieder erholt hatte, wusste ich nicht, was ich tun sollte. Nach der gerade gemachten Erfahrung hatte ich Angst, mich nach rechts oder links zu bewegen.

Ich stand ruhig da, und ich schäme mich nicht, zu sagen, dass ich meinen Herzschlag deutlich hören konnte. Der Nebel hatte mich immer noch eingeschlossen, sodass ich nicht in der Lage war, irgendetwas zu sehen. Plötzlich dachte ich, Stimmen zu hören, schrieb das aber meiner Einbildung zu, denn ich wusste, dass es kein Haus für Meilen um mich herum gab. Ich hörte dennoch höchst angestrengt hin, und vernahm wieder die Stimmen.

Ich wollte gerade rufen, als der Nebel ein Stück vor mir erhellt wurde, als wäre ein Licht darauf geworfen worden. Instinktiv ging ich in Richtung des beleuchteten Dunstes, als ich einen festen Griff um meinen Hals spürte und nach vorne geschleudert wurde. Ich rutsche für ein Stück auf meinen Füßen und fiel kopfüber hin.

Es gelang mir, mich zu erheben, und sah, dass ich mich in irgendeiner Behausung befand, spärlich beleuchtet durch die Flammen des Torffeuers. Es gab dort einige Männer, und ich sah deutlich das Aufblitzen von Schusswaffen. Sofort gab es ein

Durcheinander von Stimmen, und ich wurde von einem der Männer gepackt, der eine Reiterpistole an meinen Kopf hielt.

'Erschieß ihn! Er ist ein Sassenach*Spion!', kam es in einem Chor aus heißeren Kehlen. [*Sassenach – abfälliger Ausdruck für Engländer bei den Iren und Schotten].

'Ich bin kein Sassenach', antwortete ich, und versuchte mich von dem Griff des Mannes zu befreien, der mich festhielt.

'Und wer bist du dann? Und woher kommst du?', fragte er grimmig.

'Frank O'Mahony', sagte ich, 'der Sohn des Shaun O'Mahony, aus der Bergschlucht.'

'Lasst mich ihn ansehen', schrie eine alte Frau, die ich vorher nicht wahrgenommen hatte. Sie schüttelte mich von dem Griff des Mannes los, der mich hielt, und brachte mich zum Feuer.

Mit der Ecke ihres Schals rieb sie mein Gesicht, und dann umarmte sie mich.

'Ah, dann ist das Frank – Frank O'Mahony', sagte sie. 'Ich habe deine Mutter gesäugt, mein Schatz, auf meinem Knie. Es ist aber kein Wunder, dass dich diese Jungs nicht erkannt haben, denn deine eigene Mutter würde dich nicht wiedererkennen, mit dem nassen Klee, der sich über dein Gesicht verteilt hat. Deshalb bist du willkommen, Frank, mein Schatz, bei Tageslicht und bei Nacht, und sicher wird kein echter Rapparee die Tür wieder vor dir verschließen müssen, Sohn deines Vaters.'

Als die Frau fertig gesprochen hatte, ergriffen die Männer, die mich gefangen hatten, meine Hände.

37

'Frank, mein Junge', sagten sie, 'du bist willkommen – willkommen wie die Blumen im Mai.'

'Macht Platz für ihn, Kameraden, seht ihr nicht, dass der Bursche kalt und nass ist?'

Und sie machten mir Platz. Die alte Frau füllte einen dampfenden Krug mit *Poteen*\* aus ihrer Destilliervorrichtung [\*in Irland verbreiteter Gerstenschnaps], und sagte zu den anderen, das man mir keine Fragen stellen sollte, bis ich etwas von ihrer 'Bergmedizin' genommen hatte.

Kaum hatte ich diese 'Medizin' eingenommen, als ich mich wieder viel besser fühlte. Als ich mich dann umschaute, sah ich, dass ich mich in einer sehr großen Höhle befand, die zur Hälfte im Schatten war, was an dem unzulänglichen Licht lag.

Kurz nach meiner Ankunft kamen ungefähr ein halbes Dutzend Männer. Die ganze Truppe bestand aus etwa dreißig von ihnen. Als alle, die man erwartet hatte, gekommen waren, sprach mich der Captain an. Es war derjenige, der mich gefangen genommen hatte.

'Wir haben bei deinem Vater immer Hilfe und Geborgenheit gefunden, Frank O'Mahony. Ja, wenn man die Wahrheit bekannt wäre, mein Junge, würde man wissen, dass er viele Nächte auf den Hügeln mit den Rapparees verbracht hat. Möge der Himmel heute Nacht sein Bett sein. Du bist noch sehr jung, aber nicht zu jung, um für Irland zu kämpfen. Es gibt keinen Mann hier, der nicht für dich sterben würde, wenn es notwendig wäre.'

'Ich hoffe, dass ich für Irland kämpfen kann', sagte ich, 'aber ich habe von meinem Onkel gehört, dem Captain O'Mahony, dass er wünscht, dass ich nach Frankreich gehe, um mich ihm anzuschließen.'

'Gott segne den Colonel, wo auch immer er ist', sagte der Captain. 'Er wird die Gelegenheit nutzen, aber ich wünschte bei Gott, dass er bei uns zu Hause wäre. Die Besten – die Besten und die Mutigsten sind von uns gegangen.'

'Was sagst du da, Mann', sagte die alte Frau, die ihm plötzlich ansprach. 'Es gibt keinen Obersten, noch einen General in der ganzen französischen Armee, der furchtloser oder mutiger ist, als unsere eigenen Rapparees, die hier sind.'

'Wir tun unser Bestes, hochgeschätzte Moira', sagte der Captain und legte seine Hand auf ihre Schulter, 'aber die Männer, die fortgegangen sind, werden dem alten Irland Ruhm verschaffen, Gott segne sie alle. Mit Sicherheit sind ihre Gedanken immer beim armen Irland, und jeden ihrer Einsätze machen sie für ihr Land, und sie sind stolz in der Stunde des Sieges, weil ihr eigenes altes Land davon hören wird.'

'Ja, und jeden Kampf führen unsere Rapparees auch für ihr Land', sagte Moira. 'Es wäre überhaupt kein Leben für die armen Leute hier, wenn es euch Jungs nicht gäbe. Komm, Jem Mullooney, lass uns eine Strophe über meine furchtlosen Rapparees hören. Ja, das kannst du tun, wenn du magst, und ich wette, Master Frank hat sie noch nie gehört.'

Ich gab zu, dass ich das noch nie gehört hatte, schloss mich der darauf folgenden, allgemeinen Zustimmung an, und pflichtete Moira bei.

Moira, die offensichtlich erfreut war, dass ich ihren Wunsch unterstützte, sagte:

'Gut, dass dich der Nebel hierher gebracht hat, Master Frank', sagte sie, 'und es ist sicher, dass der gleiche Nebel sich oft als ein großer Freund der Rapparees erwiesen hat.'

Die Männer setzen sich, so gut es ging, in einem Kreis in der Höhle hin, manche auf ein Bündel Heidekraut, manche auf ein Stück Torf, manche auf Baumwurzeln, die grob zu einem Sitz geformt waren. Der Captain, ein paar andere und ich, saßen dicht am Feuer.

Jem Mullooney befand sich fast gegenüber von mir. Das Licht des Feuers flackerte in seine Richtung und erlaubte mir, einen vollen Blick auf sein Gesicht zu bekommen. Es war ein fein geschnittenes Gesicht, obwohl ein wenig lang. Man wusste beim ersten Blick sofort, dass man ihm sein Leben anvertrauen konnte, aber er nun schaute er wie ein zufriedener Junge aus, als man ihm die Gelegenheit gab, uns das Lied vorzusingen.

Er befreite seine Kehle mit dem letzten Schluck von Moiras Medizin und sang, mit kräftiger und betonter Stimme, die er gelegentlich mit dramatischen Gesten unterstützte, das Lied:

THE RAPPAREES

*'Dreissig feindliche Soldaten in der Schlucht, dreissig standhafte und furchtlose Männer, alle wachsam und fest, die Säbel gezogen und die Gewehre bereit, aber wer bewegt sich da durch die Bäume? Peng! Peng! Es sind die Rapparees! Refrain: Peng! Peng! Es sind die Rapparees.'*

*'Noch zwanzig feindliche Soldaten in der Schlucht, hat diese Gewehrsalve zehn ihrer Sättel geleert? Zwanzig Soldaten nehmen den Hügel. Halt schrie ihr Captain, bis unsere Pferde verschnauft haben. Wenn ihr wollt, fragt erst, ob die Rapparees es gestatten. Refrain: Fragt erst, ob die Rapparees es gestatten.'*

*'Das Heidekraut scheint heute Nacht zu leben. Musketen blitzen auf, zur Linken und zur Rechten. Die Soldaten verschwinden schnell, wie die Wolken vor einem Wintersturm, und sie leeren noch zehn Sattelbäume. So könnt ihr schießen, meine Rapparees. Refrain: So könnt ihr schießen, meine Rapparees.'*

Der folgende Applaus war kaum verklungen, als man draußen ein schwaches Pfeifen hörte.

'Öffnet!', rief der Captain der Rapparees.

Die Barriere, welche den Eingang zur Höhle verschloss, wurde entfernt, und schweißgebadeter Mann, der fast vor Atemnot ohnmächtig wurde, schoss herein.

'Zwei Infanterieeinheiten haben die Adamstown Kasernen vor drei Stunden verlassen. Shaun-na-cappel war bei ihnen.'

'Shaun-na-cappal!'

'Ja, sie gingen den Hauptweg entlang und müssten jetzt in der Bergschlucht sein.

Man konnte ein weiteres, leises Pfeifen vernehmen, woraufhin man wieder die Tür öffnete, und ein Bursche stürmte herein.

'Die Soldaten sind in der Schlucht, Captain, und die Wolken verschwinden und der Mond kommt heraus.'

'Nun, ihr Männer', sagte der Captain, 'unser Unterschlupf wurde entdeckt. Sie denken, dass sie uns hier wie Ratten in der Falle fangen können. Vielleicht können wir aber eine für sie aufstellen. Verschließt den Eingang. Stapelt alles auf und macht es so standfest wie möglich.'

41

Die Männer machten sich mit solch einem Tatendrang ans Werk, dass die Aufgabe bald erledigt war.

'Das reicht, Leute. Sie werden da nicht so schnell durchbrechen. Wir haben Möglichkeiten des Entkommens, die ich bisher für mich behalten habe. Holt euch ein paar Spitzhacken und löst den Boden der Feuerstelle. Das wird reichen.'

Dann sagte er: 'Hebt ihn nun hoch, Jungs, und legt ihn in die Mitte des Raums.'

Sie taten, was ihnen aufgetragen wurde, und als die Steinplatte an ihrem neuen Platz war, nahm der Captain eine der brennenden Fackeln und hielt sie über die Öffnung, die unter dem Boden der Feuerstelle lag, den sie entfernt hatten. Sie war groß genug, um einem Mann zu ermöglichen, durch sie nach unten zu gehen.

'Neun oder zehn Schritte', sagte der Captain, 'führen zu einem engen Durchgang, durch den ein Mann in gebückter Haltung gehen kann. Er ist nicht mehr als fünfzig Meter lang.

Der Ausgang ist mit einem Erdhügel blockiert, aber dort wird der Durchgang so breit und hoch, dass zwei Männer aufrecht, Seite an Seite, stehen können. Man kann leicht ein Loch durch diesen Schutzdamm herausgraben.

'Du, O'Donovan', sagte er, und blickte dabei einen der Rapparees scharf an', wirst wissen, wo du bist, wenn du einmal draußen bist – nahe an dem Bach, der durch die Schlucht fließt. Nimm ein Dutzend Männer mit dir und gehe nach links. Nach fünf Minuten wirst du die heidebewachsenen Höhen oberhalb der linken Seite des Pfads erreichen, der zu dieser Höhle führt.'

'Und du, Mullooney', sagte der Captain, zum Sänger des Rapparee-Lieds, nimm einige Männer mit dir und gehe auf die rechte Seite. Du musst etwas klettern, aber nach zehn Minuten solltest du in der Lage sein, in die rechte Böschung neben dem Pfad zu gelangen.'

'Seid alle wachsam wie die Füchse, und niemand macht ein Geräusch, selbst wenn ihr den Feind seht und er direkt zum Höhleneingang kommt.'

'Keiner von euch wird auch nur einen Schuss abgeben, bis ihr eine flammende Fackel seht, die von uns, die wir hierbleiben und die Höhle gegen den Überfall verteidigen, herausgeworfen wird.'

'Wenn ihr aber die flammende Fackel seht, legt los! Wenn sie ins Wanken geraten sind, dann stürzt euch auf sie, wie Blitz und Donnerschlag. Wenn ihr sie verjagt, werdet ihr uns hier finden, wenn nicht, werden wir in zwei Stunden, von jetzt an gerechnet, am Fluchtausgang sein.'

'Nun geht los!'

'Willst du mitgehen, oder bleiben, Frank?, sagte der Captain, und drehte sich zu mir hin.

'Ich würde gerne mitgehen', antwortete ich.

'Gut, mein Freund. Pass auf ihn auf O'Donnell, und nimm dies mit, Frank', sagt er und übergab mir eine Muskete, 'sie hat noch nie versagt.'

Die zwei Gruppen von Männern marschierten in einer Reihe nach unten. Die Luft im Durchgang war bemerkenswert sauber, und wir kamen ohne Schwierigkeiten voran. Dann gab es eine Pause für einige Minuten, während der die vordersten Männer einen Durchgang vorantrieben.

Einer nach dem anderen gingen wir dann nach draußen und fanden uns tief im Heidekraut wieder. Ein lärmender Bach rauschte ein paar Fuß unter uns herunter.

O'Donovan und seine Männer krochen entlang des Gewässers, und wir, unter der Führung von O'Donnell, kletterten durch das Heidekraut, und nach ungefähr zehn Minuten lagen wir, gut verborgen, ungefähr fünfzehn Meter von dem Fels entfernt, wo sich der Eingang zur Höhle befand.

Wir positionierten uns in einem rechten Winkel zum Eingang, etwa vier Meter über der offenen Fläche vor dem Fels. Es war genau die Anhöhe, von der ich eine Stunde zuvor heruntergerutscht war. Gegenüber von uns gab es die gleiche Erhöhung, und in der Deckung des Heidekrauts, welches diese überzog, werden sich O'Donovan und seine Männer verstecken.

Der Mond schien, und für etwa zwanzig Meter hatten wir einen vollständigen Blick auf den Pfad, der zur Höhle führt. An dieser Stelle machte er eine scharfe Biegung. Ich hatte kaum Zeit gehabt, diese Beobachtungen zu machen, als wir sahen, wie das Mondlicht auf die von den heranrückenden Truppen getragenen Waffen fiel.

Nach einem kurzen Augenblick standen sie vor dem Fels. Innerhalb der Soldaten befand sich ein großgewachsener, drahtiger Mann, der in einen langen Friesmantel gekleidet war und der bis zu seinen Hacken reichte.

'Wo ist der Eingang?', schrie der Captain der Truppen. 'Ich kann keinen finden.'

'Hier', kam die Antwort, in einem rauen Flüstern.

'Sie sind hinter diesen Ginsterbüschen.'

'Kommt, Burschen', sagte der Captain, 'räumt diese Büsche zur Seite.'

Die Soldaten begannen mit ihrer Arbeit. Unsere Finger wurden ungeduldig. Das Verlangen zu feuern kam in mir hoch, als plötzlich ein Blitz aus der Höhle kam, und der große Mann mit dem Friesmantel fiel ohne ein Stöhnen um. Noch ein Schuss und noch ein Schuss, und zwei der Soldaten wurden niedergestreckt.

'Schnell, ihr Burschen, schnell! Bringt einen Pulverkanister und wir sprengen die Tür rein oder raus.'

Die Soldaten brachten einen Kanister, und waren gerade dabei, ihn vor der Öffnung der Höhle hinzustellen. Erst dann wurde die rote Fackel herausgeworfen, das Signal das Feuer zu eröffnen.

Wir schickten eine volle Salve in ihre Mitte, und O'Donovans Männer feuerten zur gleichen Zeit, während vereinzelte Schüsse aus der Höhle kamen.

Die Truppen schwankten; ihr Kapitän war schon durch den ersten Schuss getötet worden. Sie hielten einen Moment inne und dann, als sie sich umdrehten, um wegzurennen, warf eine zweite Salve die Hälfte von ihnen zu Boden. 'Auf sie!', schrie O'Donnell.

Wir schossen hinunter auf den Pfad. Die Männer von O'Donovan waren ebenso entschlossen, aber mit der Absicht, alle Hoffnung der Soldaten auf einen Rückzug zu zerstören. Sie kamen auf der anderen Seite herab, um sie beim Zurückweichen zu stellen. Eingekeilt zwischen den beiden Gruppen, benutzten die Soldaten ihre Musketen als Keulen und kämpften verzweifelt. Nicht mehr als vier oder fünf entkamen. Wir unterließen es, ihnen zu folgen, und kehrten zur Höhle zurück.

Unser Captain und die Männer, die bei ihm waren, entfernten die Barriere und standen im Freien. Wir waren alle neugierig gewesen, zu sehen, durch welche Öffnung der Captain geschossen hatte, und durch welche er die flammende Fackel geworfen hatte. Keiner, außer ihm selbst, hatte Kenntnis davon. Es war eine Spalte im Fels, die mit Lehm und Moos verschlossen war und die der Captain mit seinem Bajonett freigelegt hatte, als wir die Höhle verließen.

In der Zwischenzeit hatte einige unserer Männer die gefallenen Feinde untersucht, und fanden fünf unter ihnen, die nur verwundet waren. Diese wurden in die Höhle gebracht und in die Obhut der alten Frau gegeben. Der Captain sagte, dass mit Sicherheit am nächsten Tag eine große Anzahl von Truppen kommen würde, die sie dann mitnehmen.

Es gab etwas, das die allgemeine Aufmerksamkeit auf sich zog – der Körper von Shaun-na-cappal. Er war auf den Rücken gefallen und eine Kugel hatte seine Kehle durchbohrt. Aus einem runden Loch floss immer noch das Blut heraus. Sein Mund zeigte ein schreckliches Grinsen, und wir waren sehr erleichtert, als eine dunkle Wolke den Mond verdeckte, der bisher sein helles Licht auf das umgedrehte Gesicht und die offenen Augen geworfen hatte.

Als der Captain seine Befehle ausgegeben und auch das nächste Treffen mit seinen Gefolgsleuten arrangiert hatte, gingen sie auseinander.

Er selbst gab einige Instruktionen am Moira bezüglich der Verwundeten, dann ging auch er und nahm mich mit. Wir fanden eine Unterkunft für die Nacht in einer kleinen Kneipe, ungefähr zwei Meilen von der Höhle entfernt.

Und das ist die Geschichte meiner ersten Nacht mit den Rapparees.

## SCHLIMMER ALS CREMONA
*Eine Geschichte aus den Tagen der irischen Brigade*

[Einzelheiten zur Schlacht von Cremona, auf die sich dieses 'schlimmerer' bezieht, sind am Ende des Kapitels aufgeführt].

Gegen Ende des Monats Oktober, im Jahre 1704, saß ein Mann von mittlerer Größe und einem ziemlich dünnen Gesicht an einem Tisch, auf dem militärische Karten ausgebreitet waren.

Über diesen hatte er für einige Zeit gegrübelt, und als er von ihnen aufsah, verrieten seine dunklen, begierigen Augen eine natürliche Wachsamkeit, ideenreich und lebendig.

Ein Blick auf ihn, als er so vor sich hinstarrte, war ausreichend, jeden Betrachter zu überzeugen, dass hier ein Mann saß, gewohnt zu befehlen, durch das Recht der Genialität.

Die Uniform, die er trug, verbarg nicht seinen hohen Rang. Sie war aber, wie man zugeben muss, sehr schlicht, fast bis an die Grenze der Schlampigkeit, und die Oberseite von seinem Wams war mit Schnupftabak verschmutzt.

Neben ihm auf dem Tisch lag eine goldene Schnupftabakdose, auf deren Deckel sich ein in Brillanten eingefasstes Porträt des Kaisers Leopold I. von Österreich befand und nach der er ständig griff, selbst als er die Karten sorgfältig studierte.

Er war allein. Der Raum, in dem er saß, zeigte in die Richtung das Lagers der Alliierten, die Landau belagerten, und von dem man einen guten Blick auf die Festung hatte.

Die Belagerung hatte schon länger als angenommen gedauert, und keiner wurde dadurch nervöser gemacht, als derjenige, den wir hier beschreiben. Da es sein einziges Verlangen war, auf ewig von Schlachtfeld zu Schlachtfeld zu eilen, schnell in seinen Handlungen, wie auch Entscheidungen, fühlte er, wie die Zeit schwer auf ihm lastete.

Während die Belagerung andauerte, hatte er die Möglichkeit erwogen, sich einer anderen militärischen Unternehmung zu widmen, welche zur Ehre seines Kaisers gereichen würde und gleichzeitig zu seiner eigenen Glorie.

Er schob die Karten von sich, erhob sich von seinem Stuhl, und nahm eine große Prise vom Schnupftabak. Dann ging er in Richtung des Fensters und stand eine Weile dort, während er den Fortgang der Handlungen beobachtete.

Ein Klopfen an der Tür erregte seine Aufmerksamkeit.

'Herein!'

'Der Gouverneur von Freiburg hofft auf das Vergnügen, von Eurer Hoheit vorgelassen zu werden', sagte die Person, die eingetreten war, offensichtlich ein höherer Offizier, der eigentlich ein Adjutant seiner Hoheit war.

'Ich bin bereit, ihn zu sehen', war die Antwort.

Seine Hoheit nahm eine weitere, volle Prise vom Schnupftabak.

Ein großer, militärisch aussehender Mann, etwas über dem mittleren Lebensalter und mit einer resoluten Ausstrahlung, trat ein. Er machte eine kurze Verbeugung und stellte sich dann aufrecht hin.

'Nehmt Platz', sagte Seine Hoheit, der sich selbst seinen Stuhl nahm. Der Gouverneur von Freiburg folgte der Aufforderung.

'Bringen sie Neuigkeiten aus Breisach, Gouverneur?'

'Ja, Eure Hoheit.'

'Wer war euer Informant?'

'Mein Kammerdiener, Eure Hoheit. Er war einmal ein Soldat und besitzt eine scharfe Beobachtungsgabe. Es gelang ihm, mehrmals in den alten Teil der Stadt hineinzukommen, indem er vorgab, Wein zu kaufen. Die Franzosen sind eifrig damit beschäftigt, die Befestigungen zu verstärken, aber die Disziplin ist nicht sehr hoch, und da mehr als zwölfhundert Arbeiter mit der Sache betraut sind, gibt es ein großes Durcheinander in der Stadt.'

'Gut. Wie ist die Stärke der Garnison?'

'Nur vier Bataillone, Eure Hoheit, und sechs unabhängige Kompanien.'

'Gibt es irgendwelche Iren unter ihnen?', und seine Hoheit griff wieder zur Schnupftabakdose.

'Keine, Sir.'

'Sicher?'

'Ganz sicher, Eure Hoheit.'

'So weit, so gut. Diese kämpfenden Teufel werfen die besten Pläne über den Haufen, wie ich das am eigenen Leib in Cremona erfahren musste, und, *pardieu*, sie können wirklich kämpfen!'

Und Prinz Eugen von Savoyen, der es selbst erlebt hatte, schüttelte seinen Kopf, was dazu führte, dass etwas von dem Schnupftabak herunterfiel, den er genommen hatte, und die Flecken auf seiner Weste vergrößerte.

'Aber, lasst mich überlegen. Vier Bataillone und sechs unabhängige Kompanien. Zu welcher Zeit werden die Tore am Morgen geöffnet?'

'Bei Tagesanbruch, Eure Hoheit. Viele der Arbeiter leben außerhalb der Stadt.'

Prinz Eugen blieb für einige Momente still.

'Dann', sagte er, als er den Deckel seiner Schnupftabakdose verschloss, 'sollten Sie in der Lage sein, Alt Breisach zu überraschen.'

'Wir könnten zugleich auch einen Versuch auf Neu Breisach wagen', fuhr er fort. 'Sie werden den Feldzug leiten –'

Ein leichter Anflug von Zufriedenheit zeigte sich auf dem Gesicht des Gouverneurs.

'– und ich werde euch 4,000 ausgesuchte Männer aus der deutschen und Schweizer Infanterie zur Verfügung stellen, und 100 Berittene; mit dieser Streitmacht sollten Sie in der Lage sein, Alt Breisach in Besitz zu nehmen und es zu halten.'

Der Gouverneur von Freiburg verbeugte sich, als würde er zustimmen, konnte es aber nicht vermeiden, sich zu daran erinnern, dass König Ludwig von Frankreich, nur ein Jahr zuvor, 40,000 Mann und 160 Kanonen einsetzen musste, um die beiden Teile Breisachs zu erobern.

'Ihnen werden einige fähige Offiziere unterstellt sein', fuhr der Prinz fort, der sich gleichzeitig wieder seine Nasenflügel mit Schnupftabak stopfte. 'Dabei sind der Oberstleutnant des Regiments von Bayreuth und der Oberstleutnant des Regiments von Osnabrück, der Gouverneur der Stadt werden wird.'

'Er betrachtet die Stadt so gut wie eingenommen', dachte sich der Gouverneur, und fühlte sich nicht so glücklich bei dem Gedanken. Es gibt so viele Unwägbarkeiten im Krieg.

'Die Bedingungen, die am Morgen hier herrschen, eignen sich bestens für eine solche Unternehmung', fuhr der Prinz fort, der wieder zur Schnupftabakdose griff, da es ihm zur Gewohnheit geworden war, seine Sätze mit einer Prise Schnupftabak zu betonen. 'Der Nebel liegt tief über dem Fluss, bis für einige Stunden nach dem Sonnenaufgang.'

'Er denkt an alles', sagte der Gouverneur zu sich selbst.

'Und', fügte der Prinz hinzu, 'sie werden morgen von mir hören, was den Zeitpunkt ihrer Attacke anbelangt.'

Der Gouverneur von Freiburg nahm dies als Zeichen, entlassen worden zu sein, salutierte dem Prinzen und ging aus dem Raum.

Der Morgen des 10. November wurde als Datum für den Angriff festgelegt. Dieser Tag wurde ausgewählt, denn es war dem Gouverneur von Freiburg, dem ausgewählten Kommandeur der Truppen, zu Ohren gekommen, dass an diesem Tag eine große Menge Heu in die Lager von Breisach gebracht werden sollten. Dies erforderte viele Karren, die es transportieren mussten.

Das Heu kam von ziemlich weit her, und die verantwortlichen Fuhrleute würden die ganze Nacht über fahren und versuchen, die Stadt zu erreichen, sobald die Tore geöffnet worden, wenn nicht sogar früher. Dass dies ihre Absicht war, hatte der Gouverneur, der eine Menge Spione zur Verfügung hatte, auch erfahren.

Die Gelegenheit war zu gut, als dass man sie verpassen konnte. Über fünfzig Wagen wurden beschlagnahmt, und jeder von diesen wurde durch mindestens zwei Bauern beaufsichtigt. Das Hereinkommen von so vielen Wagen in die Stadt, wird notwendigerweise einige Ablenkung nach sich ziehen. Wenn es möglich sein würde, diesen im Schutz der Nacht dicht zu folgen, könnten die Deutschen und Schweizer hoffen, hinter ihnen, ohne irgendwelche Behinderung, hereinzuströmen, da auch die Disziplin in der Stadt ziemlich erschlafft war.

Als der Tag kam, erwies sich das Schicksal sogar noch freundlicher, als es der Gouverneur von Freiburg erhofft hatte.

Es gab dichten Nebel über dem Fluss, und er hing wie ein Sargtuch über den beiden Breisachs, sodass diejenigen, die sich im neuen Teil befanden, auf der französischen Uferseite des Rheins, die Nachbarn am deutschen Ufer nicht sehen konnten. Und durch diesen Nebel hindurch, bewegte sich die 'Vorhut der Wagen', wie man es nennen könnte, zur Stadt.

Es war zehn Uhr am Morgen. Das Wecksignal war schon lang zuvor ertönt. Die Garnison bereitete sich auf das Frühstück vor, und die Arbeiter waren zu ihrer Arbeit an den Befestigungsanlagen gegangen. Wegen des starken Nebels gab es jedoch nur wenige Leute auf den Straßen. Die Wächter am Tor beobachteten die einfahrenden Wagen, aber mit geringem Interesse.

Mehrere der Bauern, die ihnen, außer den Fuhrleuten, gefolgt waren, standen im Inneren hinter den Toren ziellos herum, als wäre ihre Arbeit getan.

Aufmerksam gemacht, durch die Anzahl der Wagen, kam der Aufseher der Arbeiter an den Befestigungsanlagen zum Tor, ein großgewachsener, muskulös aussehender Bursche. Er fragte sie, warum sie nicht arbeiten würden, und bekam keine Antwort.

Er wandte sich dann direkt an einen, der etwas weiter weg von den anderen stand, und der ein wachsames Auge hatte und intelligent zu sein schien.

'Warum bist du nicht bei der Arbeit?'

Der Angesprochene antwortete nicht sofort, und der Aufseher musste zurücktreten und einem hereinkommenden Wagen Platz machen.

'Warum bist du nicht bei der Arbeit, sag schon?', wiederholte er ärgerlich.

Immer noch keine Antwort, und der Aufseher dachte, dass er in den Gesichtern der anderen so etwas wie ein Grinsen erkennen konnte.

Sein Temperament war nicht engelhaft, um es milde auszudrücken, und der Argwohn überkam ihn.

'Bei G ___, ich werde dir beibringen, wie man spricht!'

Und noch bevor der erstaunte Bauer seine Hand heben konnte, um sich zu verteidigen, kam der Schwarzdornknüppel herunter auf seine Schulter, mit einer Geschwindigkeit, die zeigte, dass der Aufseher sehr erfahren war mit dem *argumentum baculinum*, dem schlagendem Argument.

Anstatt zu antworten, eilte der Bauer zum nächstgelegenen Wagen, schrie einige Wörter in Deutsch und steckte seine Hand in das Heu. Dort zog eine geladene Muskete heraus, zielte auf den Aufseher, feuerte sie ab – und verfehlte ihn. Ein Schlag mit dem Schwarzdornknüppel schickte den Bauern zu Boden.

In der Zwischenzeit hatten sich andere von ihnen um den Aufseher herum versammelt. Dieser rief 'zu den Waffen!, zu den Waffen!', während er mit jedem seiner Schläge einen der Angreifer umhaute.

Plötzlich wurde das Heu auf den Wagen zur Seite geworfen, und von jedem sprangen zahlreiche Männer heraus. Der Aufseher, der so vielen Gegnern nicht standhalten konnte, rannte in das Riedgras des Flusses, nachdem es ihm gelang, um einen der Wagen herumzukommen.

Die Eindringlinge, in einem Übermaß an Dummheit, feuerten auf das Riedgras. Die Kugeln flogen hindurch und über seinem Kopf hinweg. Der Klang der Musketen war aber in der ganzen Stadt zu hören, und die gesamte Garnison strömte heraus. Sie rannten zum Tor, hinter dem sich zwischenzeitlich einige Hundert der eingedrungenen Soldaten befanden. Als der Aufseher sah, dass die Truppen herauskamen, gab er sein Versteck auf und schloss sich ihnen an. Er warf sich mitten in das verzweifelte Mann-zu-Mann Gefecht beider Seiten.

Viele der wackeren deutschen Soldaten wurden durch den Träger des Schwarzdornknüppels mit gebrochenem Schädel zu Boden geschickt. Schließlich, nach einem hartnäckigen Widerstand, wurde der Feind nach draußen vertrieben und für eine geraume Strecke verfolgt, und deren Rückzug der Gouverneur von Freiburg mit seiner Kavallerie deckte.

Sie ließen fast zweihundert tote Männer zurück, eingeschlossen den Oberstleutnant des Regiments von Osnabrück, den Oberstleutnant des Regiments von Bayreuth und mehrere Majore und Hauptmänner.

Schlechte Nachrichten verbreiten sich schnell, aber der Gouverneur von Freiburg entschloss sich, selbst derjenige zu sein, der sie dem Prinzen überbringt. Es war eine unangenehme

Aufgabe; er dachte sich aber, dass es besser wäre, wenn er der erste Überbringer war, sodass Gerüchte keine Zeit hatten, noch etwas Schlimmeres zu seinen Ungunsten daraus zu machen, als es seine Durchführung dieser Angelegenheit rechtfertigte.

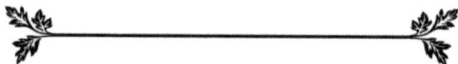

Am folgenden Tag fand er den Prinzen alleine, wie auch bei der früheren Gelegenheit, und in dem gleichen Raum.

'Ihr habt Breisach genommen?', sagte der Prinz, mit einem begierigen Blick.

Der Gouverneur errötete.

'Nach einem hartnäckigen Kampf wurden wir herausgetrieben, Eure Hoheit.'

'Ihr wart innerhalb der Festung?'

'Ja'.

'Einzelheiten. Schnell!' Und der Prinz riss abrupt den Deckel seiner Schnupftabakdose auf.

Der Gouverneur berichtete über das, was der Leser bereits erfahren hat.

Mehrmals, während dieses kurzen Berichts, steckte der Prinz seinen Daumen in die Dose, und kleine Häufchen von Schnupftabak fielen auf sein Wams.

'Wie viele von euch waren hinter dem Tor, als der Bengel mit dem Knüppel herankam?'

'Ungefähr vierzig, Eure Hoheit.'

'Und die waren nicht in der Lage, ihn zu entwaffnen oder ihn zu überwältigen, ohne einen Schuss abzugeben und die Garnison aufzuwecken?'

Der Gouverneur gab keine Antwort.

'Wer war der Idiot, der den ersten Schuss abgegeben hat?'

'Der Oberstleutnant von dem Bayreuther Regiment.'

Der Prinz schaut den Gouverneur scharf an, der vor diesem grimmigen Blick fast zusammensank.

'Wo ist er?'

'Tot, Eure Hoheit. Er fiel im Kampf.'

'Dieses Schicksal war zu gut für ihn.'

Der Prinz machte eine Geste, um ihn zu entlassen. Der Gouverneur verbeugte sich, und wollte gerade gehen.

'Bleiben Sie', sagte der Prinz. Haben Sie zufällig den Namen von dem Wunderkind gehört, dessen einzelner Schwarzdornknüppel den Vorstoß von viertausend Männern aus den besten Einheiten der kaiserlichen Truppen verdorben hat?'

'Er heißt, Eure Hoheit, Sieur O'Byrne.'

'O'Byrne! O'Byrne! Ein Ire!', rief der Prinz aus.

Der Gouverneur sackte in sich zusammen.

'Aber ihr habt mir erzählt, dass es keine Irländer in Breisach gibt', rief der Prinz ungehalten aus.

Da war nur einer', sagte der Gouverneur.

'Nur einer!' Der Prinz hielt mit seinem Daumen inne, als er eine Prise Schnupftabak hochgehoben hatte. Dann machte er eine Geste der Entlassung, und der Gouverneur zog sich zurück.

'Nur einer', wiederholte der Prinz, als er wieder alleine war. 'Wenn es davon hundert gegeben hätte, wäre es mehr als wahrscheinlich, dass der Gouverneur von Freiburg niemals seinen Weg zurück von Breisach gefunden hätte.'

'Der Prinz setzte seine unterbrochene Einnahme der Prise fort, und betupfte beide Nasenlöcher, als er sich zum Fenster hinbewegte.

Die Kanonade, die für einige Stunden vor sich ging, hatte aufgehört, aber eine Rauchwolke aus den Schützengräben, gefolgt von einer Meldung, zeigte, dass der Beschuss in einer ungeordneten Weise aufrechterhalten wurde.

Die Augen des Prinzen ruhten für einen Moment beim Porträt des Kaisers auf seiner Schnupftabaksdose. 'Der Verlust von Breisach', sagte er zu sich selbst, 'war ein schwerer Schlag für den Kaiser. Ich hätte die Stadt für ihn zurückgeholt, wenn es nicht für diesen höllischen Iren mit seinem Schwarzdornknüppel gewesen wäre. *Pardieu,* das ist schlimmer als Cremona!'

Und der Prinz, dessen Leidenschaft, wie man berichtet, der Ruhm in der Schlacht und sein Verlangen nach Schnupftabak ist, schnipste den Deckel hoch, schaufelte zwischen Finger und Daumen das heraus, was noch übrig war, und schniefte das wohlriechende, aber starke Zeug.

'Ich muss mir mehr Schnupftabak besorgen', sagte er.

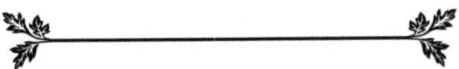

**Historische Anmerkung zur Schlacht von Cremona:** Die Schlacht von Cremona, auch 'Handstreich von Cremona', fand am 1. Februar 1702, zwischen den kaiserlichen Truppen und Frankreich statt.

Fünf Monate zuvor, hatte Prinz Eugen von Savoyen die französischen Truppen bei der Schlacht von Chiari zurückschlagen können. In einer darauf folgenden Offensive, marschierte er mit dem Heer des deutsch-römischen Kaisers nach Cremona.

Mithilfe eines Priesters, der vierhundert seiner Leute in die Stadt schleusen sollte, wollte er das Stadttor für weitere Truppen öffnen und die Stadt im Handstreich nehmen. Der Prinz konnte die Stadt erobern, nahm viele Franzosen gefangen, auch den kommandierenden Herzog von Villeroy, sowie hochrangige Offiziere. Eintausend Verteidiger wurden bei dem Angriff getötet, viele davon im Schlaf.

Doch das Vorhaben endete nicht erfolgreich. Die zusätzlichen Truppen wurden durch schwieriges Gelände behindert.

In der Stadt konnte die Zitadelle gehalten werden, auch weil eine wichtige Brücke durch die Verteidiger gesprengt wurde, aber auch dank der hartnäckigen Verteidigung durch die Irische Brigade aufseiten Frankreichs. Als sich dann eine Entlastungsarmee näherte, musste sich Prinz Eugen zurückziehen.

## MAURYA NA GLENNA
(irisch-gälisch für Maurya aus dem Tal)

### oder: **Zu guter Letzt gerächt**

Während des Jahres der 98er Jahrhundertfeiern [1898, bezogen auf die Revolution von 1798], war ich zufällig auf einem kurzen Besuch bei einem Freund in der Grafschaft ___, dessen Anwesen sich nicht weit von dem Schlachtfeld der Rebellion befand. Unsere Gespräche drehten sich dann eines Tages um die vorausgegangenen 98er Jahre, und ich fragte ihn, ob er einige Geschichten aus dieser Zeit kannte, die noch in der Nachbarschaft zirkulierten.

Er sagte, dass er keine kannte. Er kam nicht aus diesem Landstrich und hatte hier auch nur seit einigen Jahren gewohnt. Er versprach aber, herauszufinden, ob jemand von den Dienern oder Arbeitern mir irgendwelche Informationen geben könnte.

Noch am gleichen Abend sagte er mir, dass es da einen alten Mann gibt, der im Garten aushilft und seine Arbeit bald beendet hätte. Früher war er einmal Schulmeister gewesen und kam ursprünglich aus der Grafschaft Antrim. Er hätte einige Geschichten von dem Aufstand im Norden. Am nächsten Tag traf ich den alten Mann, und von ihm habe ich die folgende Geschichte von Maurya na Glenna aufgeschrieben:

Ich war nicht älter als neun oder zehn Jahre, als ich Maurya na Glenna zu ersten Mal sah. Obwohl ich nunmehr über siebzig bin, kann ich ihr Gesicht immer noch so deutlich sehen, als stünde sie jetzt vor mir. Sie wäre sehr groß gewesen, hätte sie nicht so einen gebeugten Rücken gehabt.

Ihr Gesicht war ziemlich länglich und ihre Wangen eingefallen und fast gelb. Ihr graues, fast weißliches Haar (und da gab es reichlich davon) war an ihrem Hinterkopf zu einem Büschel hochgebunden, während ihre Augenbrauen dunkel wie die Nacht waren. Sie hatte volle, wohl einst rote Lippen, aber die Farbe war aus ihnen gewichen, und sie erschienen trocken und gebleicht. Ihre Augen waren schwarz wie Kohle, mit einer glühenden Mitte, die für einen Moment aufflackert und dann trüb wird.

Sie ist vor vielen Jahren ins Tal gekommen. An einem wilden Märzmorgen war sie hereingewandert – der auch der Morgen des St. Patrick's Day war [17. März] – als der Schnee tief im Tal lag und man für Meilen darum herum kaum ein Fleckchen Grün sehen konnte.

Der Schnee war gegen die Tür von Jack M'Guinness geweht worden. Sie klopfte an, gerade als es Tag wurde. Zu dieser Zeit regte sich kaum etwas im Haus, aber als das Klopfen wiederholt wurde, stand ein Diener auf, ging zur Tür und öffnete sie. Bevor er der Frau, die er draußen stehen sah, irgendeine Frage stellen konnte, war sie schon über die Türschwelle getreten.

Ihr Haar war da, wie sie mir das später erzählten, genauso weiß, wie ich es bei ihr zum ersten Mal sah. Ihre Wangen hatten aber etwas Farbe, die auch ihre Lippen noch nicht verlassen hatte. Ein Tuch bedeckte ihren Kopf, und ein über ihre Schultern geworfener Schal war über ihrer Brust durch eine Nadel befestigt, die man in die Form eines Hechts getrieben hatte. Sie diente auch dazu, ein Bündel Kleeblätter an ihrem Platz zu halten. Ihre Kopfbekleidung und ihre Schultern waren dick mit Schnee bedeckt, der auch an ihrem Kleid hing, das fast zu ihren Knöcheln herunterreichte. Ihre Füße waren nackt.

Der Mann sagte später, dass der Glanz ihrer Augen ihn fast geblendet hätte und ihm die Sprache verschlug.

Sie legte ihre linke Hand auf seine Schulter, berührte die Kleeblätter mit einem ihrer Finger der rechten Hand und flüsterte in einer mysteriös klingenden Stimme:

'Hast du etwas Grünes an deiner Kleidung?' [Maurya bezieht sich hier auf das Zeichen der Unabhängigkeitskämpfer – etwas 'Grünes' an der Kleidung, oft ein Bündel Kleeblätter].

Das war zu diesem Zeitpunkt zehn Jahre nach dem Aufruhr, aber der junge Diener war einer der 'United Men' gewesen [Kämpfer aufseiten der irischen Unabhängigkeitsbewegung], der bei Ballinahinch gekämpft hatte. Er kannte zwar die Worte des Rebellenlieds, aber als er nicht sofort reagierte, flüsterte sie erneut:

'Hast du etwas Grünes an deiner Kleidung?'

Als Antwort nahm er ihre Hand, während ihn das seltsame Gefühl überkam, dass sie irgendwie unheimlich sei. Er gab ihr einen festen 'Griff', der zeigen sollte, dass er ein United Man' war, und sie erwiderte ihn.

'Wer ist da?', rief Jack M'Guiness, der aus seinem Raum heraus in die Küche kam, als er hörte, dass die Tür geöffnet wurde.

Er schreckte einen Schritt zurück, als er die glühenden Augen und die große Gestalt sah (damals hatte sie noch keinen Buckel).

'Hast du etwas Grünes an deiner Kleidung?', fragte sie ihn aufgeregt, fast fieberhaft.

'Ach, liebe Frau, ich fürchte, dass diese Tage vorüber sind', sagte er sanft, aber mit einem leidenschaftlicheren Ausdruck, als der von dem jungen Diener, denn er sah, dass diese Frau wohl wahnsinnig war.

'Vorbei! Vorbei!', schrie sie fast hysterisch, 'es wird nie vorbei sein, bis er – den ihr kennt – sicher kennt ihn jeder – bis er, Red Michil of the Lodge, seine Strafe bekommt, wisst ihr, die drei Stangen, zwei längs und eine quer [hier Galgenvorrichtung gemeint]. Red Michil, mit dem Kainsmal und dem Fluch Gottes auf ihm.'

'Ist das nicht ein schönes Sträußchen?', und sie nahm das Bündel von Kleeblättern von ihrer Brust und gab es an Jack M'Guiness.

'Das ist ein schönes Sträußchen, mein Mädchen', sagte er humorvoll, 'aber schüttele den Schnee von dir ab und komm näher zum Feuer. Heize den Torf an, Shane', sagte er, als er sich zu dem jungen Diener umdrehte, 'und lass das Mädchen sich aufwärmen.'

'Ja, sicher', es ist ein schönes Sträußchen', fuhr das Mädchen fort, 'aber wie viel Mühe hatte ich, es zu finden, mit all dem Schnee hier – da und überall; jeder Schritt von mir ging tiefer als die anderen, aber ich habe mich nicht am Schnee gestört, warum sollte ich? Sicher war sein Anblick kälter, als ich ihn zum letzten Mal sah, und sein Leichentuch war genauso weiß.'

'Setz dich hier hin. Meine gute Frau wird in ein paar Minuten aufgestanden sein und dir etwas zum Wärmen geben.'

'Nun, dann! Sie denken, dass mir kalt ist, und vielleicht ist es mir auch kalt, und es macht mich manchmal müde, aber es gibt immer ein Feuer in meinem Herzen, und das geht niemals aus – geht niemals aus, sage ich Ihnen, bis Michil of the Lodge seine Strafe bekommt.'

Dann setzte sich das arme Ding neben den Herd. Der junge Diener brachte den Torf zum Brennen, bis die Flammen die ganze Küche erhellten, und der Zinnkrug auf der Kommode warf die roten Strahlen zurück. Und als sich die Hitze über den Raum ausbreitete, sackte der Kopf der armen, müden Kreatur auf die Brust, und sie fiel in einen tiefen Schlaf.

Das war das erste Auftauchen von Maurya im Tal, und so wurde mir die Geschichte erzählt, denn das war, wie ich Ihnen sagte, vor meiner Zeit.

Sie wurde freundlich von Jack M'Guiness und seiner Frau behandelt, die das arme Mädchen aufnahmen und auch bei sich behalten hätten, aber Maurya konnte nicht dazu bewogen werden, mehr als ein paar Tage an irgendeinem Platz zu bleiben.

Wer sie war, oder warum sie ins Tal kam, oder woher sie kam, wusste dort keiner.

Die Frauen sagten, dass es Liebeskummer war, der das arme Ding auf Wanderschaft trieb, und dass die Frage nach dem

Grün am Umhang zeigte, dass ihr Liebhaber ein Opfer an dem Galgengerüst wurde, oder auf dem Feld, in der Schlacht von '98.

Es gab keine einzige Familie, die keinen Mann nach Ballinahinch geschickt hatte, und nicht wenige haben mehr als einen geschickt, und es gab keine Herdstelle im Tal, wo Maurya nicht willkommen war. Sie wanderte aber immer herum. Nach einer Nacht des Ausruhens ging sie wieder 'auskundschaften', in der Hoffnung, Red Michil seiner Strafe zuzuführen – die drei Stangen.

Und so ging sie beim ersten Morgenlicht hinaus und streifte über die Hügel, lebte, wie sie wollte, und kam dann zurück und suchte die Gastfreundschaft im Tal – einmal in einem Haus, einmal in einem anderen.

'Es gab heute keine Anzeichen von ihm', sagte sie immer, als sie in das Haus kam, in dem sie übernachtete. 'Ich habe heute keine Anzeichen von ihm gesehen, aber, lieber Gott, ich werde das bald erleben. Red Michil wird mir nicht entkommen, das braucht man niemals befürchten.'

Und diese Art des Lebens setzte sich für Jahre fort. Die Farbe wich von ihren Wangen und von den Lippen, und die große Gestalt begann einen Buckel zu bekommen.'

Sie bemerkte auch, dass sie nicht mehr so weit herumlaufen konnte, wie sie es wollte. Sie war immer sehr freundlich in ihrer Art, aber von Zeit zu Zeit, wenn sie alles um sie herum nicht mehr richtig wahrzunehmen schien, kam ein Glühen in ihre Augen, und sie hat ihren Platz am Feuer verlassen. Trotz aller Proteste, egal wie das Wetter zu jener Stunde war, machte sie sich erneut auf die Suche nach Red Michil.

Immer wieder hatten einige ihrer weiblichen Freunde versucht, ihr die Geschichte zu entlocken, nicht so sehr aus Neugier, aber in dem Glauben, dass es ihr Herz erleichtern könnte, wenn sie ihnen ihre Sorgen anvertraute.

Sie konnten aber nichts aus ihr herausbringen, außer einer Anprangerung des Red Michil of the Lodge; aber wer er war oder was er getan hatte, konnten sie nicht von ihr erfahren.

Es gab da ein Haus im Tal, zu dem sie häufiger gekommen war, als zu irgendeinem anderen, und das gehörte Shane O'Donnell, einem Onkel von mir. Es macht mir nichts aus, das jetzt zu sagen, aber Shane hatte eine kleine Schnapsbrennerei auf den Hügeln, hinter dem Tal, wo er sich, in kleinem Umfang, der Herstellung von Mountain Dew [wörtlich: Bergtau, schwarzgebrannter Schnaps] widmete.

Man konnte die Hütte im Heidekraut kaum sehen. Sie lag in einer kleinen Senke, auf der Seite eines Hügels, gerade tief genug, um die Wände zu verdecken. Bis man fast draufstand, konnte man das Dach kaum von der Umgebung unterscheiden. Das war kein Wunder, denn es war mit Torfstücken bedeckt, und darin steckten die Wurzeln des Heidekrauts. Die einzige Sache, die seine Existenz erahnen ließen, war der gelegentliche Rauch im Loch des Daches, das als Ersatz für einen Kamin diente.

Dorthin ging Maurya na Glenna sehr oft, und sie war stets willkommen. Obwohl nicht immer klar bei Verstand, war sie stets in der Lage gewesen, sich im Haushalt nützlich zu machen, und in dieser Hütte kochte sie Kartoffeln und Kohl und machte andere Küchenarbeiten, die notwendig waren.

Die Hütte selbst war mehr ein Vorwand. Sie verdeckte den Eingang in eine Höhle, wo man die Herstellung des *poteen* [Gersten- oder Kartoffelschnaps] betrieb. Diesen konnte man durch eine Öffnung erreichen, wenn man die Bodenplatte der Feuerstelle weg hob.

Der Rauch von der unterhalb gelegenen Herstellung kam durch eine Öffnung in der Nähe der Bodenplatte, und wurde, zusammen mit dem des Feuers in der Hütte, davongetragen, sodass irgendjemand, der in die Hütte kam, nichts ahnen würde. Es war eine Schäferhütte und nichts anderes.

Ich wurde gelegentlich gerufen, um bei der Herstellung des *poteen* zu helfen, und zu dieser Zeit hatte man Maurya na Glenna fest als Köchin angestellt. Das heißt, wenn immer die Männer hier bei der Arbeit waren, würde Maurya stets dazukommen, um die Kartoffeln zu kochen und das *stirabout* zu machen [ein in Irland gebräuchlicher Brei aus Haferflocken oder Maismehl, mit Wasser oder Milch]. Manchmal fand auch ein Stück Hammelfleisch den Weg in den Topf.

Nun, es passierte an einem Tag, während Maurya ein Stück Hammelfleisch kochte. Ich saß ich in der Nähe des Feuers, als sie sagte:

'Ich hatte einen seltsamen Traum letzte Nacht, Shamey.'

'Wie war er, Maurya?', fragte ich, da alle von uns, Jung und Alt, sie immer bei guter Laune halten wollten.

'Nun denn', sagte sie, 'siehst du die drei Beine in dem Topf die hier vor dir kochen?'

'Das tue ich', sagte ich, 'warum sollte ich das nicht?'

'Nun, Shamey, bedenke, dass ich dies niemandem erzählt habe, außer dir jetzt.'

'Ich habe letzte Nacht geträumt, dass die drei Beine im Topf die drei Stangen des Galgengerüsts wären, und erkläre mir das, wenn du kannst, denn ich kann es nicht. Ich denke manchmal, dass mich mein Geist verlassen hat, Shamey.'

Ich wusste, was sie mit den 'Stangen' meinte. Die Bedeutung des Traums konnte ich natürlich nicht ergründen.

'Ich weiß nicht, Maurya', sagte ich, 'ich weiß nicht, was das bedeutet.'

'Ja natürlich, wie könnest du das auch, Shamey?', sagte sie. 'Du hast sicher nicht von den Sorgen gelöffelt, und ich hoffe, das wirst du auch nie, mein Bester, und nur diejenigen, die sie Jahr für Jahr ausgelöffelt haben, könnten sagen, was die arme Maurya wissen will.'

Dann schwenkte sie die Halterung zur Seite, an dem der Topf hing, weg von dem brennenden Torf.

'Siehst du die drei Beine darin, Shamey?', fragte sie.

'Das tue ich, Maurya', sagte ich.

'Sie sind nun rot vom Feuer', sagte sie. 'Und er war rot – Red Michil, weißt du – und ich träumte letzte Nacht, dass dies die drei Stangen wären. Aber Träume sind verrückt, und es macht keinen Sinn, sie zu beachten, Shamey. Und wie könnten sie die drei Stangen sein? Du könntest sicherlich keine Maus an ihnen aufhängen, könntest du das, Shamey, geschweige denn Red Michil?'

Obwohl ich mich an Maurya gewöhnt hatte, fing ich an mich, mich zu fürchten. Ich saß hier, alleine mit ihr, und während sie sprach, erregte sie sich in einer Art und Weise, von der ich wusste, sie würde mich jetzt genauso erschrecken, wie damals.

Sie erhob kaum ihre Stimme, als sie sprach, aber man konnte etwas vernehmen – etwas das durchklang. Die Venen in ihren unbedeckten Armen begannen anzuschwellen, und ihre Augen funkelten in einer Weise, dass es einem fast die Seele herausbrennen könnte. Sie schwenkte den Topf zurück über den brennenden Torf, untersuchte den Inhalt, und ich nutzte die Gelegenheit, mich aus der Hütte zu stehlen.

Ich war kaum aus der Tür heraus, als ich eine Anzahl von Soldaten sah, die direkt auf uns zu liefen, und eilte zurück. 'Die Soldaten kommen!', rief ich hinunter durch das Loch, durch das, wie ich erwähnt hatte, der Rauch vom Destillationsapparat entweicht.

Zweimal rief ich, dann hörte ich die Worte 'alles gut', und ich wusste, dass die Männer dort unten fliehen und vielleicht alle Beweise ihres Geschäfts zerstören konnten, sollten die Soldaten ihren Unterschlupf entdecken, was mir, zu diesem Zeitpunkt, noch sehr unwahrscheinlich vorkam.

'Die Soldaten kommen, hast du gesagt?', rief Maurya, als ich damit fertig war, mit den anderen zu sprechen. 'Bist du sicher, Shamey, dass das nicht die Yeos* sind?', und ihre ganze Gestalt zitterte vor Aufregung. [*Yeos, Yeomen, den Briten nahestehende, paramilitärische Truppen, die in verschiedenen Provinzen eingesetzt wurden, als die Engländer ihre Soldaten abziehen mussten, um in den Kolonien zu kämpfen. In Irland waren sie erbitterte Gegner des Freiheitskampfes].

'Es sind die Soldaten, Maurya', sagte ich, 'und ich denke, der Eichmeister ist bei ihnen. Da gibt es noch einen anderen Mann unter ihnen, der schielt. Er hat eine sandige Hautfarbe und rotes Haar, das grau wird.'

'Shamey', schrie sie, 'Shamey!', und nahm mich in die Arme. 'Schau mich an. Zittere ich wie ein Blatt? Ich denke, dass mein Traum irgendwie wahr wird – aber wie, Shamey? Wie, sag es mir!'

Ich war so verängstigt, dass ich nicht antworten konnte, und noch bevor Maurya ein weiteres Wort sagen konnte, betraten drei oder vier Soldaten die Hütte, und bei ihnen waren zwei Männer in Zivilkleidung.

Ich verzog mich in eine Ecke. Maurya nahm keine Notiz von ihnen. Sie schien mit ihrem Kochen beschäftigt zu sein und wandte ihnen den Rücken zu.

'Warum habt ihr uns hierhergebracht?', fragte der Offizier, der das Kommando über das Militär hatte und der einer der Soldaten war, der in die Hütte hereingekommen war.

'Dieser Mann, der mitgekommen ist, war mein Informant', antwortete der Eichmeister, an den die Frage gerichtet war.

'Das reicht mir nicht', warf der Offizier ein. 'Ich hoffe, wir sind hier nicht auf einer Katz-und-Maus-Jagd. Wir hatten in letzter Zeit genug von diesem Sport', sagte er, mit etwas Bitterkeit.

'Sagen Sie dieser Frau, dass sie den Topf vom Feuer wegschwenken soll, verehrter Captain', sprach der Mann, den der Eichmeister als seinen Informanten beschrieb. Das war auch derjenige, der schielte und die sandige Hautfarbe hatte.

70

Der Captain forderte Maurya auf, zu tun, wie ihr geheißen wurde, aber sie nahm keine Notiz davon.

'Machen Sie es selbst', sagte der Captain, indem er den Informanten ansprach.'

Dieser näherte sich der Feuerstelle. Als er dies tat, schlich sich Maurya zurück zur Seite der Mauer bei dem großen Kamin. In die gleiche Richtung schwenke der Informant die Halterung über dem Feuer, sodass der Topf sie fast berührte.

Ohne ein Wort zu sagen, kickte der Informant den brennenden Torf von der Bodenplatte, und dann wusste ich, dass er mit dem Geheimnis vertraut war. Die Bodenplatte passte sehr genau in ihre Umrandung. Ohne dass jemand vorher darüber informiert worden war, hätte er nie angenommen, dass man sie entfernen kann.

Der Informant bat die Soldaten um ihre Hilfe, um sie hochzuheben. Unter Schwierigkeiten konnten zwei von ihnen die Spitzen ihrer Bajonette an verschiedenen Enden hineinstecken, und die anderen halfen dabei.

Die Platte wurde schnell entfernt und ein offener Raum mit einer Leiter wurde freigelegt.

'Gehen Sie vor uns runter', sagte der Offizier, und sprach den Informanten an. '

'Ich hatte nicht vor, dies zu tun', sagte der Unglückliche, der am ganzen Leib zitterte.

'Wir gehen, Captain', sagte einer der Soldaten, und, mit einem Bajonett in der Hand, ging er hinunter, gefolgt von drei

71

Kameraden. Dann nahm der Informant einigen Mut zusammen, und begann ebenfalls hinunterzugehen.

Plötzlich hörte man Schreie und den Schuss aus einer Muskete, und der Informant, weiß vor Furcht, kletterte wieder hoch.

'Runter mit dir und sei verdammt', schrie der Offizier, und 'mach Platz für meine Männer!'

'Oh, bester Captain, retten sie mich!'

Das waren die letzten Worte, die er jemals wieder sprach. Die Halterung wurde von der Wand direkt über das Loch zurückgeschleudert. Schnell wie ein Blitz wurde dann der schwere Topf gelöst und fiel mit einem entsetzlichen Schlag herunter, direkt auf den Kopf des Informanten. Ein Schwall von Blut traf die Wand neben meinem Kopf.

'Ergreift diese Frau!', schrie der verblüffte Offizier.

'Shamey! Shamey!', rief Maurya mir zu, und ihr ganzes Gesicht hellte sich auf, als die Sorgen von ihr genommen waren. 'Shamey, mein Traum ist wahrgeworden.'

Ich habe Maurya na Glenna niemals wiedergesehen. Ich hörte, dass man sagte (und sie lagen dabei richtig und gleichzeitig auch falsch), dass sie wohl nicht gewusst hatte, was sie tat und sie steckten sie in irgendwo in eine Anstalt.

'Aber haben Sie', sagte ich, 'haben Sie jemals herausgefunden, wer Red Michil war, und, war er der Informant?'

'Damals nicht, aber Jahre später', sagte der alte Gärtner 'und dann erfuhr ich es nur durch Zufall. Maurya na Glenna, wie wir sie genannt haben, war in Wirklichkeit Mary M'Kenna. Während der Zeit der Unruhen war sie, wie jedermann sagte, eines der schönsten Mädchen in ganz Ulster. Es schien, dass sie in einen Jungen, genannt Pat Gallagher, verliebt war, der einer der 'United Men' war, und er war genauso verliebt in sie, wie viele andere Männer auch. Sicher war auch einer darunter, den sie Red Michil nannten, und dessen Mutter, eine Witwe, die Lodge vor der Pennington Hall unterhielt, in der Grafschaft Antrim.'

'Und Red Michil verfolgte sie, aber sie zeigte ihm die kalte Schulter. Um sich an Pat Gallagher zu rächen, der ihre Gunst gewonnen hatte, hat er ihn verraten und man verfolgte ihn. Gallagher kam vor ein Kriegsgericht und wurde gehängt. Die arme Kreatur wollte nicht von ihm weichen, bis er am Fuß des Galgens stand. Und als man sie wegführte, sah man, dass sie ihren Verstand verloren hatte.'

'Ihre Verwandten taten ihr Bestes, um sich um sie zu kümmern, aber sie waren arm, und so schweifte sie umher, bis sie ihren Weg ins Tal fand. Red Michil, nachdem er seine Rache verübt hatte, sank tiefer und tiefer. Er wurde zu einem gewöhnlichen Informanten, und als die Hinrichtungen vorbei war, verschaffte er sich eine Anstellung beim Steueramt als ein Schnüffler für illegale Schnapsbrennereien. Er hatte selbst einige Erfahrung in diesem Metier, sodass er sich gut mit den Tricks auskannte, die Poteen-Hersteller angewendet hatten, um den Vertretern des Gesetzes zu entgehen. Er war somit ein Werkzeug seines eigenen Schicksals.'

Nach langen, aufzehrenden Jahren, hatte die arme Maurya na Gleanna ihre Rache – zu guter Letzt.

# THE WEARING OF THE GREEN
## (Ergänzung zum Originalbuch)

Irische Straßenballade, welche die Unterdrückung der Unterstützer der Irischen Revolution von 1798 beklagt. Sie erklingt zu einer alten irischen Melodie und es gibt sie in verschiedenen Textversionen, auch bei den Iren, die das Land in Richtung Amerika verlassen mussten. Die Revolutionäre hatten die grüne Farbe, unter anderem auch das Kleeblatt, zu ihrem Erkennungszeichen gemacht, wofür man Männer und Frauen gehängt hat. 'Napper Tandy' war ein Anführer des Aufstands, der nach Frankreich ins Exil gehen musste.

*O Paddy dear, and did ye hear the news that's goin' round?*
*The shamrock is by law forbid to grow on Irish ground!*
*No more Saint Patrick's Day we'll keep, his color can't be seen*
*For there's a cruel law ag'in the Wearin' o' the Green.*

*I met with Napper Tandy, and he took me by the hand*
*And he said, "How's poor old Ireland, and how does she stand?*
*She's the most distressful country that ever yet was seen,*
*for they're hanging men and women for the Wearin' o' the Green.*

*So if the color we must wear be England's cruel red*
*Let it remind us of the blood that Irishmen have shed*
*And pull the shamrock from your hat, and throw it on the sod*
*But never fear, 'twill take root there, though underfoot 'tis trod.*

*When laws can stop the blades of grass from growin' as they grow*
*And when the leaves in summer-time their color dare not show*
*Then I will change the color too I wear in my caubeen*
*But till that day, please God, I'll stick to the Wearin' o' the Green.*

O Paddy, meine Liebe, hast du die Nachrichten gehört, die
herumgehen?
Dem Kleeblatt ist per Gesetz verboten, auf irischem Boden zu
wachsen!
Wir werden keinen St. Patrick's Day mehr feiern, seine Farbe
wird man nicht mehr sehen,
denn es gibt ein grausames Gesetz gegen das Tragen von dem
Grün.

Ich traf mich mit Napper Tandy und er nahm mich bei der
Hand,
und er sagte: Wie geht es dem armen alten Irland und wie steht
es darum?
Es ist das traurigste Land, das man je gesehen hat,
denn sie hängen dort Männer und Frauen wegen dem Tragen
von dem Grün.

Wenn die Farbe, die wir tragen müssen, Englands grausames
Rot sein soll,
dann soll es uns an das Blut erinnern, das die Iren vergossen
haben.
Nimm das Kleeblatt von deinem Hut und wirf es auf den
Boden,
aber fürchte dich nicht, es wird dort Wurzeln schlagen, obwohl
es unter diesen Füßen ist.

Wenn Gesetze verhindern können, dass die Grashalme
wachsen, wie sie wachsen,
und wenn die Blätter im Sommer ihre Farbe nicht zeigen
dürfen, dann werde ich auch die Farbe ändern, die ich an
meinem Barett trage,
aber bis zu diesem Tag, so bitte ich Gott, bleibe ich beim
Tragen von dem Grün.

75

## DIE GESCHICHTE DES RABEN

'Als ich ein Junge war', sagte er dem zuhörenden Abt, 'ungefähr neunzehn Sommer alt und ein noch auszubildender Ordensbruder namens Mailcoba, machte ich einen Besuch bei meinem Onkel, der ein *Brughfer\** war'. [*Ein in hohen Ehren stehender Leiter einer öffentlichen Herberge, die bestimmten Privilegierten einen kostenlosen Aufenthalt auf ihren Reisen bot, und gleichzeitig große Ländereien mit zahlreichen Arbeitern hatte, um damit den Unterhalt zu bestreiten].

'Sein Haus stand an der Straße, die von *Baile atha Cliath* (Dublin) nach Tara führt. Mein Onkel war Witwer. Da er einen schweren Unfall hatte, war er im Haus des Arztes untergebracht, der etwa ein Viertelmeile entfernt wohnte. Während seiner Abwesenheit wurde mir die Aufgabe übertragen, mich um die Reisenden zu kümmern, welche die Gastfreundschaft der Herberge suchten.'

'Für mehrere Tage war diese Aufgabe recht leicht gewesen, obwohl gerade der große Markt von Tara in der Nähe stattfand. Das Wetter war für die Jahreszeit sehr schlecht. Die schweren Regenfälle hatten das Getreide zu Boden gedrückt, und die Straße war durchnässt. Zeitweise schien es so, dass alle Winde losgelassen wurden und sich im Streit befanden, wobei sie in ihrem Kampf die blattbehangenen Bäume umknickten, die krachend auf die Hügel und in die Täler fielen. Ihre ausgestreckten Äste behinderten das Fortkommen auf den Straßen und machten sie fast unpassierbar für Mensch und Tier.'

76

'Während dieser Tage des Regens und Sturms zeigte sich die Sonne nie, und die Nacht kam fast so schnell wie in der Winterzeit. Die Leute sagten, dass sich die Jahreszeit verändert hätte und dass das Land vom Untergang bedroht wäre. Niemand aber wusste, warum es so kommen sollte, denn der König war gütig und großzügig und während er sich seine Würde bewahrte und auf den Abgaben bestand, war seine Hand offen, wie auch die Türen seiner Gastfreundschaft, und keinem Mann, einfach oder vornehm, wurde Gerechtigkeit verweigert.'

'Nacht für Nacht, als der Tag in den Schlund der Dunkelheit gezogen wurde, zündete ich das Licht auf dem Rasen an, um die Reisenden zu leiten, die Essen und Unterkunft suchen könnten; aber eine Nacht nach der anderen ging vorüber, und niemand kam.'

'Schließlich kam ein Tag, an dem es nicht länger regnete, und die Winde, die sich in die Senken der Berge zurückgezogen hatten, tobten nicht länger herum. Dicke Wolken bedeckten aber noch den Himmel, und die Nacht, so kühl, als wäre sie vom Atem des Winters überzogen, schlich sich früh unter sie.'

'Ich hatte das Licht auf dem Rasen angezündet, war hereingekommen und hatte die Tür geschlossen. Ich saß da und blickte auf das brennende Kiefernholz, das auf der Feuerstelle glimmte.'

'Die Diener der Herberge waren noch in den äußeren Ställen, schauten nach dem Vieh oder erledigten andere Arbeiten. Ich war ziemlich allein, denn sogar der Rabe, der gewöhnlich bei mir war, befand sich in der Scheune und beobachtete das Melken der Kühe. Ich dachte daran, zu dem Haus des Arztes zu gehen, als ich plötzlich den Klang von Wagenrädern hörte, die über die ausgetretene Straße zur Tür der Herberge herankamen.'

'Kaum hatte ich die Tür geöffnet, sah ich im Licht einer Kerze zwei Pferde, die mit Schaum bedeckt waren. Ich konnte auf dem Sitz des Wagens zwei Gestalten unterscheiden, die sich vor dem Wetter eingehüllt hatten, und hatte keine Schwierigkeit, eine davon als eine Lady zu erkennen.'

'»Der Segen Gottes sei mit Ihnen«, sagte der Mann.'

'»Gott und Mutter Maria sollen mit Euch sein« antwortete ich, und »cead mile failte« [irisch-gälisch, tausendfach willkommen].'

'Die Diener hatten den herannahenden Wagen gehört und standen bereit, die Pferde zu den Ställen zu bringen, als die Gäste aus dem Fahrzeug stiegen. Als die ersten Ehrerbietungen der Gastfreundschaft erledigt waren und Vater und Tochter — das war es, was sie waren — sich von den Strapazen der Reise ein wenig erholt und am Essen teilgenommen hatten, nahmen sie ihre Plätze am Feuer ein.'

'Der Mann war ziemlich alt und trug die Kleidung eines Gutsbesitzers. Er und seine Tochter wollten zum großen Markt in Tara gehen, um die Spiele und Wettstreite zu beobachten. Die Maid war das schönste Mädchen, das ich je gesehen hatte. Ihr Gesicht war schön wie eine Blume, und wenn sie ihre langen, dunklen Wimpern über ihren Augen hob, was sie gelegentlich tat, waren sie wie Sterne, die in einem dunklen Teich leuchteten.'

»Ich fürchte, Bruder Mailcoba«, sagte der Abt, »dass du dich zu dieser Zeit den Eitelkeiten dieser Welt hingegeben hast. Die Schönheiten, von denen du sprichst, sind vergänglich und werden verlöschen«.

'So werden auch die Sterne verlöschen, Vater, die für das kurze Leben eines Menschen unendlich erscheinen. Aber, trotzdem, dürfen wir ihren Glanz bewundern, im Dunkel einer Sommernacht, und damals war ich jung und alles Schöne erschien mir gut zu sein.'

»Wenn es dann so war«, sagte der Abt, »aber fahre fort mit deiner Geschichte«.

'Wir hatten noch nicht lange zusammengesessen', fuhr Bruder Mailcoba fort, 'als ich einen zögerlichen Schritt hörte, der in Richtung der Tür kam. Als ich mein Ohr dorthin richtete, vernahm ich das Zupfen von Akkorden.'

'»Es ist ein Harfenspieler, der kommt«, sagte die Lady in einer süßen, leisen Stimme, die fast schüchtern war. Sie werden mir vergeben, Vater, wenn ich sage, dass ihre Stimme so musikalisch war, wie irgendeine Harfe, die man je erklingen ließ.'

»Damals warst du jung, Bruder«, antwortete der Abt mit einem Lächeln. »Und eingedenk deiner Jugend, vergeben wir dir.«

'Wir gaben dem Harfenspieler seinen Begrüßungslohn', fuhr Bruder Mailcoba fort. 'Er war etwas gelähmt, und alt, und scheinbar konnte er schlecht sehen. Die Lady legte aber ihre Hand auf seinen Arm, die so weich und weiß war, wie eine weiße Wolke gegen einen blauen Himmel ___'

»Bruder, Bruder«, warf der Abt mit einer leicht ablehnenden Geste ein.

'Sie führte ihn zu sich heran und brachte ihn dazu, den Platz neben ihr einzunehmen', fuhr Bruder Mailcoba fort, der der Unterbrechung keine Beachtung schenkte.

'Als ich zuvor die Tür geöffnet hatte, um den Harfenspieler hereinzulassen, hüpfte der Rabe herein, der seine sich selbst auferlegte Aufgabe im Kuhstall erledigt hatte. Er setztee sich auf seinen Sitz auf dem Dachsparren und schaute jeden in der Runde höchst kritisch an. Er hatte nur ein Auge, das andere hatte er in einem Gerangel mit der Katze verloren. Das aber entzog ihm keinesfalls die Ernsthaftigkeit seines Blicks, sondern verstärkte diesen nur noch. Hinter dem Harfenspieler kam der Haushund herein, die in freundlichster Weise herumschnüffelte und sich vor dem Feuer ausstreckte.'

'Der Harfenspieler nahm nur wenig von dem Essen, und als er fertig war, bat ihn die Lady, die Nacht mit einem Lied zu besänftigen. Er, keinesfalls abgeneigt, machte sich daran, dem Wunsch nachzukommen. Nachdem er die Saiten dazu gebracht hatte, ihm zu folgen, begann er mit dem Liebeslied auf die Lady Eimer by Cuchullin. Aber plötzlich schreckte der alte Mann – der Vater der Lady – auf, wie einer, der aus dem Schlaf gerissen wurde.'

'»Hast du kein anderes Lied«, rief er, »kein Lied von einer Schlacht, von Brandschatzungen oder Fahrten über die Meere, eines, das erzählt wie Helden kämpfen und fallen? Singe von Cuchullin, als er in seiner Rüstung alleine gegen die Heerscharen von Connaught stand, oder als er auf Ferdiah an der Furt traf, aber verschwende nicht deine Zeit und die unsere mit einer Geschichte über Anfälle von Liebeskrankheit.«

'Der Harfenspieler hielt inne, die Lider des Mädchens verdeckten ihre Augen, und ein Erröten, wie es dem grauen Licht der Morgendämmerung folgt, stahl sich auf ihre Wangen. Der Harfenspieler wollte gerade eine Antwort geben, als der Rabe vom Dachsparren herunter, hinter uns, wo wir saßen, *»Grob! Grob!«* krächzte.'

'»Ein Soldat kommt«, sagte der alte Harfenspieler.'

'Ich bemerkte, wie die junge Frau einen flüchtigen Blick auf die Tür warf, die ich hastig öffnete. Ich erwartete natürlich, einen Soldaten zu sehen, denn der Rabe hatte noch nie gelogen.'

»Aber war das nicht ein druidischer Aberglaube und nicht wert, von einem Christen ernst genommen zu werden?«, fragte der Abt.

'Vielleicht ja, Vater', antwortete Bruder Mailcoba, 'aber sie sagen, dass Raben sehr gelehrte Vögel sind, und in meiner Jugendzeit hatte man mir beigebracht, ihnen zu glauben; und so war es auch mit dem Harfenspieler.'

»Aber dieses Mal wurdest in die Irre geführt«, sagte der Abt.

'Das dachte ich auch', sagte Bruder Mailcoba. 'Selbst als ein Mönch mit seiner Kutte und Haube hereintrat, als ich die Tür öffnete, krächzte der Rabe immer noch *»Grob! Grob!«*'

'Nach den üblichen Begrüßungen setzte sich dieser Neuankömmling an den Tisch und aß wie einer, der lange gefastet hatte. Ich erwähne dies nur, weil es das Aussehen rechtfertigte, in dem er sich gezeigt hatte, aber der Rabe hörte nicht auf, auf dem Dachsparren herumzuzappeln. Er richtete sein eines Auge auf den neuen Gast und krächzte *»Grob! Grob!«*, in einer unruhigen, fast ärgerlichen Stimme.'

'Als er mit dem Essen fertig war, setzte sich der Mönch auf eine Bank neben dem Harfenspieler, aber so, dass er einen vollen Blick auf die Lady hatte, obwohl er teilweise von ihrem Vater verdeckt war. Seine Haube verbarg fast sein Gesicht, aber das, was man sehen konnte, zeigte Jugend und Anmut. Es war vielleicht ganz natürlich, dass er die Neugier der Maid erregen sollte, aber ich muss zugeben, dass ich überrascht war, wie sich ihre Lider so häufig öffneten und sich ihre Augen auf ihn richteten. Ein oder zwei Mal dachte ich, dass die des Mönchs auf die fragenden Blicke des Mädchens antworteten.'

»Ich befürchte, du hattest wenig Nachsicht, Bruder Mailcoba«, sagte der Abt.

'Dem ist nicht so, Vater, wie die Ereignis zeigten.'

'Der Vater der jungen Frau, überwältigt von den Strapazen der Reise und der Gastfreundlichkeit, war in einen Schlummer gefallen. Auch der Harfenspieler, der verletzt war, von der ihm gegenüber gezeigten Zurückweisung, schien eher schläfrig zu sein. Er lehnte sich zurück gegen das Sofa, mit fast geschlossenen Augen, aber seine Finger bleiben an der Harfe, als würde er im Schlaf spielen. Die Noten schlichen sich klar, aber schwach heraus, und wenn der Geist der Musik jemals kommt und die Hand eines Harfenspielers bewegt, muss er seine in dieser Nacht über die Saiten geführt haben.'

'Ich weiß nicht, wie sich die anderen gefühlt haben. In der Tat hatte ich in diesem Moment ihre Existenz vergessen. Ich war wie verzaubert. Es erschien mir so, dass mein Körper leblos war, und das meine lauschende Seele von Klängen getragen wurde, die nicht von Dauer sind, sondern sich herausstehlen, wie ein Vogel aus einem geöffneten Käfig, der auf glücklichen Flügeln nach dem strahlenden Wunderland sucht.'

'Plötzlich kam ich wieder zu mir, durch das Knurren von Bran, dem Hund, und der heiseren Stimme des Raben, der krächzte:'

*»Carna, Carna! Grob, Grob! Coin, Coin!«*

'»Da draußen sind Wölfe«, rief der Harfenspieler, der hochschreckte. »Hört auf den Raben«.'

'Der Hund knurrte fortwährend, als der Rabe krächzte, aber er bewegte sich nicht vom Feuer weg. Ich dachte, dass ich einen leichten, schnellen Schritt auf dem Weg gehört hatte, aber die Hunde um den Schafstall herum bellten so laut, dass ich mir nicht sicher war. Ich ging jedoch zur Tür und war gerade dabei, sie zu öffnen, als heftig auf sie geschlagen wurde, als wäre jemand sehr in Eile. Als ich sie halb aufgezogen hatte, kam ein athletisch aussehender, in einen riesigen Umhang gehüllter Mann hereingeschossen. Er war außer Atem, als wäre er gerannt, und ich bemerkte, dass sein Umhang an mehreren Stellen zerrissen war. Er legte ihn schnell ab, warf einen Blick aus seinen ruhelosen, funkelnden Augen um sich und nahm Platz.'

'Ich bemerkte, wie ihn der Harfenspieler sonderbar anschaute und sah auch, wie die junge Frau zusammenschreckte. Auch der Mönch erschien mir neugieriger, als es die Gastlichkeit oder Höflichkeit erlaubte.'

'Ich begrüßte den Fremden mit der gebotenen Höflichkeit, aber er antwortete nur kurz, und so war auch seine Begrüßung der anderen Gäste und deren Erwiderung. In Tat, während ich damit beschäftigt war, ihm eine Erfrischung zu bringen, wurde die Stille in der Herberge nur durch das Krächzen des Raben unterbrochen, »Carna! Carna! Coin! Coin!«, und durch das Knurren und durch das gedämpfte Jaulen von Bran.'

'Der Rabe hatte mich ziemlich verwirrt. Erst hatte er einen Soldaten anstelle eines Mönchs angekündigt, und zweitens durch seinen Ruf »Carna, Carna!« – 'Wölfe! Wölfe!«, die bedeutungslos geworden waren, denn wenn es draußen Wölfe

83

gäbe, müssten sie durch die Wachhunde verscheucht worden sein, die mit dem Bellen aufgehört hatten, nachdem ich die Tür geschlossen und die neuen Gäste hereingelassen hatte.'

'Ich hatte in meiner Zeit viele Leute essen sehen, aber niemals jemanden, der so gefräßig war. Ich hatte die Teller mehrmals nachgefüllt, bevor sein Hunger gestillt war. Ich war damit so beschäftigt, dass ich keine Zeit hatte, auf die anderen Gäste zu achten. Als ich schließlich dazu in der Lage war, bemerkte ich, dass der alte Gutsbesitzer immer noch schlief, und dass der Harfenspieler seinen Platz mit dem Mönch getauscht hatte. Letztere saß neben oder eher dicht bei der jungen Maid und ich meine tatsächlich, gesehen zu haben, wie er seinen Arm hastig weggezogen hatte.'

»Ich fürchte, Bruder, dass deine Geschichte wenig erbaulich ist«, sagte der Abt.

'Nun, vielleicht hatte ich unrecht', fuhr Bruder Mailcoba fort, 'und vielleicht war es das Glühen der kiefernen Holzscheite, die das Gesicht des Mädchens wie eine rote Rose aussehen ließen. Ich denke, es diente der Absicht mich abzulenken, dass der Harfenspieler begann, eine leise, süße Melodie zu spielen. Ich erkannte die ersten Noten als die von dem *Lied des Clumber* [clumber = kräftige Spaniel-Hunderasse].'

'»Nicht das, nicht das!«, rief plötzlich der zuletzt gekommene Gast aus und fixierte den Harfenspieler mit seinen Augen. Die Heftigkeit des Aufrufs und die harschen Töne, mit dem er ausgesprochen wurde, erregten eine allgemeine Überraschung. Als der Fremde dies bemerkte, erschien er etwas verwirrt, und er versuchte, sein Verhalten zu erklären, indem er sagte, es sei zu früh für den Schlaf. Er zöge es vor, dass dieser auf natürliche Weise kommt, statt dass er durch ein Lied gebracht wird.'

'»Es scheint mir«, sagte der Harfenspieler, »dass ich es heute Nacht keinem recht machen kann«.'

'»Sagen sie das nicht«, bemerkte die junge Frau sanft, während sie einen Blick auf ihren schlafenden Vater warf – »und vielleicht könnten Sie uns jetzt das Lied von Lady Eimer singen«.'

'Das Gesicht des Harfenspielers erhellte sich vor Freude, und schon bald entlockten seine geübten Fingern der Harfe einen verzaubernden Klang in Begleitung seines Lieds. Als er fertig war, steckte ihm die junge Frau eine ausgezeichnet angefertigte, goldene Brosche zu. Er bekam auch eine Belohnung von dem Mönch und dem Fremden, wie ich den zuletzt Gekommenen immer noch nennen muss.'

'Die Nacht war schon ziemlich weit fortgeschritten, auch deshalb, weil die Reisenden sagten, dass es ihre Absicht sei, früh am Morgen weiterzuziehen. Ich erinnerte sie daran, dass ihre Betten bereit waren. Der zuletzt Gekommene nahm den Hinweis sofort an und suchte die Schlafcouch, die am nächsten bei der Tür war. Die junge Frau und der Mönch schienen noch abgeneigt zu sein, zu gehen. Erstere gab vor – und ich fürchte, es war nur ein Vorwand – dass sie ihren Vater nicht stören wollte, doch nach einer Weile erhob sich der alte Mann und schaute sich um'.

'»Carna, Carna! Coin, Coin«, krächzte der Rabe vom Dachgebälk herunter.'

'»Es müssen Wölfe in der Nähe sein«, sagte der alte Gutsbesitzer.'

'Ein lang gezogenes, tiefes Knurren kam wieder von Bran, als würde er darauf antworten.'

'»Das kann kaum sein«, sagte ich, »denn die Wachhunde draußen sind ruhig«.'

'»Ich habe noch keinen Raben gekannt, der unrecht hatte«, antwortete der Gutsbesitzer, »aber lass die Schäfer nach ihnen sehen. Ich muss mich besser hinlegen. Wir müssen kurz nach Tagesanbruch aufbrechen. Ich möchte früh in Tara sein«.'

'Der alte Mann und seine Tochter zogen sich zurück, und wenn mich meine Augen nicht getäuscht hatten, lagen die der Frau längere Zeit auf dem Mönch, als es sich geziemen würde, als sie ihm eine gute Nacht wünschte. Der Harfenspieler, der sehr alt war, begab sich auch zur Nachtruhe, und nur der Mönch und ich blieben noch am Feuer sitzen.'

'»Es werden wohl heute Nacht keine Gäste mehr kommen«, sagte ich zu dem Mönch, »deshalb denke ich, dass ich besser nach dem Licht auf dem Rasen sehe und dann zu Bett gehe. Ich möchte wach sein, um den alten Gutsbesitzer und seine Tochter zu verabschieden«, und fügte hinzu, »ich nehme an, sie wollen nicht so früh los?«.'

'»Ich habe mich da noch nicht entschieden«, antwortete er, »aber ich denke, dass ich mich auch zurückziehe, denn es ist nicht gut, wenn ich Sie noch länger wach halte. Aber lassen Sie mich noch mit Ihnen auf den Rasen gehen. Ich möchte sehen, was die Nacht macht und wie die Aussichten für morgen sind«.'

'Natürlich hatte ich sein Angebot angenommen. Wir gingen raus auf den Rasen, und als die Laterne mit frischen Brennstoff versorgt war, kehrten wir zurück. Als wir zur Tür kamen, bemerkte der Mönch, dass der Wagen, der den Gutsbesitzer und seine Tochter gebracht hatte, trotz seiner guten Konstruktion, ein kräftiges Pferd brauchte, um ihn zu ziehen.'

'»Es gibt zwei Pferde«, antwortete ich, »prächtige Tiere, die mit ihm davonfliegen könnten. Es wäre vielleicht besser, wenn ich nach ihnen sehe, um festzustellen, ob sie in Ordnung sind«, und ging in Richtung der Stallungen.'

'»Sie sind wirklich prächtige Tiere«, sagte der Mönch, der sie mit kritischen Augen betrachtete, wobei er mir die Kerze aus der Hand nahm, um sie besser zu sehen. Er zeigte ein Interesse an den Tieren und auch Kenntnisse darüber, die mich sehr überraschten, denn ich sah eigentlich einen armen Mönch, der stets gezwungen war, zu Fuß auf Reisen zu gehen.'

'Nachdem ich die Stalltür verschlossen hatte, kehrten wir zum Haus zurück. Kurz darauf ging der Mönch zu seiner Schlafcouch. Er wollte mir nicht bei einem Becher Honigwein Gesellschaft leisten, obwohl ich ihn überzeugen wollte, dass er dann umso besser schläft. Als ich meinen Becher geleert hatte, folgte ich seinem Beispiel und war bald eingeschlafen.'

'Ich schlief tief, wie ich es wollte, aber bei Tagesanbruch wurde ich durch das aufgeregte Jaulen der Hunde geweckt, während der Rabe wild mit den Flügeln schlug und mit aufgeregten Schreien krächzte *»Grob Grob! Carna, Carna! Coin! Coin!«*.'

'Bald schon fühlte die kalte Morgenluft auf meinem Gesicht, und das graue Licht kam durch die geöffnete Tür. Ich sprang hoch von meiner Schlafcouch und schaute mich um. Der Harfenspieler schlief noch fest, so auch der Gutsbesitzer, aber die Couch der jungen Frau war leer, und so war es auch bei der des Mönchs, und den Fremden konnte man nirgends sehen.'

'Ich rannte hinaus. Die Stalltür war offen und der Wagen war verschwunden. Im Stall lagen die Mönchskutte und die Haube. Die Hunde jaulten immer noch in der Entfernung, aber nicht mehr so aufgeregt, wie zuerst, und ich rannte zu ihnen. Ich traf auf sie, wie sie mit blutigen Mäulern zurückkamen. Ein paar Sekunden später kam ihnen ein Schäfer mit einem riesigen Mantel in der Hand hinterher, der fast vollständig zerfetzt und mit Blut befleckt war. Es war der Rest des großem Umhangs, den der Fremde in der Nacht zuvor getragen hatte.'

»Und der Fremde?«, fragte der Abt.

'Die blutigen Mäuler der Hunde hatten die Antwort gegeben, zumindest sagte das der Harfenspieler, als ich ihm erzählte, was passiert war. Der Fremde war ein Wolfsmensch, dem es erlaubt war, bei Nacht eine menschliche Gestalt anzunehmen, der aber bei Tag wieder zum Wolf wurde. Er muss bis Tagesanbruch geschlafen haben, und da er aus der Herberge nicht mehr in Menschengestalt herauskam, fiel er den Hunden zum Opfer.'

»Und was war mit dem Mönch?«, fragte der Abt.

'Er war genauso wenig ein Mönch, wie ich damals auch noch kein richtiger war. Als ich dem Gutsbesitzer von dem berichtete, was geschehen war, zertrümmerte er seinen Stuhl und erklärte, dass ihre Tochter mit einem Soldaten weggerannt ist, der nicht mehr Land besitzt, als dass es auf die Schneide seines Schwerts passt. Er hatte das Mädchen hartnäckig umworben, wurde aber vom Vater abgewiesen, sodass die Geschichte der Lady Eimer eine besondere Bedeutung für sie hatte.'

'Der Vater drohte mit Vergeltung; er würde nach Tara gehen und den Hohen König* sehen, um seine Beschwerde vorzutragen. Er bat mich, ihm einen Wagen auszuleihen, den ich ihm natürlich gab, und er machte sich auf nach Tara [*reale oder echte Königsfiguren in Irland, die, von den Hügels Taras aus, über ganz Irland und geringere Könige herrschten].'

'Ein paar Tage nachdem der Markt eröffnet hatte, ging ich dort hin. Ich dachte kaum, dass der Gutsbesitzer seine Drohung wahr gemacht hatte. Wenn er sich aber doch beim König beschwert hatte, musste der ihm dazu gebracht haben, das Beste daraus zu machen, denn als ich um die Bahn herumging, am Tag des Wagenrennens, sah ich die junge Frau, welche die Gastfreundschaft der *Brugh* [Herberge] gesucht hatte, zwischen den Hofdamen in der Loge der Königin sitzen. Sie war nunmehr die Frau des galanten Soldaten, und ich muss zugeben, dass ich in ihren Jubel einfiel, als der von ihrem Ehemann gelenkte Wagen auf dem letzten Stück vor dem Ziel am Siegerpfosten vorbeihuschte, inmitten des donnernden Applauses der meisten Männer von Erinn.'

'Sehen Sie, Vater, der Rabe hatte nach alledem doch recht.'

[Anmerkungen im Originalbuch:]

(1) Unsere keltischen Vorfahren glaubten, dass dem Raben die Kraft gegeben war, unter anderen, die Eigenschaften und den Charakter jeglicher Person oder jeglichen Tieres zu beschreiben, welche sich dem Haus näherten. Wenn ein Soldat hereinkommt, schreit er *'grob, grob'*; wenn es ein Laienbruder ist *'Bacach, Bacach'* wenn er ein Ordensmann ist *'Gradh, Gradh'*, usw., wenn es Wölfe sind, *'Carna, Carna!'* wie vorstehend beschrieben.

(2) Dieser Glaube war allgemein verbreitet in den alten Tagen Irlands, und Wolfsgeschichten überleben in den keltischen Erzählungen, die uns überliefert wurden.

# DAS GESPENST VON BARCELONA

*(Aus den Erinnerungen eines Offiziers der Irischen Brigade)*

Ich war etwas über zwanzig Jahre alt, als ich im Jahre 1695 dem Infanterieregiment des ehrenwerten Charles Dillion beitrat, als einer der 'Wildgänse' [Spitzname der Irischen Brigaden auf der Seite Frankreichs], die unter dem Marquis de Sylvestre dienten, zu der Zeit, als sie ihren Feldzug gegen die Spanier in Katalonien unternahmen.

Ich war von der Reise verschmutzt und müde, als ich gegen Ende eines Maiabends ins Lager kam. Nachdem ich mich legitimiert hatte, wurde ich in die Quartiere des irischen Regiments geleitet. Ich war erfreut, die Gastfreundschaft in der Kantine zu genießen und brauche nicht zu erwähnen, dass sie mich mit einem *cead mile failte* [irisch-gälisch, tausendfach willkommen] begrüßten.

Jeder Rekrut in ihren Reihen schien etwas von der Atmosphäre von ihren Zuhause mitzubringen, das so viele von ihnen niemals mehr wiedersehen sollten – das Zuhause, dass ihnen so oft am Vorabend der Schlacht als Vision erschien, und zu dem in ihren Träumen zurückkehrten.

Nachdem die ersten leidenschaftlichen Begrüßungen vorbei waren, und nach den vielen Fragen, wie es denn in Irland zuginge, begannen sie von den Leistungen des Regiments zu erzählen. Sie sangen Loblieder auf ihren furchtlosen Oberst und sprachen über Schlachten und Belagerungen, von denen ich noch nie etwas gehört hatte, an denen sie aber beteiligt waren und in all denen der Oberst Dillon einen entscheidenden Anteil hatte. Viele von ihnen zeigten Spuren von heftigen Auseinandersetzungen, aber sie lobten sich nicht selbst, es war alles auf den Oberst bezogen. Er war, wie sie sagten, genauso beliebt bei jedem Mann, der unter ihm diente, wie er von den großen Generälen in der Armee von König Ludwig geschätzt wurde.

Ich informierte meine neuen Kameraden, dass ich der jüngere Sohn eine Familie aus der Grafschaft Mayo war, die Freunde von dem Oberst waren, und dass ich Empfehlungsschreiben von seinen Verwandten, den Lallys of Tullenaghdaly, mitgebracht hatte.

'Du kommst mit besten Empfehlungen, junger Herr', sagte der Oberfeldwebel, der wie ich später erfuhr, O'Kelly hieß. Er war ein Mann von ungefähr vierzig Jahren, dessen rechte Wange durch einen Säbelhieb markiert war. Sein linker Ärmel war leer (ich hörte später, dass er im vergangenen Jahr seinen Arm bei der Eroberung von Palamos von den Spaniern verloren hatte). 'Du kannst dir einer herzlichen Begrüßung von unserem Oberst sicher sein; lass mich aber sagen, ohne beleidigend zu sein, dass du dir einer aufrichtigen Begrüßung genauso sicher sein könntest, wenn du nur mit deinem Schwert gekommen wärst, denn unser Oberst schätzt seine Männer für ihren Heldenmut und nicht für irgendwelche Geburt oder Verbindungen. Und wenn ich das sagen darf, ohne Prahlerei, wo auch immer er uns hinführt, folgen wir, und die Jungs werden das bis zum Ende tun. Hier ist ein Toast auf den Oberst!'

Jeder Mann stand auf. Es gab ein Klirren von Gläsern und einen Jubel, der fast das Dach vom Zelt hob.

Ich fiel herzlich in den Toast ein und machte einen ungeschickten Versuch, mich an dem Refrain eines nun folgenden Liedes zu beteiligen, aber meine Augenlider begannen schwer herunterzufallen und schlossen meine Augen, trotz meiner Gegenwehr.

Meine Kameraden bemerkten das, und einer von ihnen stand auf, legte seinen Arm um mich, so zärtlich, als wäre ich ein Kind, und sagte:

'Du bist müde, mein Bursche. Komm mit mir, du kannst den Oberst heute Nacht nicht sehen, er speist mit dem Marquis; aber morgen, wenn du dich erholt hast, führe ich dich zu seinem Quartier.'

Ich wünschte meinen neuen Freunden einen guten Nachtschlaf und erinnere mich an nichts mehr, bis ich am nächsten Morgen den Klang des *reveille* [Wecksignal] hörte. Ich schreckte hoch und fand mich in einem Zelt wieder, inmitten von einem halben Dutzend anderer Männer. Für einen Moment war ich ein wenig verwirrt. Ich rieb mir die Augen. Das Horn wurde nicht mehr geblasen und ich hörte die Stimmen von Vögeln, die den hellen Maimorgen begrüßten. Der Vorhang vor dem Zelt wurde beiseitegezogen und das helle Licht und die süße Luft kamen herein.

'Du kannst da liegenbleiben, so lange du willst', sagte einer meiner Kameraden. 'Es gibt keinen Grund für dich, jetzt schon aufzustehen.'

Ich war aber erpicht darauf, aufgestanden und präsent zu sein. Es war ein herrlicher Morgen. Die Sonne schien von einem wolkenlosen Himmel herunter, und die Zelte, die sich über eine weite Entfernung erstreckten, leuchteten in ihrem Licht. Überall gab es Aufregung und Bewegung und viele Begrüßungen, von Kamerad zu Kamerad, hallten an allen Seiten wider.

Ich war von der Umgebung entzückt, von den gut geordneten Zelten mit weiten Gassen dazwischen, den Fahnen und Bannern, die in der regen Morgenluft flatterten, den emsigen

Soldaten, den wiehernden Pferden, den Fanfaren und Trompeten. Es war genau die Szene, die das Herz eines Jungen gefangen nimmt. Hier gab es den glorreichen Prunk des makellosen Krieges und die beschwingte Empfindung des Lebens, die alle Gedanken an Unglück und Niederlage verbannten – und deren bedauerliche Konsequenzen.

'Das Zelt dort hinten', sagte einer meiner Kameraden, der seine Haare trocknete, nachdem er seinen Kopf in einen Wassereimer getaucht hatte, 'mit der französischen Standarte darüber, ist das Zelt des Generalleutnants, dem Marquis de Sylvestre, und das zu seiner Rechten, am Ende unserer Linien, ist das des Obersts. Der Marshall, der Herzog von Noailles, sollte das Kommando haben, er ist aber krank, und der Marquis hat seinen Platz eingenommen.'

In dem Moment kam Feldwebel O'Kelly zu mir.

'Ich bin froh, dich heute Morgen so erholt zu sehen, junger Herr', sagte er. 'Wir werden bald frühstücken, und danach wirst du den Oberst besuchen. Der Marquis hat vor, heute die ganzen Truppen zu inspizieren, und wir müssen früh bei der Parade erscheinen. Man erwartet harte Arbeit in ein oder zwei Tagen, und der Oberst wird bestimmt sehr beschäftigt sein, sodass du ihn besser, sobald als möglich, siehst.'

Ungefähr um neun Uhr präsentierte ich mich vor dem Zelt des Obersts und man sagte mir, dass er gerade sein Frühstück beendet hatte.

Ich übergab dem Wachhabenden meine Papiere und forderte ihn auf, diese zum Oberst bringen zu lassen. Er rief nach einem der Diener des Obersts und übergab ihm die Briefe. Nach ein paar Sekunden kam der Diener zurück und begleitete mich zu seinem Herrn.

Jung wie ich war, hatte mich dessen eigene Jugend überrascht. Er sah kaum wie seine fünfundzwanzig Jahre aus, und er war einer der anmutigsten Männer, die ich je gesehen hatte. Jeder Zentimeter an ihm zeigte den Soldaten – groß, gut durchtrainiert und mit einem unbestimmbaren Hinweis auf Stärke und Aktivität in seiner wohlgeformten Gestalt.

'Du bist mir willkommen, mein Bursche', sagte er froh gestimmt, 'und du bist keinen Tag älter, als ich es war, als ich dazukam, und du bist auch aus dem alten Land. Nun, ich wünschte, es läge in meiner Macht, etwas in deinem Sinn für das Wohl deines Volkes zu tun, und für dein eigenes, aber, siehst du, seit der Gründung der irischen Armee von König James in französischen Diensten, hat sich die Zahl irischer Gentlemen reduziert, die in der Heimat als Offiziere in den 'Williaminischen Kriegen' gedient hatten [Krieg der zwei Könige, Wilhelm III. von Oranien und Jacob II., 1688-1691]. Einige von ihnen sind auf den Rang eines einfachen Soldaten zurückgefallen, von denen nicht wenige in dieser Gruppe in meinem Regiment dienen. Es wäre unfair von mir, einen jungen Mann wie dich über sie zu stellen; aber *courage mon camarade* [nur Mut mein Kamerad], unruhige Zeiten stehen uns bevor, und mein Regiment wird man sicher dort finden, wo die Kugeln am dichtesten fliegen und die Ränge ausgedünnt werden, und ein Gentleman ist sich seiner Beförderung sicher, wenn ihn das nicht stört.'

An dieser Stelle hielt der Oberst für eine Sekunde inne. Er schaute mir voll in die Augen und fügte hinzu, 'und wenn er sich seine Sporen verdient.'

94

Ich muss zugeben, dass ich ein wenig enttäuscht war. Ich hatte gehofft, dass ich auf der Basis meine familiären Beziehungen und meiner Empfehlungsbriefe, den Rang eines Fähnrichs erhalten würde.

Der Oberst bemerkt ohne Zweifel meine Enttäuschung.

'Du warst letzte Nacht im Lager?', sagte er.

'Ja, Oberst.'

'Bei wem warst du?'

'Im Zelt von Feldwebel O'Kelly', antwortete ich.

'Feldwebel O'Kelly!', rief er heraus. 'Nach dem Recht der Dienstzeit und der Tapferkeit, seit er nach Frankreich kam, sollte er Hauptmann sein. Er hatte diese Stellung in Irland und hat sich nicht über diese Herabsetzung beschwert.'

Ich verstand die Zurechtweisung.

'Ich freue mich, unter ihm dienen zu können, Oberst', sagte ich.

'Gut, mein Bursche. Du wirst unter einem furchtlosen irischen Gentleman dienen, und es wird nicht seine Schuld sein, wenn er dir keine tausend Gelegenheiten auf ein Bett auf dem ehrenhaften Schlachtfeld bieten wird. *Death or Victory* [Tod oder Sieg] ist der Leitspruch unseres Regiments.'

Ein Offizier, der zum Zelt geritten kam, verkündete, dass der Generalleutnant auf den Oberst warten würde.

*'Au revoir, mon camarade'* [Auf Wiedersehen, mein Kamerad] sagte er, als er mir seine Hand entgegenstreckte. Mit einem Lächeln fügte er hinzu, 'vielleicht hast du dich noch nicht genug mit dieser fremden Sprache vertraut gemacht, die man in deiner Grafschaft Mayo wohl kaum verstehen kann. Also *'slan leat'* [irisch-gälisch, auf Wiedersehen, bis bald].

Der Oberst stieg beschwingt in seinen Sattel, und viele bewundernde Augen folgten ihm, als er mit wehendem Federbusch davonritt, dem Zelt des Generalleutnants entgegen, dem Marquis de Sylvestre.

Ich ging zurück zum Zelt von Feldwebel O'Kelly.

'Nun, junger Mann, du hast den Oberst gesehen? Was hat er zu dir gesagt und was denkst du von ihm?'

'Ich denke, dass er es wert ist, unter ihm zu kämpfen', antwortete ich, 'und mit ihm zu sterben. Und dann sagte er — nun, er sagte, dass ich unter einem tapferen irischen Gentleman dienen würde, wenn ich das unter Ihnen tue, der mir jede Gelegenheit von Tod oder Ruhm gibt.'

Der Feldwebel richtete sich auf.

'Ich glaube daran, dass der Oberst dir das selbst geben wird, aber ich bin stolz, dich bei mir zu haben.'

Für die nächsten Wochen hatte man uns sehr beschäftigt gehalten. Der Oberst war ein strikter Vorgesetzter und ließ seine Männer täglich für mehrere Stunden exerzieren. Ich hatte meine Aufgaben recht schnell und ziemlich gut verstanden, und mit einem guten Selbstvertrauen hörte ich die Nachrichten, dass man uns zur Versorgung von Hostalric beorderte [Hostalric, ein katalanisches Dorf im Landesinneren, mit der Burg von Hostalric], das ein oder zwei Jahre zuvor von den Spaniern erobert wurde.

Die Aufgabe wurde leicht erledigt, da sich die Feinde bei unserer Annäherung zurückzogen. Als wir uns am Abend wieder auf den Rückweg gemacht hatten, wurde unser Regiment, welches die Nachhut bildete, plötzlich von dreitausend *Miquelets* oder *Guerillas* angegriffen [Miquelets, irreguläre katalanische Truppen oder Guerillas]. Es schien so, als wären sie direkt aus dem Boden gekommen, und sie griffen uns mit größter Heftigkeit an. Unsere Männer aber, die sich ihnen zuwandten, waren standhaft wie ein Felsen, gegen den die Wellen hilflos schlagen. Einige der Gueruillas spießten sich selbst an unseren Bajonetten auf, und eine gut gezielte Salve brachte ihre vordersten Reihen in Verwirrung.

Unser Oberst, der vorne wegritt, kam zurück und setzte sich an unsere Spitze.

'Greift an, Jungs!', und schnell wie das Blitzen seines Schwertes in der Sonne war er inmitten des Feindes.

Wir folgten ihm mit tönendem Hurrageschrei. Ich war fast außer mir vor Aufregung. Das Klappern der Musketen und der Pulvergeruch waren ohrenbetäubend. Plötzlich konnte ich nichts mehr sehen. Ein warmer Spritzer, von dem ich instinktiv wusste, dass es das Blut eines verwundeten Kameraden war, traf mich in die Augen. Ich hob meine Hand hoch; dann fühlte ich einen scharfen Schmerz und erinnerte nichts mehr von dem Kampf.

Ich habe hinterher erfahren, dass alles nur wenige Minuten gedauert hatte. Die *Miquelets* wurden vertrieben und ließen viele

Tote und Verwundete auf dem Feld zurück. Sie verschwanden fast so schnell, wie sie gekommen waren.

Wir hatten nur zwei getötete Männer und vier verwundete, von denen ich einer war. Ich wurde in die Brust getroffen.

Als ich zu mir kam, war ich in einem Krankenhaus. Ich erfuhr, dass der Oberst ständig nach mir fragte, wie auch O'Kelly, der sich beim Zurückschlagen des Feindes ausgezeichnet hatte.

Meine Wunde war ziemlich ernst, dennoch erwartete ich, dass ich in einigen Monaten wieder auf den Beinen sein würde und herumlaufen könnte. Darin wurde ich aber enttäuscht, denn als ich nahezu geheilt war, brach die Wunde wieder auf, da ich aufgrund meiner Sturheit darauf bestanden hatte, dass Bett zu früh zu verlassen. So passierte es, dass ich mehrere Einsätze verpasste, besonders die Beendigung der Belagerung von Palamos durch den Herzog von Vendome, wo unser Regiment beteiligt war und die vereinten spanischen und englischen Truppen geschlagen wurden, und den darauf folgende Sieg über die vom Prinzen von Hessen und Darmstadt angeführte spanischen Kavallerie, der schon am Boyne gekämpfte hatte [Schlacht am Boyne, 1.-11. Juli 1690, Rückeroberung der abgefallenen Insel Irland]. Wie jeder andere Ire, hätte ich eines meiner Augen gegeben, für einen Schlag gegen den englischen Feind; aber diese Tage sollten noch kommen.

Nun gut, all das war viele Jahre zuvor. Ich war damals ein Jüngling. Heute bin ich ein alter Mann. Ich schreibe aber nicht über mein Leben, und, in der Tat, habe ich nicht mit dieser Geschichte begonnen, in der Absicht viel über mich zu erzählen, aber nur, um über einen seltsamen Vorfall zu berichten, der einen tiefen Eindruck bei mir hinterlassen hatte und der noch nicht ganz verflogen ist. Alte Männer sind aber geneigt, redselig zu sein, und alte Soldaten lieben es über Schlachten, Schicksale und Belagerungen zu sprechen, durch die sie gegangen sind.

Während ich krank und verwundet außerhalb von Hostralic lag, wurde ich von einer der Männer aus Dillons Regiment gepflegt, der bei dieser Gelegenheit ebenfalls verwundet worden war, allerdings weniger schwer. Wie ich später erfuhr, hatte er, als einen besonderen Gefallen, um Erlaubnis gebeten, nach mir zu sehen. Er war fürsorglicher um mich bemüht, als es eine Frau hätte sein können. Er war aber seltsam reserviert, sprach wenig, und nur dann, wenn man ihn ansprach.

Und da gab es einen traurigen Ausdruck in seinen Augen, der ihn kaum verließ, selbst wenn er lächelte – was er kaum tat, und dann auch nur, wenn ich wieder einen witzigen Einfall hatte. Er war ein tapferer Mann, wie sie – die selbst tapfer waren – mir später erzählten. Er kämpfte wie ein Teufel, sagten sie, und wurde nie verwundet, nur bei den Kampfhandlungen von Hostralic. Als er versucht hatte, mich zu retten, wurde er, als ich hinfiel, fast zu Tode getrampelt.

Nun, mit der Zeit erhielt ich meine volle Gesundheit und Stärke zurück und schloss mich wieder meinem Regiment an, zusammen mit dem gütigen Betreuer, dessen Name, nebenbei bemerkt, Ryan war, aus dem Grenzland von Limerick und Tipperary. Ich kam gerade rechtzeitig, um an der Belagerung von Barcelona, im Jahre 1697, teilzunehmen.

Es war eine der schwierigsten Aufgaben des französischen Kommandanten, dem Herzog von Vendome. Die Befestigungen waren so stark, dass man sie als fast uneinnehmbar ansah. Weiterhin wurden sie von mindestens zweihundertundvierzig Artilleriewaffen verteidigt. Die

Garnison bestand aus elftausend Mann der regulären Truppen und viertausend Milizen. Außerdem gab es eine tausend Mann starke Kavallerie, und sie waren bestens mit Kriegsmunition versorgt.

Eine vollkommene Vereinnahmung war undurchführbar, wegen dem Umfang der Mauern und den äußeren, sehr starken Befestigungsanlagen von Montjuïc, die sich auf einem erhabenen Hügel befanden und die Stadt, den Hafen und – zu einem großen Teil – das Flachland kontrollierten. Darüber hinaus hatte der Graf von Velasco ungefähr sechs Meilen außerhalb der Stadt sein Lager aufgeschlagen, mit einer Truppe von insgesamt zwanzigtausend Mann, hauptsächlich zusammengesetzt, wenn man dem glauben darf, aus Freischärlern und Guerillas. Die französischen Truppen bestanden aus knapp dreissigtausend Mann, eingeschlossen die Marinesoldaten, die mit der Flotte kamen.

Am 13. Juli näherten wir uns der Stadt. Vendome hatte zuvor den Grafen von Velasco überrascht und davongejagt. Bei unserem Näherrücken, verließen die Spanier den Konvent der Kapuziner, der sich etwas entfernt von den Mauern befand, und der Herzog von Vendome befahl unserem Regiment, es zu besetzen. In dieser Nacht befand ich mich zum ersten Mal in einer Klosterzelle, und hatte Ryan als meinen Kameraden dabei.

Die Zelle war klein und war in einem wenig gefälligen Zustand, wegen der kürzlichen Besetzung durch die spanischen Soldaten. Aber Ryan, der darauf bestand, mich wie als mein Diener zu behandeln, machte sich alsbald an die Arbeit, säuberte sie und brachte einiges Heu, um daraus in entgegengelegenen Ecken der Zelle bequeme Betten für sich und mich zu machen. Es gab kaum Möbel irgendwelcher Art, aber diese vermissten wir nicht, da wir den Raum nur als Schlafquartier nutzen würden.

Wir kamen um halb elf herein und ich war bald fest eingeschlafen. Dann wurde ich durch einen Ausruf von Ryan geweckt.

'Hast du es gesehen? Hast du es gesehen?'

'Was gesehen?', fragte ich verblüfft.

Der Mond schien durch das Fenster und die Zelle war halb im Licht und halb im Schatten. Das Mondlicht fiel auf Ryans Seite. Ich sah, dass er sich aufgesetzt hatte. Sein gewöhnlich dunkles Gesicht war sehr bleich, und es gab ein wildes Funkeln in seinen Augen.

'Was war es?', wiederholte ich.

'Oh, nichts! Was für ein Narr bin ich. Ich hatte einen schrecklichen Albtraum. Es tut mir leid, dich gestört zu haben.'

'Nun, du hast mich ziemlich erschreckt, wie ich zugeben muss', sagte ich. Er legte sich wieder hin und ich tat dies auch. Ohne Unterbrechung schlief ich bis zum Morgen. Ich dachte nicht mehr an den Vorfall in der vergangenen Nacht, obwohl ich mir nicht helfen konnte, zu beobachten, dass das Gesicht meines Gefährten ziemlich mitgenommen aussah.

Unsere zweite Nacht in der Zelle ging vorbei. Was mich betraf, war sie sehr ruhig, und Ryan sagte nichts, das etwas Gegenteiliges hätte vermuten lassen. In der dritten Nacht jedoch, wiederholte sich der Vorfall aus der ersten. Ryan schreckte hoch und rief:

'Hast du es gesehen? Hast du es gesehen?'

Ich sprang aus meinem Bett und zündete ein Licht an. Die Zelle war – natürlich – leer und die Tür fest verschlossen.

'Ich befürchte, du bist krank, Kamerad', sagte ich. Als ich mich zu ihm hin beugte, konnte ich den Schweiß in großen Perlen auf seiner Stirn erkennen, und er zitterte wie ein verschrecktes Kind.

'Ja, ja, ich nehme an, dass ich krank werde – aber du hast nichts gesehen?', fügte er eifrig hinzu.

'Natürlich habe ich nichts gesehen', antwortete ich. 'Was gibt es hier zu sehen?'

'Und – und du hast nichts an der Wand dort gesehen?' Er zeigte mit seiner Hand auf eine der Wände in der Zelle.

'Nichts. Mann, wach auf! Du träumst immer noch.'

Er erschauderte, wie jemand, der eine plötzliche Kälte fühlt, und sagte dann:

'Es ist sehr dumm von mir, und es tut mir leid, dir solchen Ärger zu bereiten.'

'Oh, das macht gar nichts', sagte ich. 'Du solltest am Morgen besser zum Arzt gehen.'

Am nächsten Tag war keine Zeit, den Arzt zu besuchen. Wir hatten uns früh bewaffnet und marschierten mehrere Meilen in Richtung Llobregat auf einer Erkundungstour. Der Tag war sehr warm und ein großer Teil des Weges war holprig. Als wir am Abend wieder zu unseren Quartieren zurückkamen, war ich, für meinen Teil, ziemlich ermattet, und Ryan gestand mir, dass es ihm genauso ginge. Ich nahm aber an, dass ein abgehärteter Soldat, wie er einer war, nicht von dem Marsch ermüdet war, sondern dass der Mangel an einer Verschnaufpause und die Störungen der vorangegangenen Nächte ihn erschöpft hatten.

'Ich denke, ich werde heute Nacht gut schlafen', sagte er, als wir unsere Lichter gelöscht hatten.

'Und ich auch', sagte ich.

Wir sollten aber enttäuscht werden. Gegen Mitternacht fegte ein schreckliches Gewitter über die Stadt und unser Lager, und der Regen kam wie ein Sturzbach herunter. Trotzdem fuhren die Bataillone in den Schützengräben, die man die Nacht zuvor ausgehoben hatte, mit ihrer Arbeit fort. Der Feind, der dies erwartete, richtete die Salven von vierzig Kanonen auf sie, die, trotz des Unwetters, ziemlich gut gezielt waren und das Ende für nicht wenige unserer Männer bedeutete. Das Dröhnen der Kanonen und die Donnerschläge machten einen Schlaf unmöglich. Plötzlich erhellte ein lebhafter Lichtblitz die Zelle.

'Mein Gott! Mein Gott! Hast du ihn jetzt gesehen?', schrie Ryan in einem qualvollen Ton.

Ich war wie gebannt. Ich konnte nicht antworten.

Dort stand, zwischen Ryan und mir, die Gestalt eines Kapuzinermönchs in seinem braunen Gewand und der Haube auf dem Kopf. In seiner Hand hielt er ein schlichtes Kreuz, ohne Christusfigur, das in dcm Blitzgewitter wie Feuer glühte. Ich habe die Gestalt nur für ein, zwei Sekunden gesehen. Sie zog sich dann zur Tür zurück und verschwand.

'Schau auf die Wand, schau auf die Wand!', schrie Ryan heiser.

Ich schaute hin, und an der Wand erschien ein Kreuz, das auch ohne Christusfigur war, aber es verschwand ebenfalls in einer Sekunde.

Das Tosen des Sturms hielt an, wie auch das Dröhnen der Kanonen. An Schlaf war jetzt nicht mehr zu denken. Ich stand auf und zog mich an. Ryan, der nicht in der Lage zu sein schien, zu sprechen oder sich zu bewegen, lag rücklings auf dem Bett, mit geschlossenen Augen. Ich rüttelte ihn wach.

'Sag mir, hast du ihn gesehen, hast du ihn gesehen?', flüsterte er und klammerte sich krampfhaft an meinen Arm.

'Lass uns aufstehen und runter in den Wachraum gehen', sagte ich. 'Der Tag bricht an und wir werden kaum noch schlafen können, und du bist krank.'

Ryan zog sich an und wir gingen hinunter in den Wachraum, er, mehr tot als lebendig. Sein Kranksein wurde von jedem bemerkt und er wurde durch einige Schluck aus der Brandyflasche, die Wunder bewirkten, wie es schien, schnell wieder zu Kräften gebracht.

Wir schliefen nicht wieder in der Zelle, und da das Wetter sehr warm war, bedauerten wir es nicht, also wir kurz danach zu den außen gelegenen Posten beordert wurden, am linken Flügel unserer Armee.

Bevor wir den Konvent verließen, machte ich bei Tageslicht einen Besuch in der Zelle. Da gab es nichts, was auf einen geisterhaften Besucher hinweisen würde. Als ich aber auf das Ende einer Wand blickte, bemerkte ich einen matten Schein von einem Kreuz. Ich war dadurch ziemlich aufgeregt, aber bei näherem Hinsehen stellte ich fest, dass es ein solches Zeichen war, wie es durch jeden beliebigen Gegenstand hinterlassen wird, wenn er für längere Zeit an der Wand hing, weniger durch eigne Einwirkung als durch die Luft der Umgebung, die auf den unbedeckten Teil der Wand einwirkt. Es erschien mir dennoch ein wenig seltsam, dass es an der gleichen Stelle der Wand war, wo ich die Vision eines Kreuzes wahrgenommen hatte. Vielleicht hat Ryan dieses Zeichen gesehen, und es hatte auf irgendeine Weise Einfluss auf seine gestörte Fantasie. Das konnte aber nicht die Wahrnehmung erklären, die ich selbst hatte, sowohl von dem Kreuz, als auch von dem Kapuzinermönch. Mit einem starken Gefühl von Furcht verließ ich zum letzten Mal die Zelle und dachte darüber nach, ob irgendwann etwas passieren würde, das Licht auf diese mysteriöse Sache werfen würde.

Ryan, der das Biwak mit mir teilte, hatte mich gebeten, niemandem gegenüber das zu erwähnen, was er sich eingebildet hatte (wie er es nannte), und, nach meinem diesbezüglichen Versprechen, erwähnte er diese Sache auch nicht wieder. Fortan bemerkte ich aber, dass er, selbst für seine Verhältnisse, ungewöhnlich reserviert wurde. Da war auch eine tief in seinen Augen verborgene Sorge, aber er fuhr damit fort, mir gegenüber aufmerksam zu sein, noch aufmerksamer, wenn dies überhaupt möglich war.

Für einige Wochen lagen wir nahe an den Außenposten und wurden nervös, wegen der Untätigkeit, zu der wir verdammt waren. In der Zwischenzeit wurden die Schützengräben vorangetrieben, und, in Intervallen, hörten wir das Donnern der Kanonen von den Festungsmauern. Das aber interessierte uns nach einer Weile nicht mehr. Gelegentlich gab es Gerüchte eines bevorstehenden Versuchs des Feindes, die Stadt

Barcelona mit Nachschub zu versorgen, denn die Vorräte gingen dort langsam zur Neige. Das aber fand nicht statt, und sie dienten nicht länger dazu, Hoffnung auf einen Zusammenstoß mit den Spaniern zu schüren.

Schließlich brachten uns Späher die Nachricht, dass fast die gesamte Kavallerie des Feindes sich von Llobregat aufgemacht hatte und einen großen Konvoi beschützte. Sie hofften, diesen unter dem Schutz der Kanonen vom Fort Montjuïc sicher in die Stadt zu bringen. Der Herzog schickte sofort eine große Anzahl der Truppen, um den Konvoi abzufangen. Unglücklicherweise, wie wir dachten, waren wir nicht unter ihnen, und erwarteten einen weiteren untätigen Tag auf unserem Posten.

Die Truppen waren aber gerade erst gegen den Feind ausgerückt, als, von den Bergen herunter, im Rücken der Posten, eine große Ansammlung spanischer Infanterie, wie ein reißender Strom, herunterschoss, während um sie herum einige hundert Mann der Kavallerie auftauchten. Ihr Ziel war es, zweifelsohne, ein Ablenkungsmanöver zu starten. Sie konnten nicht auf einen Überraschungseffekt gehofft haben, dennoch muss ich zugeben, kamen sie so plötzlich und schnell, dass wir gerade genug Zeit hatten, uns für ihren Empfang vorzubereiten.

Wir schlugen ihren ersten, wilden Angriff zurück. Sie kamen, wieder und wieder, aber unter dem beständigen Feuer unserer Männer, unterstützt von den Salven des französischen Regiments unter Oberst Solre, wichen sie schließlich zurück und brachen zusammen. Die Kavallerie galoppierte ins Tal davon und die Infanterie stieg, wie Ziegen, auf die Hügel. Mit dem Oberst an unserer Seite kletterten wir ihnen nach. Wir hielten nur inne, um zu feuern und um dabei Dutzende von ihnen niederzustrecken. In vorderster Linie des Aufstiegs war Ryan. Es fiel mir schwer, in Sichtweite zu ihm zu bleiben. Als ich nach einiger Zeit, zusammen mit einigen anderen, den Berggipfel erreicht hatte, fand ich ihn, völlig außer Atem, am Boden liegen, und in seinen Augen lag der wilde Blick, den ich bei Auftreten der Erscheinungen bemerkt hatte. Seine Muskete lag einige Schritte von ihm entfernt.

Zum Glück gab es in der Nähe, wo er lag, eine Bergquelle mit besonders kalten und klaren Wasser. Ich füllte meinen Tschako damit ['Schackelhaube', militärische Kopfbedeckung] und führte ihn an seine Lippen. Der Trank hatte ihn wiederbelebt, und ich setzte mich neben ihn, dankbar für die Verschnaufpause. Ryan blieb still, und ich auch, während ich hinunter auf das prachtvolle Panorama blickte, das sich vor mir ausbreitete – die großen, weitreichenden Ebenen, das Lager und die belagerte Stadt, die von dem blauen, schillernden Gewässer des Mittelmeers eingerahmt wurde.

Weit entfernt, auf der äußersten, rechten Seite, offenbarten eine Wolke von Staub und das unablässige Rasseln der Musketen den Konflikt zwischen unseren Truppen und der spanischen Kavallerie. Auf den Bergen war der Kampf eingestellt worden, ausgenommen von einen verirrten Schuss. Die entwischten Spanier waren hastig auf der anderen Seite hinunter geflohen. Unser Oberst gab den Befehl, das Signal zum Rückmarsch zu geben, und mit den leichten Herzen der Sieger, stiegen wir den Berg hinab zu unseren Posten, während wir auf unserem Weg Hunderte von getöteten Feinden zählten.

Der Angriff auf den Kovoi war erfolgreich gewesen. Die spanische Kavallerie wurde in die Flucht geschlagen. Dennoch fiel uns der Konvoi erst nach heftigem Widerstand in die Hände. Das entschied das Schicksal der Belagerung, denn schon am nächsten Tag begannen die Verhandlungen über die Kapitulation von Barcelona. Am selben Tag ritt der Marshall, der Herzog von Vendome, zu unseren Posten und dankte öffentlich Oberst Dillon und dem irischen Regiment für ihre Dienste und machte ihnen Komplimente für ihren beispiellosen Mut. In der Tat, bis zum letzten Tag seines Lebens versäumte es der edle Herzog nicht, ein gutes Wort über die Soldaten der Irischen Brigade zu sagen. Er bestand darauf, dass niemand bessere Gelegenheiten hatte als er, um beurteilen zu können, was sie im Angesicht des Feindes zu tun in der Lage sind.

Für mehrere Tage blieb Ryan sehr still und war fast verdrießlich, aber am Tag, bevor der Feind aus Barcelona herausmarschieren musste, fand er mich, wie ich an einem kleinen Bach am Fuß des Berges lag, auf den hinauf wir die Spanier gejagt hatten. Er genoss mit mir, was damals für mich ein neuer Luxus war – eine Pfeife.

'Würde es dir etwas ausmachen, mit mir ein Stück des Bergs hinaufzugehen', sagte er in ernstem Ton, 'ich möchte mit dir sprechen.'

Der Wunsch erschien mir seltsam, da die nächsten Soldaten sich in einem Abstand von mehreren Metern von der Stelle befanden, wo wir waren, aber ich erhob mich und folgte ihm.

Als wir etwa dreißig oder vierzig Meter aufgestiegen waren, setzte er sich unter einen Busch und ich mich neben ihn und wartete darauf, dass er sprechen würde.

'Ich habe ihn wieder gesehen', sagte er, 'als ich neulich hier hochgekommen bin. Ich hatte gerade die Stelle erreicht, wo du mich gefunden hast. Ich zielte, wie ich dachte, auf den Rücken eines spanischen Soldaten. Aber der, welchen ich für den Soldaten gehalten hatte, drehte sich herum. *Er* war es.'

'Wer?', fragte ich, obwohl ich die Antwort schon ahnen konnte.

'Der Kapuzinermönch!', und Ryan zitterte, als er das Wort aussprach.

'Ich kann es nicht länger ertragen. Ich muss endlich ein Geständnis ablegen. Gott gebe, dass ich dir nicht so ein Unrecht angetan habe, dass es nicht wieder gutzumachen ist.'

'Mir?!'

'Dir! Du bist einer von den Browns aus der Grafschaft Mayo, der jüngste Sohn von Hauptmann Brown, der, als er nicht viel älter war als du, gegen Cromwell gekämpft und sein väterliches Erbgut verloren hatte. Später, nachdem er mit Charles II. ins Exil gegangen war, konnte er es wieder erlangen, allerdings erst einige Jahre nach der *Restoration.'* [Wiedererlangung des Throns durch Charles II.].

'Und was weißt du von ihm und seiner Familie?', fragte ich neugierig.'

'Nicht viel mehr als das, was ich dir erzählt habe', antwortete er, zu meiner Überraschung. 'Nur, dass dein Vater wieder ins Ausland ging und starb, nicht lange nachdem du geboren wurdest.'

'So ist es', sagte ich.

'Deine Mutter hatte für einige Zeit vor seinem Tod keine Nachrichten von ihm erhalten.'

'Aber wie kannst du das wissen?'

'Lass mich weitererzählen', antwortet er, 'dann bin ich früher fertig. Er starb in Madrid, und er hatte Papiere und Wertsachen durch einen spanischen Kapuzinermönch nach Hause geschickt. Dieser hatte Irland auf einer Mission besucht, die, wie ich hörte, teils politisch und teils religiös war.'

'Von wem hast du das erfahren?'

'Von ihm selbst.'

'Dem Mönch?'

'Ja. Er kam an einem einsamen Platz vorbeigeritten, am Knockcreggan [Cregganhügel], wo ich lebte, und von dem du vielleicht schon gehört hast. Die Nacht war furchtbar, dunkel und wild. Die Straße hätte nicht schlechter sein können. Sie war wie das Flussbett eines Stroms, überall große Steine und Geröll. Genau gegenüber von meiner Hütte stolperte das Pferd und fiel hin. Ich hörte einen Schrei, ging hinaus und fand den ausgestreckten Mönch, der stark aus einer Wunde über seiner Schläfe blutete. Ich brachte ihn herein, legte ihn auf eine mit Stroh bedeckte Trage und verband ihn, so gut ich konnte.'

'Nach einer Weile, denn er war zunächst bewusstlos, sprach er mit schwacher Stimme und verlangte nach mehr Licht. Ich machte ein flammendes Torffeuer und steckte ein paar Kerzen an – alle, die ich hatte.'

'»Ich weiß, dass ich sterbe«, sagte er, »bist du ein Katholik?«
'Ich sagte ihm, dass ich das sei.'

'»Ich bin ein Mönch«, sagte er, »ein spanischer Kapuzinermönch. Ich will, dass du mir auf dieses Kreuz schwörst, dass du das tust, worum ich dich bitte. Es ist nur ein

Akt der Nächstenliebe«, und er hielt das Kreuz hoch, dass er in der Brusttasche seines Reitmantels versteckt hatte.'

'Es funkelte, mein Gott!, wie ich es in der Zelle in der Nacht des Sturms funkeln gesehen habe, obwohl wir uns zu diesem Zeitpunkt im vollen Licht des Abends befanden, und nahe dem regsamen Lager unter uns.'

Ryan zitterte.

'Ich hatte einen Eid auf das Kreuz geschworen', fuhr Ryan fort, 'zwei Pakete zu der Witwe des Hauptmanns zu bringen – deiner Mutter. Eines mit Papieren, die, wie mir der Mönch sagte, von größtem Wert für deine Familie waren und nutzlos für einen Fremden. Das andere enthielt einiges Gold und wertvolle Juwelen.'

'»Du wirst für deine Mühen bezahlt werden, das weiß ich«, sagte der Mönch, »aber versprich mir noch einmal auf das Kreuz, dass du diese beiden Pakete sicher und intakt übergeben und die Juwelen nicht anrühren wirst. Wenn du das tust, warne ich dich, wirst du zu Tode kommen, wenn du es am wenigsten erwartest, durch eine unsichtbare und übernatürliche Kraft. Erzähle niemandem etwas von deiner Mission«.'

'In dieser Nacht ist der Mönch gestorben. Ich holte die Nachbarn, und wir hielten die Totenwache und begruben ihn. Ich dachte daran, mich auf den Weg zum Haus deiner Mutter zu begeben, aber das Wetter wurde schlechter und schlechter, und die Straßen waren unpassierbar. Das war ein Unglück für mich. Ich hatte gute Absichten und wollte das tun, was ich versprochen hatte, aber das Verlangen überkam mich, und ich schaute in die Geldbörse. Als ich das Gold und die Juwelen glitzern sah, überkam mich das Verlangen, sie zu behalten. Wer wäre da schlauer gewesen, und ich war arm? Ich lebte alleine dort auf der Seite des *Knocks* [Hügel] und hier war ein Vermögen in meinen Händen.'

'Nun, die Versuchung wurde stärker, und ich gab nach. Ich behielt das Geld und ging nach Dublin, um es auszugeben. Ich verkaufte die Juwelen. Als das Geld, was ich dafür bekam, fast aufgebraucht war, brach der Aufstand in Irland aus. Der Viscount stellte gerade das Regiment für den jungen Oberst zusammen, dem ich mich anschloss. Sehr oft habe ich dem Tod ins Gesicht gesehen, aber er ging an mir vorüber. Und als ich dich sah, dachte ich, dass ich versuchen könnte, ein wenig von meinem Verbrechen wiedergutzumachen, und dass ich dich beschützen werde und mein Leben für dich opfere.'

Ich war von der Geschichte so beeindruckt, dass ich für einen Moment keine Worte finden konnte, nachdem er zum Schluss gekommen war.

'Wirst du mir in Gottes Namen vergeben?', sagte er.

'Die Papiere', sagte ich. 'Was ist mit den Papieren?'

'Ich habe sie hier', sagte er, 'hier'. Mit dem Bajonett riss er die Naht von seinem Mantel auf und brachte ein Bündel von Papieren in einem ledernen Umschlag hervor. 'Ich habe sie nie geöffnet. Ich konnte sie nicht lesen. Ich wusste nicht, was drin stand. Ich dachte, sie könnten eines Tages nützlich sein und dass ich sie dem rechtmäßigen Besitzer übergeben könnte, wie ich es jetzt tue.'

Ich übernahm die Papiere, wie in einem Traum. Ich stand ohne ein weiteres Wort auf und ging den Berg hinunter. Ich suchte mir einen abgelegenen Ort, wo ich sicher sein konnte, nicht gestört zu werden, öffnete den Umschlag und las. Es hat keiner einen Vorteil davon, wenn er weiß, was drinstand. Es gab Familiengeheimnisse, die, damals offengelegt, den Verlauf von vielen Leben verändert hätten, eingeschlossen mein eigenes. Es würde aber nur einem selbstgefälligen Zweck dienen, wenn ich sie jetzt ans Licht bringe. Als ich sie gelesen und eine Träne auf die Handschrift meines Vaters vergossen hatte, zerriss ich die Papiere in kleine Stücke, zündete sie an und wartete, bis alle Überbleibsel von den Flammen verzehrt waren.

Ryan ging mir die nächsten Tage aus dem Weg, aber wenn ich irgendeine Abneigung gegen ihn gehabt hätte, war diese verschwunden. Ich hätte immer noch einen Nutzen aus der Information ziehen können, die in den Papieren zu finden war, aber ich tat dies mit Absicht nicht. Was das Geld und den Tand anbelangte – nun, sie waren weg, und Ryan hatte schrecklich gelitten, litt immer noch, hatte sein Blut vergossen und sein Leben bei Hostralic riskiert, um meines zu schützen.

Wir hatten uns nicht wieder getroffen, bis wir in Barcelona einmarschierten, das vom Feind verlassen wurde. In dieser Nacht ergab es sich zufällig, dass wir beide, er und ich, zum Wachdienst auf den Befestigungsanlagen beordert wurden. Bevor es Zeit für uns wurde, ging ich zu ihm, streckte meine Hand aus und sagte: 'Ryan, ich vergebe dir von ganzen Herzen und vergesse alles.'

'Aber *er* wird es nicht', antwortete er mit einem leichten Zittern.

'Unsinn', sagte ich. 'Du hast deinen Missetaten gestanden, und alles ist vorbei. Du wirst ihn nie wieder sehen.'

Die Glocke der Kathedrale schlug Mitternacht. Die Offiziere machten ihre Runden, und von meinem Posten aus sah ich runter auf den Hafen und das Mittelmeer, das sich unter den Sternen kaum bewegte. Die Uhr schlug eins. Alles war ruhig. Der zwei Uhr Schlag ertönte. Plötzlich hörte ich wilde, herausfordernde Stimmen in Spanisch. Ich war in Alarmbereitschaft, konnte aber nichts sehen. Die Stimmen schienen in der Luft zu sein und in die Nähe des Befestigungswalls zu kommen. Ich schüttelte mich, um zu sehen, ob ich ganz wach war, aber die Stimmen waren noch zu hören.

Dann hörte ich die Wächter auffordernd rufen *'Qui vive?'* [wer da?], einer nach dem anderen. Auch ich rief. Ein Schuss aus einer Muskete hallte durch die Nacht. Man hörte den Schrei 'zu den Waffen' und der Befestigungswall war schnell von Offizieren und Männer gefüllt. Im Osten zeigte sich das erste Tageslicht, und auf den Wehranlagen sollte es bald hell sein. Die Männer schauten sich gespannt an. Die Wächter fragten und alle wiederholten die gleiche Geschichte. Sie hatten die Stimmen gehört, von spanischen Soldaten, wie sie annahmen, und alle hatten gerufen, dass sie sich zu Erkennen geben sollen.

'Wer hat den Schuss abgefeuert?'

Danach musste nicht erst groß gefragt werden. Ryan lag tot in der Nähe einer der Kanonen. Seine Muskete war explodiert und lag neben ihm. Selbst im Tod hatte den verschreckten Blick eines Mannes, der etwas Grauenhaftes gesehen hatte. Offensichtlich hatte er versucht, darauf zu schießen.

Ich schlotterte, als ich ihn ansah, und dachte an die Drohung des Kapuzinermönchs mit der 'unsichtbaren und übernatürlichen Kraft'.

Ich bewahrte Stillschweigen. Ich habe nach dieser Nacht nichts mehr gehört, aber andere taten dies, oder dachten das wenigstens. Diese Tatsache wurde von Hauptmann Drake, aus Drakerath, in der Grafschaft Meath, bestätigt, der zu unserem Regiment gehörte und einer der gelassensten und mutigsten Offiziere der Brigade war. Er hatte in seinen Memoiren erwähnt, dass er dachte, während er Dienst auf den Befestigungsanlagen hatte, das Gespenst von Barcelona gesehen, und gehört zu haben.

## DER SCHWARZE HUND

'Hast du jemals einen Geist gesehen, Tim?'

'Nein, aber damit will ich nicht sagen, ob ich jemals einen gesehen habe oder nicht; aber vielleicht habe ich mehr von ihnen gesehen, als irgendeiner von Euch in eurem Leben', sagte der alte Tim Kerrigan, als er sich über die Feuerstelle beugte, ein Stück vom brennenden Torf nahm und sich seine *dhudeen* [irische Tonpfeife] ansteckte.

Seine Zuhörer waren eine Gruppe von unbeschwerten Jugendlichen (von denen ich einer war), die an einem Weihnachtsabend, vor vielen Jahren, zum alten Tim kamen. Sie saßen rund um das Feuer und versuchten ihn zu überreden, über einige seiner übernatürlichen Erfahrungen zu reden. Diese waren, wenn man Tim Glauben schenken konnte, genauso zahlreich wie verschieden.

Tim war zu dieser Zeit ein alter Mann von ungefähr fünfundsiebzig Jahren, immer noch robust und beweglich. Sein braunes Gesicht – braun wie der geriffelte Meeressand – war voller Falten. Durch diese erschien er uns Jugendlichen wunderbare Kräfte zu haben. Er hatte eine Eigenschaft, sie zu bewegen und seine Lippen aufzublähen, bevor er eine Frage beantwortete, mit dem Ergebnis, dass sich diese Falten in einer Art und Weise schlossen und öffneten, wie die Blasebälge einer Ziehharmonika. Wenn er gleichzeitig seine Stirn zusammenzog und seine zotteligen, grauen Augenbrauen über seine hellen, kleinen Augen herunterbrachte, spähten sie unter ihnen heraus, als würden sie eine seltsame Ähnlichkeit mit denen eines Hasen haben, der unter dem Rand seiner Erdhöhle hinausschaut.

'Wahrlich, und vielleicht habe ich Geister gesehen', wiederholte Tim, 'mehr als einer von euch je gesehen hat und vielleicht auch mehr, als es gut für irgendeinen von euch wäre.'

'Oh, wir glauben dir, Tim', sagte ich, und warf ein paar Worte ein, um ihn zu besänftigen.

'Sie sind es wirklich!', sagte Tim, 'so überaus schlau, wie es einige Leute von ihnen denken'.

Dann machte er drei oder vier starke Züge an seiner Pfeife und sandte eine blaue Wolke von beißendem Rauch durch den Raum.

'Habt ihr jemals etwas von dem schwarzen Hund gehört?', sagte er.

'Nein', sagten wir im Chor.

'Nicht, und ich nehme an, dass keiner von euch daran glaubt?'

'Oh, doch, Tim, wir glauben dir alles, was du uns erzählst.'

'Nun, ich weiß, dass ihr alle anständige Jungs seid', sagte Tim, 'und an einer solchen Nacht, wie wir sie heute haben, macht es mir nichts aus, euch das zu erzählen, aber ich hoffe nicht, dass irgendeiner von euch einen solchen Anblick erleben wird. Und, gleichzeitig, war es auch an einem Weihnachtsabend, wie heute, als es passierte, lange bevor ihr geboren wurdet.'

'Ich war damals selbst nur ein junger Bursche, aber ich erinnere mich daran, als wäre es letzte Nacht gewesen. Der alte Hegarty lebte in dem großen Haus oben auf dem Hügel, mit dem kleinen Wälchen darum herum. Das ist heute nur wenig besser als eine Ruine, mit den Dohlen, die in den Kaminen nisten und wo sich die Schwalben im Salon niedergelassen haben, dort, wo die sich einst die besseren Leute aufgehalten haben.'

'Als ich den alten Hegarty zum ersten Mal sah, war er ein feiner, prächtig aussehender Mann, so aufrecht wie ein Spazierstock. Er hatte eine freigiebige Hand und ein offenes Haus für jeden, den er als gut genug für ihn betrachtete, aber er war hart wie ein Feuerstein zu den Armen.'

'Es gab eine arme Witwe, die in einer Hütte wohnte, wo heute die Eisenbahn ist. Es war auch ihr Pech, dass sie nur einen Sohn hatte, ein armer Kerl, der nicht recht wusste, was er tat. Eines Tages erwischte ihn mein aufrechter Hegarty, wie er ein paar Rüben für seine Mutter gestohlen hatte. Für Hegarty gab es nichts anderes, als ihn dem Gesetz zu übergeben, und der arme Junge wurde abtransportiert. Es war großes Glück, dass er nicht aufgehängt wurde, denn sie hängen dich schon auf, wenn du nur einen Zinnpfennig gestohlen hast.'

'In der Nacht nach dem Schwurgericht habe ich die arme, einsame Witwe gesehen, wie sie an Hegartys Türschwelle kam. Sie verfluchte ihn und sie sagte »möge der schwarze Hund dir jede Nacht und bis zu deinem Tode folgen«, und sie war auf ihren Knien und ihre grauen Haare flatterten im Wind.'

'Hegarty kam heraus, mit seiner Reitpeitsche in der Hand. Er schlug sie wund, bis die Beulen auf ihrer Schulter dick wie eure Finger waren. »Schlagen sie mich noch mehr, Hegarty«, sagte sie, »aber der Fluch der Witwe und des Waisenkinds liegt auf dir, und der schwarze Hund wird die bis zu deinem Todestag folgen«.'

'Die arme Kreatur stand auf und sie taumelte davon. Bevor zwei Wochen vergangen waren, wurde sie auf dem Friedhof draußen beerdigt. Er hatte sie umgebracht, so sicher wie wir hier sitzen, aber es gab keinen, der ihn zur Rechenschaft zog. Sicher, wenn jemand keinen Wert hatte, konnte zu dieser Zeit, einer wie er, mit den armen Leuten machen, was er wollte.'

'Aber, nachdem was die Leute sagten, hatte er von da an keinen leichten Tag und keine leichte Nacht mehr.'

'Ob bei Tag oder bei Nacht, sah er einen schwarzen Hund, der ihm folgte. Selbst wenn er das ganze Gold der Welt gehabt hätte, konnte er es nicht schaffen, alleine zu schlafen. Er hatte immer seinen Diener, einen gewissen Jim Cassidy, bei sich, der bei ihm schlief. Und es ist wahr, dass mir Jim selbst sagte, dass Hegarty oft aus dem Schlaf aufschreckte und schrie »Cassidy, Cassidy, Cassidy, bring den Hund raus!« Aber Cassidy vertraute mir an, dass er den Hund nie gesehen hatte, obwohl er sich so benahm, als würde er ihn jagen und aus dem Raum befördern. Er sagte mir auch, dass er dabei immer einen Hund hörte, der von draußen wie ein Gespenst jaulte.'

'Nun, das ging für zwei Jahre so, und das Gesicht von meinem guten Hegarty, das vom Essen und Trinken immer rot wie der Kehllappen eines Truthahns war, wurde weiß und so dünn wie der erste Überzug von einem Kalkanstrich. Er ging niemals nachts nach dem Kartenspiel im Klubhaus nach Hause, ohne ein oder zwei Freunde, die ihn begleiteten, und er spielte mit ihnen in seinem eigenen Haus weiter, bis der Hahn am Morgen krähte. Dann beruhigte sich sein Verstand ein wenig, und Cassidy sagte mir, dass er dann ein paar Stunden Schlaf fand.'

'Eines Nachts aber, als ich selbst spät von der Beerdigung des alten Michil Gallagher heimkam, der in einer rauen Nacht in der Nähe der Bar ertrunken war, schlug das Biest wieder zu, am *Pollock Rock* ['Seelachsfelsen', Ort in der Nähe von Cork], wo ich Hegarty und ein paar andere Zechkumpane, die bei ihm waren, gesehen hatte.'

'Es war eine wilde Nacht, mit einem nur halb vollen Mond, der nur ab durch die dünnen Wolken zum Vorschein kam, die schwarz wie mein Hut waren. Es gab lautes Lachen und Schreien, als würden die Drinks in ihnen rumoren, und, glaubt mir, ich selbst hatte mir einige Tropfen genehmigt, aber das ist jetzt nicht so wichtig.'

'Nun, ich folgte ihnen in einem geraumen Abstand, was das Beste war, das ich tun konnte, und es dauerte nicht lange, dass sie am alten Friedhof vorbeikamen, wo die arme alte Witwe beerdigt wurde. Genau in diesem Moment kam der Mond durch eine Wolke hindurch zum Vorschein, und ich soll bis zu meinem Todestag Sorgen löffeln, wenn ich nicht einen schwarzen Hund gesehen habe, der über das Tor des Friedhofs sprang. Jedes Bein von ihm war so dick wie mein Arm, und seine zwei Augen glühten in seinem Kopf, wie zwei angefachte Kohlestücke.'

'Nun, es war wirklich so, dass ich mich sofort so fühlte, als würde ein Eisklumpen in der Mitte meines Rückens herunterlaufen, bis ich fast so kalt war, wie ein toter Körper – verzeiht mir den Ausdruck. Aber trotz alledem verfolgte ich sie weiter und habe dann den schwarzen Kerl von einem Hund gesehen, wie er immer wieder an den Hacken von Hegarty schnüffelte.'

'Ich weiß nicht genau, ob Hegarty ihn bemerkt hatte oder nicht, aber er begann lauter als jemals zuvor zu schreien, und der Teufel soll mich holen – Lord vergib mein Fluchen – wenn ich jemals in meinem Leben solche Kraftausdrücke, wie die von ihm gehört hatte, und die Spaßvögel, die bei ihm waren, waren fast so schlimm wie er.'

'Nun, sobald er zu seinem Haus gekommen war, gingen sie hinein, und ich soll keinen Atemzug mehr machen, wenn ich den schwarzen Hund nicht habe verschwinden sehen, in einer Flamme von blauem Feuer, die mich fast wie ein Blitz geblendet hatte.'

'Als ich wieder zu mir fand, da habe ich an der Türschwelle die alte Witwe selbst gesehen – und dabei war sie mit Sicherheit gestorben und über ein Jahr begraben. Es muss ihr Geist gewesen sein, den ich gesehen habe – und sie, runter auf ihren Knien, fluchte herum wie an der Nacht, wo ich sie gesehen habe, als der alte Hegarty die arme Kreatur mit der Reitpeitsche geschlagen hatte. Natürlich mischte ich mich nicht ein oder ging zu ihr, sondern eilte, so schnell ich konnte, nach Hause, und sagte kein Sterbenswort zu irgendjemand, über das, was ich gesehen hatte.'

'Nun, am nächsten Tag sprach man überall davon, dass Hegarty an heftigem Fieber litt, und die besten Ärzte wurden aus Dublin hergeholt, um zu versuchen, ihn zu heilen. Es ging ihm aber immer schlechter und schlechter. An Schluss war es so schlimm, dass sie ihn festbinden mussten. Cassidy musste Tag und Nacht auf ihn aufpassen. Der arme Junge war bald so ausgeleiert, wie ein alter Schuh, und er fragte mich, ob ich kommen und ihm helfen könnte.'

'Ich wollte diese Arbeit wirklich nicht machen, aber Cassidy war ein alter Freund von mir, und wir waren Nachbarskinder. So gelang es ihm durch lange Überredung, dass ich zustimmte. Es war mit Sicherheit eine harte Zeit, die wir gemeinsam hatten. Jede Minute sprang Hegarty auf und schrie heraus:'

»Jag ihn weg! Cassidy, jag ihn weg, seine Krallen sind an meiner Kehle! Seine Augen verbrennen mich. Ich brenne! Ich brenne!«

'Der Herr beschütze uns, aber es war furchtbar ihm zuzuhören.'

»Jag ihn raus! Cassidy, jag ihn raus, oder ich werde dich mit der Reitpeitsche schlagen, wie ich es bei der Witwe gemacht habe. Ihr Fluch liegt auf mir, diese alte Hexe. Jag ihn raus!«

'Und wir mussten so tun, als würden wir ihn rausjagen, und bei Tag und bei Nacht hörten wir von draußen ein langes Jaulen, das einem eine Gänsehaut verschafft.'

'Nun, bei Gott, unsere Kräfte waren fast aufgezehrt von all dem Aufpassen auf ihn und wir konnten kaum ein wenig Schlaf finden. Eines Nachts aber, waren wir beide an der Seite des Betts eingeschlafen, als wir plötzlich das Klirren einer Scheibe hörten. Noch bevor wir Zeit hatten, uns die Augen mit unseren Fäusten zu reiben, was haben wir da gesehen? Der schwarze

Hund war durch das Fenster gesprungen, blutrünstig und mit glühenden Augen. Bevor wir einen Fuß bewegen konnten, war er auf dem Bett und riss an der Kehle von dem alten Hegarty herum.'

'»Der Herr beschütze uns vor allem Unheil!«, sagte Cassidy und er nahm den Schürhaken und gab dem Hund einen Schlag, der jede Rippe in seinem Körper hätte brechen müssen. »Du Teufel, verschwinde hier«, sagt er, und gab ihm noch einen Hieb. Mit einem Schrei, der die Toten aufgeweckt hätte und mit aufgestellten Haaren, die wie Borsten hochstanden, sprang der schwarze Hund aus dem Fenster und er nahm den ganzen Rahmen mit. Und ihr könnt mich gleich schwören lassen, wenn ich euch sage, dass das ganze Haus in Flammen stand, und es gab einen Schwefelgeruch, der dich umhaut.'

'Als wir unsere Sinne wieder beisammen hatten, schauten wir nach dem alten Hegarty. Da lag er, stocksteif, mit einem blauen Abdruck der Hundezähne über seiner Luftröhre. Wir weckten alle im Haus und riefen nach den Ärzten. Sie kamen und sagten, dass es das eine oder andere bei ihm hätte sein können, was ihn umbrachte. Cassidy und ich wussten das besser als sie, aber wir hielten unseren Mund, denn für was wäre das gut gewesen, den Ärzten zu widersprechen?'

'Nun, wir hielten die Totenwache, und Sorgen überfielen alle, die bei der Wache dabei waren, ausgenommen die Spaßvögel, die gekommen waren, um ihn sich anzuschauen. Er wurde auf dem Friedhof begraben, nicht weit weg von der Witwe, und als wir uns diese Nacht auf den Heimweg machten, folgten sie meinem Rat und wir liefen über die Hügelstraße und kamen nicht am Friedhof vorbei, obwohl das der kürzeste Weg zurück gewesen wäre. So sicher, wie wir hier beinandersitzen, hätten wir auf den schwarzen Hund treffen können, der am

Weihnachtsabend immer herumläuft, denn es war die Zeit, als der alte Hegarty die arme Witwe mit seiner Reitpeitsche geschlagen hatte. Vielleicht tut der Hund auch euch das an, was er mit dem alten Hegarty gemacht hat, wenn ihr ihn trefft.'

Vielleicht haben wir Tims Geschichte nicht geglaubt; aber ob nun doch, oder nicht, gingen wir alle über die Hügelstraße nach Hause. Obwohl schon viele Jahre vergangen sind, seit Tim die Geschichte erzählt hat, gibt es keinen, der sie gehört hat und der dann, selbst für Geld, am Weihnachtsabend am Friedhof vorbeigehen würde.

Letztendlich kann es nicht schaden, wenn diejenigen, die diese Geschichte lesen, so wie ich sie wiedergegeben habe, und die an dem Ort leben, der den alten Tim nicht mehr kennt, seinen Rat annehmen, wie wir es taten, und der Hügelstraße folgen. Sie ist länger als die Straße am Friedhof vorbei, aber es gibt einen alten Spruch, der sagt, 'der längste Umweg ist der kürzeste Weg nach Hause'.

## DER GEIST VON GARROID JARLA

In Erfüllung eines vor langer Zeit gegebenen Versprechens, machte ich einen Besuch bei einem alten Schulfreund in der Weihnachtszeit des Jahres 185_ . Er wohnte wenige Meilen von einem Hügel entfernt, genannt *Knock Cord Na Gur\**, in der Grafschaft Queens [*Cord Na Gur Hügel].

Er war ein Schiffsarzt im Ruhestand namens Lynam, dem eine ziemlich große Residenz und Farmland von einem Onkel vererbt wurden, den er nie gesehen hatte. Der Platz, an dem er sich niedergelassen hatte, war recht einsam, aber er war für über zwanzig Jahre mit seinem Schiff überall in der Welt umhergefahren und müde vom Herumreisen. Er fand, oder behauptete es jedenfalls, dass dieser vergleichsweise abgelegene Ort, ein angenehmer Zufluchtsort für ihn sei.

Neben der Haushälterin war Terry Brennan der einzige andere im Dienstpersonal. Er hatte einst als Kutscher gearbeitet, als Gärtner, Kammerdiener und Butler.

Die Farm bestand aus Weideland, die er zu guten Konditionen an die Bewohner in der Nachbarschaft verpachtet hatte. Da er auch in der Lage war, medizinische Dienste zu leisten, war er, für Meilen darum herum, hochgeschätzt.

Er liebte es, ein Buch zu lesen, eine Pfeife zu rauchen, und konnte ein Glas Bowle zubereiten, 'das einen Admiral zufriedengestellt hätte', wie er immer damit angab, denn das schien ihm der höchste Beweis seiner Leistungsfähigkeit und Qualitäten zu sein. Dennoch, obwohl er viel gelesen hatte und weit herumgereist war, war er abergläubisch wie der ungebildetste Matrose und glaubte fest an geisterhafte Besucher. Er erzählte viele seltsame Geschichten, von dem, was er gesehen hatte, und von der Rückkehr der Toten.

Er traf mich am Bahnhof mit einem gewöhnlichen Fuhrwagen, den er selbst lenkte. Tony hatte er zuhause gelassen, um alles bei unserer Ankunft bereit zu haben.

Wir mussten einige Meilen fahren. Die Nacht war schon Stunden zuvor heruntergekommen und der Himmel über uns war schwarz wie Tinte. Wir kutschierten voran, natürlich vorsichtig, bis wir, nach ungefähr einer Stunde Fahrt, ein Licht hinter einer Kurve sahen, nicht mehr als eine halbe Meile vor uns.

'Das ist das Haus', sagte der Doktor. 'Wir werden in fünf Minuten dort sein.'

Diese Ankündigung kam mir sehr entgegen, da mir kalt war und ich großen Hunger hatte. Ich wollte gerade eine Antwort geben, als mein Begleiter plötzlich ausrief:

'Beim___, da ist das Licht auf dem Hügel!'

Dann sah ich ein zweites Licht, etwas höher als das erste und etwas rechts davon, aber es verschwand sofort wieder.

Der Tonfall des Doktors war alarmierend.

'Was ist das', fragte ich.

'Ruhig, meine Liebe, ruhig, Molly, bleib entspannt, Mädchen.' Der Doktor sprach mit der Stute und antwortete nicht auf meine Frage. Dann sagte er: 'Halt dich am Wagen fest. Beim Himmel, wir kippen um!'

Ich fühlte, wie sich der Wagen überschlug, und ich wurde an den Straßenrand herausgeschleudert. Als ich mich wieder gefangen hatte, hörte ich die Stute, die irgendwie aus dem Geschirr ausgebrochen war und den Hügel hinunter klapperte.

Ich war auf dem grasbedeckten Streifen in der Nähe des Grabens gefallen und bleib unverletzt. Auch der Wagen fiel dort hinein, aber ohne mich zu berühren.

'Bist du verletzt?', fragte der Doktor, der an meiner Seite stand, während ich mich erhob.

'Nein', antwortete ich, 'und du?'

'Alles in Ordnung', sagte er, aber ich bemerkte ein Zittern in seiner Stimme.

'Bist du sicher?', fragte ich.

'Oh, ja! Komm und lass uns von hier fortkommen.'

Ich kam hoch auf die Füße. 'Was ist das, Lynam?', sagte ich.

'Frag nicht, komm!' Der Doktor packte meinen Arm und zog mich mit. Ich sah, dass ihm eine große Unruhe zu Schaffen machte und ihn daran hinderte, zu sprechen. Wir erreichten das Tor zum Weg, der zum Haus führte. Es stand offen, und nach zwei Minuten waren wir an der Tür zur Eingangshalle. Auch die war geöffnet, und auf den Stufen stand ein Mann mit einer Laterne in der ausgestreckten Hand, der aussah, als wäre er von der Tür eingerahmt. Es war Terry.

'Guter Doktor, haben Sie ihn gesehen?', sagte Terry.

'Wo ist die Stute?', antwortete mein Freund stattdessen.

'Sie ist auf dem Hof, Doktor. Sie hat keinen Kratzer abbekommen, aber sie ist vollkommen mit Schaum bedeckt.'

'Geh und reib sie ab, bring sie in den Stall, und komm zurück, so schnell du kannst.'

Der Tonfall des Doktors war wieder ruhiger geworden.

Die Aufregung wegen dieses Vorfalls hatte mich den Hunger und die Kälte vergessen lassen, aber als ich in die gemütliche Stube des Doktors eintrat, mit seinen hellen Holzscheiten, die auf der Feuerstelle brannten, und den ersten Atemzug von der warmen Luft nahm, fing ich an zu zittern.

Der Doktor, der mein Unwohlsein erkannte, öffnete eine Flasche Champagner und füllte ein Glas bis zum Rand. Ich bemerkte, dass seine Hand zitterte, als er es mir reichte, und auch, dass er sich seltsam benahm.

Ich trank das Glas aus. Der Doktor begleitete mich zu meinem Zimmer, und ich machte mich bereit für das Abendessen.

Als ich wieder zum Esszimmer herunterkam, stand der Doktor mit dem Rücken zum Feuer und schaute immer noch – so wie ich es empfand – ein wenig zerstreut drein.

Sei Gesicht erhellte sich aber sofort, und er sagte: 'Ich bin sicher, dass du hungrig sein musst, nach der langen Reise', und er läutete die Glocke zum Abendessen.

Die Haushälterin folgte der Aufforderung und brachte es herein. Kurz danach erschien Terry in der gewohnten Kleidung eines Butlers.

Unsere Gespräche während des Abendessens bezogen sich kurz auf alte Zeiten und alte Bekanntschaften.

Der Wein, der ausgezeichnet war, tat uns beiden sehr gut, und als das Abendessen vorüber war, befanden wir uns in der bestmöglichen Stimmung, was uns, und die ganze Welt um uns herum, anbetraf.

Als der Tisch abgedeckt wurde und Terry die 'Materialien' hereinbrachte, machte sich der Doktor selbst daran, zwei starke Gläser Bowle zu brauen.

Als das 'Werk' beendet war, steckten wir uns unsere Pfeifen an, und, wie es oft bei Rauchern der Fall ist, fielen für eine Weile ins Schweigen.

Plötzlich wurden wir rüde von Terry unterbrochen, der ohne Anklopfen durch die Tür drang und aufgeregt ausrief:

'Doktor! Doktor!, Sie werden gebraucht. Der Wagen von Michael Cassidy hat sich unten bei der Tränke überschlagen. Gott beschütze uns vor allem Unheil. Obwohl das Pferd nur getrabt ist, liegt er nun darunter und sein Junge, der bei ihm war, ist hochgekommen, um sie zu rufen.'

'Terry, hol sofort die Lampe, und Jack', sagte der Doktor, der diese Worte an mich richtete, 'zieh deinen Mantel an, ich könnte deine Hilfe gebrauchen.'

In ein paar Sekunden rannten wir hinunter zum Ort des Unfalls, gefolgt von Terry mit der Lampe und begleitet von Cassidys Jungen.

Wir fanden den Wagen in der Mitte der Straße, der umgedreht über dem Körper des armen Cassidy lag.

Terry stellte die Lampe ab, und wir vier hoben den Wagen hoch und drehten ihn um, in den Graben hinein, in der Nähe, wo auch unserer lag. Der Doktor untersuchte den ausgestreckt liegenden Mann, während Terry die Lampe für ihn hielt.

'Tot!', schrie der Doktor. 'Tot! Mein Gott, das ist furchtbar.'

Mir gefror das Blut in den Adern. Ich fühlte, dass es nicht nur die Anwesenheit des Todes war, aber auch die Anwesenheit eines Mysteriums, noch unheimlicher, als es überhaupt sein kann.

'Was ist das, Lynam?', flüsterte ich heiser.

'Höre ich das Rattern eines Wagens, der uns entgegenkommt, Terry?', sagte der Doktor, der meine Frage nicht beachtete.

'So ist es, Doktor.'

'Zeig ihm das Licht.'

Terry hielt das Licht in die Richtung des ankommenden Wagens. Er gehörte einem der Nachbarn.

Als er die Stelle erreichte, wo der Körper lag, und an der wir standen, hielt er an. Ein paar Worte reichten aus, um zu erklären, was passiert war. Als der Besitzer des Wagens zustimmte, hoben wir den leblosen Körper auf seinen Wagen, und man brachte ihn heim.

Der Doktor, Terry und ich, gingen zum Haus zurück. Kein Wort wurde von einem von uns gesprochen, bis wir ein paar Meter vor der Tür zur Eingangshalle standen.

'Schauen Sie, Doktor', schrie Terry, 'das Licht ist wieder auf dem Hügel!'

Ich drehte mich herum und schaute in Richtung des Hügels, der sich zur Linken, ungefähr eine Viertelmeile vom Haus entfernt, erhob. Ich sah eine blaue Flamme, die für einen Moment wie im Wind flackerte, und dann ging sie aus.

'Lass uns hineingehen', sagte der Doktor, 'er hat heute Nacht sein Opfer bekommen.'

Wir betraten die Halle, und ich ging in das Zimmer des Doktors, der mir folgte. Ich fühlte mich wie einem Traum. Das Zimmer war aber hell und heiter, und die Holzscheite brannten fröhlich auf der Feuerstelle. Ich schwang mich in einen Stuhl. Der Doktor hatte die Tür geschlossen und stand neben mir.

'Es tut mir leid, Jack', sagte er in einem ernsten Ton, 'dass dein Besuch so ungünstig angefangen hat; lass uns aber vergessen, was passiert ist, und eine angenehme Nacht daraus machen.'

Er zog einen Stuhl in die Nähe des meinen und setzte sich hin.

Dann steckte er sich eine Pfeife an. Ich folgte seinem Beispiel, und wir pafften eine Weile vor uns hin, aber meine Neugier übermannte mich.

'Schau her, Lynam, alter Mann', sagte ich. 'Es gibt da ein Mysterium um die Geschehnisse heute Nacht. Unser Wagen wurde umgeworfen, und soweit ich weiß, ohne Anlass. Mit Cassidys Wagen war es genauso. Was bedeutet das alles, und was hast du gemeint, als du von einem *Opfer* sprachst?'

'Es ist wirklich ein Mysterium', begann er. 'Hast du hast das Licht auf dem Hügel heute Nacht gesehen?'

'Ja.'

'Und das ist sehr seltsam. Die einzigen zwei, die es hier gibt und die es gesehen haben – zumindest in unserer Zeit – sind Terry und ich. Ich habe es zuerst am Weihnachtsabend vor zehn Jahren gesehen – dem ersten Weihnachtsabend, nachdem ich hierhergekommen bin. Ich habe es seitdem wieder an drei anderen Weihnachtsabenden gesehen; und jedes Mal, wenn ich es gesehen habe, hat man einen Mann gefunden, der tot war, an der Stelle, wo wir Cassidy heute Nacht gefunden haben.'

Der Doktor sprach in leisen, gesetzten Tönen, und ein schauriges Gefühl überkam mich, während ich zuhörte.

'Aber welchen Zusammenhang kann es da zwischen dem Licht und dem toten Mann auf der Straße geben?', fragte ich.

'Das ist eine seltsame Geschichte', antwortete er. 'Terry hat sie mir erzählt. Ich habe das anfangs nicht geglaubt, aber meine eigenen Augen waren heute Nacht Zeugen der Wahrheit, zumindest teilweise. Aber es wäre besser, damit anzufangen, was Terry mir erzählt hat.'

'Es scheint so', fuhr er fort, 'dass es in den alten Zeiten – ungefähr vor dreihundert Jahren – eine stark befestigte Burg auf dem *Knock-Cord-Na-Gur* gab, in dem einer der Nachkommen der Fitzgeralds lebte. Man kannte ihn als Garroid Jarla, oder Garret der Graf. Er war ein Mann zügelloser Leidenschaften, der kein Gesetz kannte, ihn an seinem Willen zu hindern. Er war mit allen Arten von Teufeleien zu Gange und besessen von einer Lust nach Blut und Gold. Mord war seine Hauptleidenschaft.'

'Er war von einer Bande von Schurken umgeben, die so skrupellos und blutrünstig waren, wie er selbst. Sein Name stand, meilenweit herum, für Terror. Viele verbrannte Dachsparren und blutbefleckte Häuser sind Zeuge seiner niederträchtigen Grausamkeiten geworden. Dennoch, trotz alledem, konnte er scheinbar höflich sein und einem ahnungslosen Fremden leicht vormachen, dass er eine nette und gastfreundliche Veranlagung hatte.'

131

'Er hatte das Verlangen, besonders zur Weihnachtszeit, Reisende abzufangen, die zufällig auf der Straße unterwegs waren, auf der wir gerade entlang kamen.'

'Nach einer höflichen Nachfrage, wohin sie unterwegs wären, bot er ihnen an, die Nacht in seiner Burg zu verbringen. Er stellte sich immer an den Platz, wo die Tränke ist, über die du Terry sprechen hörtest, und welche du vielleicht bemerkt hast, als er die Lampe hielt, während ich nach dem armen Cassidy sah.'

'Ich habe so etwas wie einen Steintrog gesehen', sagte ich, 'aber ich habe keine besondere Notiz davon genommen.'

'Das war die Tränke', fuhr der Doktor fort. 'Sie war in der Zeit, über die ich spreche, noch nicht da. Sie wurde dort aufgestellt, lange nachdem der sogenannte Graf gegangen war.'

'Die Zeiten, als der Graf noch lebte, waren unruhig, und viele Reisende waren froh über die Einladung gewesen, die Nacht in der Burg auf dem Hügel zu verbringen. Arme und Reiche waren dort willkommen. Die armen Reisenden zogen am nächsten Tag weiter, mit der angenehmen Erinnerung einer gastfreundlichen Nacht und trugen die besten Geschichten über ihren Gastgeber, Garroid Jarla, weiter.'

'Für den Reisenden aber, der Geld bei sich hatte, war die Nacht in der Burg seine letzte. Man hatte nie mehr etwas von ihnen gesehen oder gehört. Als der Graf schließlich getötet wurde und die Burg verfiel, war der einzige Beleg für seine Heimtücke ein Haufen Knochen und verfallende Körper in einem Keller unter dem Speisezimmer. Der einzige Zugang dorthin war durch eine Falltür, auf der das arme Opfer saß, während er die Gastfreundschaft des Grafen genoss.'

'Garroid Jarla hatte viele Feinde, aber keinen, der ihn mehr hasste, als Rory O'Moore, der in der Burg von Cluin Kyle wohnte, und der, an der Spitze der Rapparees [irische Rebellen] Feuer und Schwert in die englischen Gebiete brachte. Es gab damals einen Preis auf den Kopf von Rory, fünfzehntausend Pfund im Wert des heutigen Geldes. Viele Verschwörungen wurden angezettelt und Pläne geschmiedet, um den unerschrockenen irischen Hauptmann zu fangen.'

'Garroid Jarla beschloss, dass er sich um jeden Preis das Blutgeld sichern wollte, und versuchte, immer und immer wieder, einen von Rorys Gefolgsleuten zu verführen, mit dem Angebot eines großen Bestechungsgeldes, um dessen Herrn zu betrügen, aber ohne Erfolg.'

'Er machte trotzdem weiter, und schließlich hatte er einen, oder wenigstens dachte er dass, auf seine Seite gezogen. Der Abtrünnige überzeugte Garroid, dass er den Wunsch hatte, ein schweres, persönliches Leid zu rächen, das er durch Rory erfahren hatte, und dass er gewillt war, sein Leben zu geben, um seine Vernichtung zu erreichen.'

'Garroids Gier nach Gold verführte ihn, zu glauben, dass er damit die Seele eines Mannes kaufen könnte. Aus diesem Grund glaubte er dem Diener von Rory namens Teague O'Moore. Teague erfreute Garroid über alle Maßen, und denunzierte Rory in jeglicher Art und Weise.'

'Eines Nachts kam er zu Garroid, und sagte ihm, dass die Gelegenheit gekommen war, seinen Feind Rory zu überwältigen. Rory, sagte er, war nach Cluin Kyle gekommen, nach einem heftigen und erfolgreichen Kampf, und würde ein Freudenfest in der Burg veranstalten. Es gäbe keine Wachen, da sich Rory zumindest für diese Nacht, sicher fühlen würde.'

'Man könnte ihn leicht um Mitternacht herum überraschen, und Teague würde dafür sorgen, dass die Tore der Burg unverschlossen sind. Als Zeichen würde er eine beleuchtete Kerze in das Fenster des Seiteneingangs stellen.'

'Garroid nahm den Vorschlag mit Begeisterung auf und beschloss, den Überraschungsbesuch auf Rorys Burg zu wagen. Er rief seine Diener um sich und veranstaltete eine Fressorgie, da er glaubte, seine Männer würden besser kämpfen, wenn ihre Mägen nicht zu leer wären. Und da eine ernste und blutige Arbeit vor ihnen lag, wären sie alle besser vorbereitet, wenn sie auch einige Schluck vom *usquebaugh* [irish: 'Lebenswasser', Whisky] zu sich nehmen würden.'

'Teague blieb, bis sich die Gesellschaft zum Abendessen versammelt hatte und sie begonnen hatten, sich zu vergnügen. Dann sorgte er dafür, dass das Fenster, gegenüber dem Garroid Platz genommen hatte, nicht durch einen Vorgang verdeckt war, und machte sich davon – wie Garroid dachte, nach Cluin Kyle. Teague aber, nachdem er aus der Burg heraus war, ging in den Wald, der um die Furt von Dysartgalen herumging.'

'Er war nicht weit über die heruntergefallenen Blätter gekommen, die über seinem Pfad verstreut waren, als er angesprochen wurde.'

'»Gott und unsere Lady und Rory O'Moore«, war seine Antwort.'

'Gut, geh weiter!'

'»Ist der Hauptmann hier«, sagte Teague.'

'»Ja, hier«, antwortete ein treuer Rapparee.'

»Ich brauche Euren besten Scharfschützen, Hauptmann.«

'»Komm her, Shan Dhu«, sagte der Captain.'

'Ein Mann trat nach vorne, mit der Muskete über seiner Schulter.'

'»Folge mir«, sagte Teague, »und dein Hauptmann und seine Leute bleiben uns dicht auf den Fersen. Wenn ihr den Schuss hört, eilt direkt zur Burg. Wenn die Kugel ihre Arbeit gemacht hat, gehört die Burg euch«.'

'Teague und der Scharfschütze ging voran. Sie passierten unbemerkt die äußeren Mauern und gingen bis dicht vor das unverhangene Fenster.'

'»Diese Kerze, die du sehen kannst«, sagte Teague zu dem Scharfschützen, »steht in direkten Linie mit Garroid Jarla. Puste sie aus, und du tötest ihn«.'

'Der Scharfschütze zielte sorgfältig.'

'Peng! Ein Zerspringen von Glas und ein wilder Schrei.'

'»Los, Hauptmann!«, schrie Teague, mit einem wilden Ruf, der die Nacht erzittern ließ. Die Rapparees brachen herein zu den aufgeschreckten Feiernden. Da diese aber ihre Waffen bei der Hand hatten, gab es einen verzweifelten Kampf. Man sagt, dass Garroid Jarla die ganze Zeit über tot auf dem Stuhl saß, wo er vom Schuss getroffen wurde, bis der letzte seiner Gefolgsleute niedergemetzelt worden war. Sein Gesicht war schwarz wie Kohle und seine Augen glühten wie Feuer. Die Raparres nahmen die Burg ein, bevor sie nach Cluin Kyle gingen, mit der Nachricht von dem Tod des Tyrannen.'

'Am nächsten Tag drang das Landvolk in die zerstörte Burg ein. Sie fanden den Körper ihres Erzfeindes, Garroid Jarla, und schleiften ihn zu der Furt von Dysartgallen. Nachdem sie ihn geviertelt hatten, warfen sie ihn in den Fluss und glaubten, dass sie den Tyrannen über ihre Häuser für alle Zeiten losgeworden sind.'

'Aber nach der Geschichte von Terry', sagte der Doktor, 'hatten sie sich diesbezüglich geirrt. Denn immer und immer wieder erschien Garraoid Jarla genau an der Stelle, wo er zeitlebens die Reisenden getroffen hatte; und die meisten, die er ansprach, erlebten den nächsten Morgen nicht mehr.'

'Schließlich kam ein Ordensbruder auf diesem Weg entlang und hörte von den Erscheinungen und ihrem todbringenden Ausgang. Er bat die Leute, einen steinernen Trog dorthin zu bringen, und an die Stelle zu setzen, wo dieser Trog mit frischem Wasser aus einem fließenden Bach gespeist wurde. Der Ordensbruder segnete das Wasser, sodass kein böser Geist in seine Nähe kommen konnte. Danach hatte, für Generationen, niemand mehr den Geist von Garroid Jarla gesehen.'

'In den dunklen Nächten von 98 [Revolution von 1798], kam eine Bande von Yeos, zerstörten den Trog und leiteten den Bach von ihm weg. Seit diesem Tag ist er trocken und nutzt weder Mann noch Tier. Seit diesem Tag erscheint der Geist, in unregelmäßigen Abständen, aber immer an einem Weihnachtsabend, und fordert ein Opfer, und wenn er kommt, brennt ein Licht auf dem Hügel. Und das ist Terrys Geschichte', sagte der Doktor und klopfte die Asche von seiner Pfeife.

'Hast du jemals den Geist gesehen', fragte ich.

'Ich habe heute Nacht das Licht auf dem Hügel gesehen', antwortet er, 'und ich habe die toten Männer gesehen. Du hast das Licht auf dem Hügel heute Nacht auch gesehen, und auch den toten Mann. Zweifelst du daran', sagte er und schaute mir direkt ins Gesicht, dass er einer von Garroid Jarlas Opfern ist?'

'Vielleicht, nach alledem, Doktor', sagte ich, 'gibt es mehr Dinge zwischen Himmel und Erde, als wie man es sich in unserer Wissenschaft erträumt.'

'Es ist spät geworden', sagte der Doktor, 'und ich bin mir sicher, dass du müde sein musst.'

Ich war in der Tat müde, aber als ich in mein Zimmer kam, konnte ich nicht schlafen. An dieser Nacht, und vielen Nächten danach, wurde ich in meinen Träumen vom Geist das Garroid Jarla heimgesucht.

## TREU BIS IN DEN TOD

'Tod!'

Derjenige, der das sagte, war ein großgewachsener, drahtiger und athletischer Mann, etwa achtundzwanzig bis dreißig Jahre alt. Dieses einzelne Wort kam von seinen Lippen, kurz und scharf, wie aus einer Pistole geschossen. Der Sprecher schaute sich unter seinen Zuhörern um, die unbeweglich dastanden und seinen harten Gesichtsausdruck sahen.

Eine Gruppe von einem Dutzend Bauern stand vor ihm, der jüngste nicht älter als zwanzig, der älteste Mann war etwa sechzig Jahre alt. Er war etwas größer als normal, dünn, leichenblass, mit hohlen, tief in den Augenhöhlen liegenden Augen, die schwarz wie die Nacht waren und in einem seltsamen Kontrast zu den markanten, grauen und buschigen Augenbrauen standen. Tiefe Linien, die vom Leid und bitteren Gedanken gezogen wurden, durchfurchten die große Stirn, und seine langen, strähnigen, weißen Haare reichten fast bis auf seine Schultern.

Seine Augen blickten auf den Sprecher, dessen Gesicht unter dem fürchterlichen und ernsten Blick, der auf ihn fixiert war, erbleichte. Obwohl er in bäuerlicher Kleidung steckte, konnte man ohne Schwierigkeiten sehen, dass das Leben des noch jungen Mannes nicht immer in einer friedlichen Beschäftigung in der Bauernschaft verbracht wurde. Eine Narbe auf seiner rechten Wange erzählte die Geschichte von Kämpfen, während die tiefe Bräune in seinem Gesicht auf Reisen in andere Länder hindeutete.

Geboren an der irischen Südküste, verbrachte er seine frühen Jahre im gefährlichen Fischereigeschäft. Als er zum Mann herangereift war, brachte ihn ein abenteuerliches Verlangen dazu, sich einigen Kameraden anzuschließen, die mit einem französischen Kapitän vom Shannon in Irland nach Brest in Frankreich segelten.

Er verbrachte ein oder zwei Jahre als Seemann, als er in einen französischen Hafen kam, mit einer Abteilung der irischen Brigade an Bord, die damals unter der *Fleur-de-lis* [Schwertlilie, Symbol der französischen Monarchie] kämpften. Er schloss sich ihnen an und kämpfte in verschiedenen Schlachten, bis ihn eine Kugel in die Brust traf, die ihn für den Dienst als Soldat untauglich machte.

Als er nach Irland zurückkehrte, fand er eine Bauernschaft vor, die im großen Landkrieg engagiert war, welcher die 'Whiteboys'* hervorbrachte.

[*irische, geheime Organisation der Landbevölkerung, welche die Landrechte verteidigte. Der Name kommt von dem weißen Kittel, den sie bei ihren nächtlichen Überfällen trugen. Einige von ihnen nahmen als Auswanderer ihre rebellische Haltung mit in die Vereinigten Staaten, wo der Name 'Whiteboy' ein Synonym für Rebell wurde].

Sein militärischer und abenteuerhafter Geist, genauso wie die Sympathie für seinen Stand, machte diese konspirative Vereinigung zu einer besonderen Attraktion für ihn. Er wurde dort Mitglied, und noch bevor einige Monate vorbei waren, wurde er Anführer der Organisation in seinem Bezirk. Seine überragenden Fähigkeiten, seine Eigenschaft schneller und scharfer Beurteilung, führte zu Respekt und Vertrauen bei seinen Gefolgsleuten.

An vielen Nächten, vor dem Beginn dieser Geschichte, kam das schreckliche Todesurteil über seine Lippen, aber niemals zuvor hatten seine Kameraden diese Leichenblässe in seinem Gesicht gesehen, wie es heute Nacht der Fall war. Der Schauplatz war gruselig: eine lange, niedrige Höhle von unregelmäßiger Form, nicht mehr als zwölf Fuß breit an der weitesten Stelle, die sich zum Ausgang hin verjüngte und kaum weit genug war, um einem Mann nach dem anderen zu erlauben, auf Händen und Knien zu krabbeln. Eine kleine Öffnung in der Decke, durch die man gerade eine Hand stecken konnte, erlaubte dem Rauch von den brennenden Kiefernscheiten abzuziehen, die am hinteren Ende der Höhle brannten.

So wie die Flammen auf und ab sprangen, tanzten Tausende von Schatten und flackernden Lichter an der Decke und den Wänden, die seltsam herumflatterten und hin und wieder die Gesichtszüge in der Gruppe hervorhoben.

Als der Sprecher dieses einzelne Wort von sich gab, warf ein heftig brennender Holzscheit, der durch die Wirkung des Feuers verschoben wurde, seinen Strahl auf sein Gesicht. In diesem umhersuchenden Licht war jeder Gesichtszug deutlich zu sehen, und das Verziehen seines Mundes, und der weiße Anblick, der die Bräune von seine Wangen verjagte, war für die Augen seiner Gefolgsleute klar erkennbar.

'Es ist gut', sagte der alte Mann, 'wann treffen wir uns wieder?'

Die Frage war an den Anführer gerichtet. Alle Augen sahen ihn an, als er mit ungewöhnlicher Verzögerung sprach:

'Vierzehn Tage nach dieser Nacht.'

'Zu lange', rief der alte Mann erbittert aus, und sein Schrei nahm einen metallischen Klang an, als er auf die Wände der Höhle traf.

'Zu lange', murmelten auch die anderen.

Der Anführer schaute sich um und betrachtete genau die Gesichter von jedem Einzelnen, eines nach dem anderen.

'Zu lang', wiederholte der alte Mann in einem tieferen Ton.

'Gut, dann soll es in einer Woche nach dieser Nacht sein', sagte der Anführer.

'Einverstanden', kam die Antwort.

Einer nach dem anderen in der Gruppe verließ die Höhle, außer dem alten Mann und dem Anführer. Der alte Mann ging in Richtung der Öffnung, schaute seinen Kameraden nach und wartete, bis der letzte verschwunden war. Dann kam er zurück, stellte sich mit verschränkten Armen vor seinen Gefährten, und sagte zu ihm:

'Wir haben dich als Anführer ausgewählt, denn wir wussten, dass du mutig bist, und glaubten auch, dass du treu bist; du hast uns bisher nicht enttäuscht.'

'Und warum zweifelst ihr nun an mir?'

'Weil dein Gesicht heute Nacht so weiß war', sagte der alte Mann, was entweder ein Zeichen von Furcht oder Verrat ist. Du bist zu mutig, um Angst zu haben; was bedeutet es dann? Du hast ein schnelles Schicksal für all die kleinen Tyrannen befohlen; warum hast du dann heute Nacht die Hinrichtung des Erztyrannen verschoben? Du weißt, was er unseren Leuten Schlechtes angetan hat – ja, die zahlreichen Freveltaten, die er ihnen gegen ihre Ehre zugefügt hat. Dennoch verlängerst du die Tage für einen, der uns kurzerhand aufhängen würde. Was bedeutet das?'

Und der Tonfall des alten Mannes wurde schärfer. 'Ist es wahr, was sie über dich tuscheln, dass das nussbraune Haar und die hellen Augen und der rote Mund seiner Tochter dich in ihrem Netz gefangen haben, und dass deine Handlungen nicht mehr frei sind und dein Herz entmannt ist? Schau mich an! Ich bin

141

alt, ausgelaugt und verwelkt. Ich war einst auch so jung wie du. Ich weiß, was es heißt zu lieben, und die süßeste Maid, die je den Berg heruntergekommen ist, hell und glitzernd wie ein Sonnenstrahl, war das Mädchen meines Herzens. Vor vierzig Jahren hat man den grünen Teppich über sie gelegt, auf dem alten Friedhof, und eine Woche später steckte eine Kugel im Herzen desjenigen, der der Vater von dem war, den du nun verschonen willst.'

'Ach! Du kannst es nicht wissen, Gott gebe es, dass du nie erfahren wirst, was vierzig Jahre von Sorgen oder Bitterkeit für das Herz eines Mannes bedeuten. Dennoch würdest du ihn verschonen, derjenige, der in den Fußstapfen seines Vaters wandelt – er, wie ich dir sagte, uns zahlreiche Missetaten angetan hat. Sei vorsichtig! Ich bin alt und du bist jung, du bist stark und ich bin schwach, aber ich kann einen Verräter immer noch treffen.'

Als der Mann diese letzten Worte sprach, hatte er sich zur vollen Größe aufgerichtet. Sein rechter Arm war erhoben und die geballte Faust trieb die Fingernägel in seine Handfläche. Schlagartig kam seine Hand herunter, er drehte sich weg von seinem Gefährten, suchte die Öffnung der Höhle und verschwand in der Nacht.

Der Anführer war allein. Das Licht von den Kiefernscheiten begann langsam zu erlöschen, Schatten bedeckten die Wände der Höhle und bewegten sich weiter an Boden entlang. Ausgenommen von einem kleinen Fleck roten Lichts auf dem Boden und ein schwaches, flackerndes Schimmern an der Decke darüber, war alles in Dunkelheit gehüllt. Immer noch stand der Anführer bewegungslos und mit verschränkten Armen da. Viele Gedanken beunruhigten sein Herz, Gedanken an die alten Tage, als er ein Fischerjunge war, Gedanken an die

Nachtlager in der Schlacht, die Geschichten am Lagerfeuer, die lange Sehnsucht in fremden Landen nach seiner alten Insel zuhause, an die Unterdrückung der Menschen, die Loyalität seiner Gefolgsleute und an das Vertrauen, dass sie in ihn gesetzt haben und an das mutige Werk, das er für sie zu tun hoffte. Er dachte aber auch an das süße Gesicht des Mädchens, von dem er wusste, dass sie nie die Seine werden würde, für deren Wohlergehen er sich aber die Augen herausgerissen hätte und tausend Tode gestorben wäre.

Er wusste, dass der alte Mann die Wahrheit gesagt hatte; er wusste, dass ihr Vater einer der bittersten und meistgehassten Unterdrücker seines Volkes war, und dennoch muss er zugeben, dass er für ihn Zeit gewinnen wollte.

Der letzte Teil der flackernden Glut war fast erkaltet. Plötzlich wurde er sich der Dunkelheit um ihn herum bewusst. Mit einiger Anstrengung riss er sich zusammen und dachte, dass er die beunruhigenden Gedanken verscheuchen könnte, und verließ den Ort.

Die Höhle lag am Ufer des Meeres. Sie war hoch oben auf den Klippen und der Eingang war durch einen vorstehenden Felsen verdeckt. Nur wenige kannten sie. Es war ein schwieriger Aufstieg dorthin, der von Strand aus hoch führte, kaum sicher, selbst für geübte Füße, und sehr gefährlich für alle, die keine guten Nerven hatten.

Als der Anführer durch den Ausgang ging, brachte ihn die starke Meeresbrise dazu, sich wieder zu fangen. Er stieg vorsichtig hinab, bis er den Strand erreichte. Zur Rechten lag sein Haus. Für einen Moment drehte er sich in diese Richtung, aber nur für einen Moment, und ging dann den entgegengesetzten Weg. Als er eine Viertelstunde marschiert war, stieg er wieder die Klippen hinauf, und als er die flache Ebene erreichte, ging er mit schnellen Schritten voran, bis er zur Straße kam. Nach drei- oder vierhundert Metern sah er ein fernes Licht, das von weit durch die Dunkelheit schien und von einem Fenster eines rechteckigen Gebäudes kam. Es sah halb wie eine Festung aus und halb wie eine Villa. Sein Herz war in wilder Aufregung, das Blut rann heftig durch seine Adern. Er lief wie verzaubert entlang. Er wusste nicht, was er dachte; er fühlte nur bei jedem Schritt, den er voranging, dass ihn der Tod ergreifen sollte, wenn er weitergeht.

Schließlich stand er so nahe bei dem beleuchteten Fenster, dass er es fast berühren konnte. Er schaute in das Zimmer, das sich im Erdgeschoss befand. Es gab Bilder und Bücher und Stickereien. Das helle Feuer funkelte auf der Herdstelle und die Kerzen, die an der Wand befestigt waren, erhellten den Raum, als wäre es fast Tag. Es gab niemanden zu sehen. Gerade als er dabei war, in Verzweiflung zurückzugehen, öffnete sich die Tür, und ein strahlendes Mädchen trat ein. Sie ging zur Feuerstelle und schien ein wenig zu frösteln, als wenn ihr kalt wäre. Sie streckte ihre zarten, weißen Hände über das Feuer, und die rötliche Glut tönte das Weiß ihrer Wangen. Etwas wie ein Schluchzen steckte in seinem Hals, und als einen Augenblick später ihr Vater den Raum betrat und sich der Anführer der Whiteboys an den Satz in der Höhle erinnerte, taumelte er hilflos davon, mit einem Stöhnen, wie von einem Tier im Schmerz, und ging zurück nach Hause.

Der Morgen brach an, kalt und grau, aber bald kamen die flachen Sonnenstrahlen der Wintersonne in den Raum, in dem er eine schlaflose Nacht verbracht hatte. Er erhob sich von seinem Bett, zog sich an, öffnete das kleine Fenster und schaute raus auf die See. Die kühle Brise des Morgens und Düfte vom Salzwasser des Ozeans erfüllten den Raum. Es vergingen

144

Stunden, und er beobachtete immer noch die heftigen und kalten Wogen. Er dachte an den Shannon Fluss und seine Reise nach Brest und die Flucht, die ihm als Ausweg noch offenstand, und er versank in sich und dachte immer wieder nach. Als er wieder nach draußen sah, erblickte er, unten auf dem Strand, sich schmerzvoll fortbewegend, den alten Mann aus der Höhle. Sein Herz war geteilt, und ein weiteres Mal dachte der an die Unterdrückung seiner Leute.

'Sie vertrauen mir', sagte er, 'und was bedeute ich ihr überhaupt? Was bedeute ich ihr', schrie er leidenschaftlich heraus. 'Sie hat keine Ahnung von meiner Existenz. Ich bin einer aus der Menge, die ihr Vater schlechter als Hunde behandelt, und den sie, mit all ihrer Liebenswürdigkeit, nicht geruht zu erkennen. Ja! Dort gehst du, alter Mann, belastet von Sorgen, größer als meine. Dennoch ist es hart, ist es hart, daran zu denken, dass ich derjenige sein sollte, der sein Todesurteil verkündet.'

Erschöpft schloss er das Fenster, verließ den Raum, und ging runter ans Meer und beobachtete resignierend sein Kommen und Gehen.

In der darauffolgenden Nacht war er genauso ruhelos. Wie die Woche vorüberging, wusste er nicht, aber die Nacht kam, wo er sich mit seinen Gefolgsleuten wieder in der Höhle traf. Nur eine Woche zuvor war er ein Mann von dreißig Jahren, sah entschlossen und mutig aus, abgesehen von dem vorübergehenden, weißen Aussehen, das in sein Gesicht kam, als er diesen schrecklichen Satz aussprach. Heute Nacht aber, sah er alt und ausgezehrt aus, und das rötliche Licht, von den brennenden Holzscheiten, bewirkte nur, dass sein Gesicht gespenstige Züge annahm.

Das Todesurteil wurde angenommen, und heute Nacht sollte entschieden werden, wer es ausführen sollte. Bisher wurde der Vollstrecker des Todesurteils durch Los ausgewählt. Auch heute Nacht wurde vorgeschlagen, dass man es wieder so handhaben sollte. Alle schienen zuzustimmen, als der alte Mann seine Stimme erhob und sagte:

'Wir haben diesen Mann zu unserem Anführer gewählt, wir waren ihm treu ergeben in der Ausführung seiner Befehle, wir haben unsere Hälse in die Nähe der Schlinge am Galgen gehalten. Manche von uns sind sogar die Treppe zum Galgen hochgestiegen und sind gestorben, ohne ihn zu verraten, als sie, durch den Verrat an ihm, ihre Leben hätten retten können. Die Zeit ist gekommen, wo er seine Treue uns gegenüber beweisen sollte, indem er die Aufgabe selbst übernimmt.'

Als der alte Mann geendet hatte, gab es eine absolute Stille. In dem ungewissen Licht war es unmöglich, die Gesichtszüge des Anführers zu erkennen. Er sprach aber kein Wort. Ein undeutliches Murmeln der Gefolgsleute durchbrach ein wenig die Stille. Dann trat ein stämmiger und starker Bursche nach vorne und sagte:

'Nein! Ich glaube an unseren Anführer. Bisher wurde das immer durch Los entschieden. Es hat mich selbst schon zweimal getroffen. Ich wünschte, es würde jemand anderes treffen, aber als es mich traf, habe ich es ausgeführt. Ich sehe nicht ein, warum der Captain nicht die gleiche Chance haben sollte, wie wir alle.'

Ein Chor der Zustimmung beantwortete diese kleine Rede.

'Nun dann, Kameraden', sagte der Anführer, 'seid ihr alle damit zufrieden, dass es durch Los entschieden werden soll?'

'Ja, ja', war die Antwort, während der alte Mann mit verschränkten Armen dastand und still blieb.

'Dann soll es durch Los geschehen', sagte der Anführer.

Nachdem dies beschlossen war, hatte man Kielsteine für jeden der anwesenden Männer gebracht. Einer war weiß, die anderen hatten verschiedene Farben. Der Mann, der den weißen Kieselstein zieht, war der Vollstrecker. Die Kieselsteine wurden in ein kleines Loch an der Seite der Höhle gelegt, wo das Licht des Feuers nicht hinkam und auch zu hoch, wo es selbst das beste Licht niemandem ermöglicht hätte, den Inhalt zu sehen.

Der alte Mann war der erste, der sein Schicksal versuchte, und er behielt den Kieselstein, den er gewählt hatte, in seiner geschlossenen Faust. Der letzte, der einen Stein wählte, war der Anführer. Der alte Mann, der die Holzscheite mit seinem Fuß anstieß, sagte, als eine helle Flamme die Höhle erleuchtete:

'Lasst uns nun unsere Hände zeigen', und jeder Mann zeigte den Kieselstein auf seiner Handfläche.

Der weiße Stein war in der Hand des Anführers. Er hatte ihn nicht früher gezeigt, denn seine Finger hatten sich über ihm mit einem krampfhaften Griff geschlossen, der ihn zu Pulver hätte zerquetschen können.

'Ja', sagte er lautstark, 'das Los hat entschieden, ich werde der Vollstrecker sein. Ich werde mit meinem Leben für die Entlassung aus dieser Pflicht bezahlen.'

'Heute Nacht', zischte der alte Mann zwischen seinen Zähnen.

'Ja, heute Nacht', war die Antwort, kalt und kurz und grimmig.

Die Konspirateure gingen einer nach dem anderen aus der Höhle, und der Letzte, der herauskam, war der Anführer.

Der Neumond war gerade durch die Wolken gekommen, die ihre dunklen Schatten auf das Meer warfen. Er erreichte den Strand in dem Bewusstsein, dass seine Kameraden ihn beobachten würden. Er nahm die Richtung des todgeweihten Hauses und bewegte sich vorwärts, wie ein Mann, dessen Herz in ihm gestorben war.

Dann überquerte er den Rasen und ging zum Fenster.

Die Lichter brannten in dem Raum, wie sie auch letzte Nacht gebrannt hatten. Der Vater und die Tochter saßen, Seite an Seite, vor einem freudigen Feuer. Sie hatte ihren Arm um seinen Hals gelegt, und von der Bewegung ihrer Lippen, den Strahlen auf ihrem Gesicht und dem freudigen Lachen in ihren Augen, wusste der Anführer, dass sie liebevoll mit ihm sprach.

In einem Moment der Verwirrung hob er seine Pistole und zielte auf den Kopf ihres Vaters. Genau in diesem Augenblick zog sich das Mädchen zurück, erhob sich von ihrem Stuhl, stand auf in voller Größe und zeigte all ihre lebhafte Schönheit.

'Gott segne dich, mein Liebling!', schluchzte er, und als man ihn fand, tot vor dem Fenster, mit einer Kugel aus seiner eigenen Pistole in seinem Kopf, wussten die Jungs, dass er ihnen gegenüber 'treu bis in den Tod' war.

# DAS LICHT IN DEN AUGEN DER FRAUEN
*(eine Geschichte aus den 98er Jahren)*

Nora O'Kelly war gerade neunzehn Jahre alt – groß, gelenkig, und mit Wangen wie Apfelblüten. Die Haare waren braun wie reife Bucheckern im Sonnenuntergang, die Lippen wie Vogelbeeren in den warmen Augusttagen. Die Augen waren wie Zwillingssterne, die sich selbst in einem Teich im Waldland betrachteten – ein Mädchen, von dem man in seinem Schlaf träumen konnte, und schwärmen, wenn man wach war.

Das ist eine ziemlich hohe Lobpreisung eines irischen Mädchens, könnte der kritische Leser sagen, aber sie war nicht hoch genug für die Hälfte der Jungs, deren Köpfe sich nach ihr umdrehten, als sie alle noch jung waren.

Leider! Sie – die Bewunderte und die Bewunderer sind schon seit Langem von uns gegangen und sind nun alle in unbekannten Gräbern, denn die kleine Geschichte, wenn man sie überhaupt Geschichte nennen kann, die hier niedergeschrieben ist, ist eine Geschichte, die sich vor einhundert Jahren zugetragen hat, als die dunklen Wolken des Krieges über das Land hinwegzogen und aus deren dunklem Schoß Blitze schossen, die viele Häuser zerstört und viele Plätze verwüstet haben.

Sie war die Tochter eines Farmers aus der Grafschaft Kildare, und die nicht weit von Naas lebte. Ihr Leben war unkompliziert gewesen, bis ihre Mutter starb, als sie ein wenig älter als sechzehn Jahre war. Seitdem war sie, das einzige Kind, der Trost ihres Vaters. Er hatte sie stets um sich, wie es alle Väter machen. Zufrieden damit, was ihr seine zuneigungsvolle Gesellschaft brachte, überredete sie sich selbst, dass sie vollkommen

149

glücklich unter seinem Dach war, sodass ihre Gedanken niemals von zuhause oder von ihm abschweiften.

Aber so, wie der Wind bläst, wo er gerade ist, so wandert die Liebe nach ihrem eigenen, süßen Willen. Manchmal stiehlt sie sich durch die bewachten Tore eines Palasts, manchmal kriecht sie durch die Ritzen der Lehmmauern einer Hütte – kein Platz ist vor ihr sicher. Die durch Mauern geschützte Stadt ist gegen sie so verteidigungslos wie eine offene Ebene. Sie marschiert durch Jahrhunderte; der Sturz von Königreichen und Nationen kann ihre schwungvollen Schritte nicht aufhalten, und eines Tages kam sie irgendwie dazu, an Nora O'Kellys Herz anzuklopfen.

Sie hatte die Amors Aufforderung nicht sofort verstanden – welches junge Mädchen, süß und unschuldig wie sie war, hatte das jemals getan? Sie hörte trotzdem das Klopfen an ihrem Herzen, und als sie durch das Fenster ihre Augen blickte, sah sie – oder dachte es wenigstens – den jungen Larry O'Connor, wie er sie geradewegs anschaute, mit einem Ausdruck, wie sie ihn nie zuvor bei einem Jungen gesehen hatte. Sie fühlte sich so, als würde sie auf Wolken schweben. Ihr Herz war ein süßes Lied geworden, dass keine Worte finden konnte, um die Melodie zu unterlegen.

Oh! Dieser herrliche Traum, der einmal im Leben zu einem glücklichen, ausgewählten jungen Mädchen oder einer Jungfrau kommt. Das geschieht gelegentlich, egal was die Zweifler sagen, und das war der Traum, der in Noras Herz eingedrungen ist und völlig von ihr Besitz genommen hatte.

Larry O'Connor war aber arm und einer von einem halben Dutzend Kindern, die von einer Farm leben mussten, nicht halb so groß wie die von Noras Vater, und sie war sein einziges Kind.

Auch ihr Vater, wie so viele Männer mit Vermögen, hatte dies stets im Kopf und eine große Abneigung gegen jegliche Veränderungen. Er hatte auch nichts außer harten Worten gegen die von der französischen Regierung aus dem Dienst entlassenen Iren, von denen er sagte und dachte, dass sie im Land herumziehen und umstürzlerische Ideen in die Köpfe der jungen Generation einpflanzen würden.

Er war sich der stetig ansteigenden Unruhe unter den Menschen bewusst. Mr. O'Kelly erkannte aber, nach einem langen Kampf mit sich selbst, dass er wünschenswert wäre, Nora eine feste Position im Leben zu geben.

Sie war jung, schön und attraktiv, aber er hatte größere Mittel als der Freier in seiner Stellung. Zudem hatte er festgestellt, dass auch der junge Captain Anthony von den Yeos, der Sohn seines Grundherrn, von den Reizen seiner Tochter angetan war. Obwohl er ein oder zwei Mal mit Abneigung daran dachte – vielleicht so gar öfter – dass sie ihn verlassen würde. Und wenn es so ist, könnte es nicht besser kommen, als dass sie die Frau von Captain Anthony werden würde. Er war ein geborener Gentleman, obwohl ein wenig eigensinnig und gelegentlich heißblütig – Schwächen, die in diesen Tagen allgemein gebräuchlich waren, wo dessen Klasse, eine Minderheit der Menschen, aufgestiegen ist, und es kaum jemanden gab, der sie infrage stellen konnte, außer einigen kämpferischen Bauern, welche die 'wilde Gerechtigkeit der Rache' suchten.

Der junge Anthony war ein gut aussehender, junger Mann, mit Eigenschaften, die weit reichten, um die Herzen der Frauen zu erobern. Er hatte Nora O'Kelly erstmals auf einem Ball getroffen, den sein Vater für die anderen Pächter gab, und hatte bei dieser Gelegenheit zwei oder drei Mal mit ihr getanzt. Nora traf ihn mit der Freiheit einer Maid und blickte auf ihn, wie auf einen von höherem Stand. Sie betrachtete seine Höflichkeit ihr gegenüber als ein anmutiges Kompliment, das aus seiner höheren Stellung heraus kam, und weniger gegenüber ihr selbst.

Ihre Offenheit hatte ihn in keinem Moment getäuscht. Es gab etwas in ihren Augen – etwas, das in den Augen von jeder Maid mit einem unschuldsvollen Herzen ist – das deutlicher erkennen lässt, als es Worte tun können, dass er nicht mehr für sie war als ein anmutiger Fremder, heute da, und morgen wieder weg.

Das aber schürte nur noch Öl in das lodernde Feuer in seinem Herzen. Ihre Schönheit war so prächtig, aber glücklicherweise nicht so schneller verfliegend, wie die einer weißen Rose, die das Herz des Umherwandernden gewinnt, der durch die Hecken in den Tagen des Monats Juni geht.

Als ein gut aussehender junger Bursche, der er war, mit einem hohen sozialen Stand, hatten sich viele verlangende Augen auf ihn geworfen, und er hatte keinen Zweifel, dass er eine Lady von seinem eigenen Stand finden würde, die geneigt war, ihr Vermögen mit ihm als seine Frau zu teilen. Er hatte sich aber bisher von den Fallen die Liebe ferngehalten, aber nun hatte er sich unbeabsichtigt Hals über Kopf verliebt. Er hatte dies für eine geraume Zeit nicht wahrgenommen. In Wahrheit hatte er aber seine Schritte oft zu Noras Haus gerichtet, mit der einen oder anderen Ausrede, um ihren Vater zu sehen; in Wirklichkeit wollte er aber einen Blick von ihr erhaschen. Er war aber selten erfolgreich, den Nora hatte keinerlei Verlangen ihm zu begegnen, und widmete ihm auch praktisch keinen Gedanken.

In der Tat war ihr ganzer Verstand fortwährend mit dem Bild von Larry O'Connor erfüllt, der genauso oft an sie dachte, aber keiner von beiden hatte bisher von Liebe gesprochen.

Obwohl sich Captain Anthony seines gesteigerten Interesses an Nora bewusst war, erahnte er nicht, dass er wirklich in sie verliebt war, und als Folge davon, hatte er keinerlei Absichten, was sie betraf. Wenn er diese gehabt hätte, wäre es ihm nie in den Sinn gekommen, dass er eine Ablehnung erhält, wenn er versuchen würde, um ihre Hand anzuhalten.

Aber mit einem Mal und in der unerwartetsten Weise, machte er die Entdeckung, dass sie sein Herz in der Hand hatte. Als er in der Dämmerung eines Aprilabends auf der schmalen Landstraße ritt, erblickte er zwei Gestalten, die eng zusammen die Landstraße hochgingen. Er wusste sofort, dass es Nora war. Den anderen erkannte er als Larry O'Connor. Es gab daran nichts Bemerkenswertes, da die Farmen der beiden Familien nebeneinanderlagen und als Nachbarskinder waren sie natürlich freundlich verbunden, aber dieser Anblick schlug auf das Herz von Anthony wie ein Schwerthieb, und so etwas wie Hass regte sich in ihm.

Er ritt langsam nach Hause, angefressen von schmerzlicher Eifersucht. Das Gesicht von Nora erschien vor ihm in all seiner strahlenden Schönheit. Die sanfte, süßlich umschmeichelnde Stimme, die das Herz aller gewonnen hatte, klang in seinen Ohren, aber nun flüsterte sie – daran hatte er keinen Zweifel – Worte der Liebe in die eines anderen. Dieser andere war ihr vollkommen unwürdig, nur ein Bauer, wogegen sich Captain Anthony seiner vornehmen Herkunft rühmen konnte, obwohl er nur der Nachkomme eines Soldaten von Cromwell war. In einer anderen Stimmung hätte er vielleicht auch Noras Vater in diese niedere Klasse eingereiht, aber nun öffneten sich seine Augen für ihren Wert, und die Möglichkeit – nein, die Wahrscheinlichkeit sie zu verlieren, machte sie nur noch wertvoller.

Er machte keine Anstrengungen, sich von dieser Marter zu befreien. Er gab ihr die ganze Nacht über nach, und am nächsten Tag kam er zum schnellen Entschluss, wie sich herausstellte, und ging geradewegs zu Mr. O'Kelly, um ihn um die Hand von Nora zu bitten. Er hatte überhaupt keinen Zweifel, dass er zustimmen würde, und versuchte sich selbst zu überreden, dass Noras Herz noch frei war, und dass sie ihn kaum zurückweisen würde, wo er doch zwischen so vielen Frauen wählen konnte.

Als er bei dem Haus ankam, war er enttäuscht zu erfahren, dass Mr. O'Kelly nach Dublin gegangen war und erst spät zurückkommen würde, aber Nora war zuhause. Er kam zu dem schnellen Entschluss, dass er sie sehen und ihr auf der Stelle einen Antrag machen würde. Nora war gerade im Garten, und als man ihr die Nachricht brachte, dass Captain Anthony den Wunsch hatte, sie in der Abwesenheit ihres Vaters zu sehen, wunderte sie sich, was der Captain wollte und war ohne den geringsten Verdacht bezüglich seiner Absicht. Sie empfing ihn im Salon, offerierte ihm einen Stuhl und blieb selbst stehen. Für eine Sekunde war Captain Anthony unentschlossen – dann sprang er senkrecht in die Höhe und kam zur Sache.

'Ich bin gekommen, um ihren Vater zu sprechen, Nora. Nun habe ich Sie gefunden. Ich möchte wissen, ob ich sie für immer behalten kann', und schaute dabei flehentlich an.

Nora lief blutrot an, und ein überraschter Ausdruck kam in ihre Augen. Sie wusste kaum, wie sie diese Worte bewerten sollte, aber noch bevor sie ein Wort sagen konnte, fuhr der Captain ungeduldig fort – 'ich meine es ernst, Nora, ich liebe Sie – ja, ich liebe sie von ganzem Herzen. Wollen Sie meine Frau werden?'

Ein Ausdruck großer Verzweiflung kam über Noras Gesicht. Überraschend, wie dieser Antrag war, umso mehr wegen seiner Kürze und Einfachheit, gefiel ihr die augenscheinliche Ernsthaftigkeit sogar mehr, als die Ehre ihn zu bekommen. Sie streckte ihre weiße Hand aus, während ihr die Tränen in die Augen traten.

'Es ist unmöglich, Captain, ich liebe einen anderen.'

Das Gesicht des Captains wurde weiß. Er ignorierte die angebotene Hand, verbeugte sich steif und ging aus dem Raum. Als er ungefähr eine Viertelmeile geritten war, durchquerte er die Felder und brachte sein Pferd in den Galopp, bis beide, Pferd und Reiter, fast außer Atem waren. Es war ein Verhalten, das ihn fast instinktiv überfiel, bei dem Versuch, den Aufruhr in seiner Seele zu unterdrücken.

Von diesem Tag an war Anthony ein anderer Mann. Zu seiner leidenschaftlichen Eifersucht kam ein Gefühl tiefster Erniedrigung. Von der Tochter einer der Pächter seines Vaters abgewiesen zu werden, zugunsten eines armen, jungen Bauern, war unerträglich, obwohl Nora nicht den Namen von O'Connor erwähnt hatte. Anthony zweifelte nicht daran, dass sie ihn gemeint hatte. Jeder Zweifel, den er gehabt haben könnte, wurde vertrieben, da er die beiden Liebenden wieder zufällig zusammen gesehen hatte. Er wurde auch, ohne ihr Wissen, Zeuge des zärtlichen Auseinandergehens, was seine Qualen noch verstärkte.

Ein dem Hass nur ähnliches Gefühl, das bei der ersten Gelegenheit hochkam, hatte sich nun in echten Hass verwandelt. Zu dieser Zeit aber kamen einige Ängste hoch, welche die Gedanken des Verehrers ablenkten. Die Gerüchte über einen beabsichtigten Aufstand wurden beständiger, und nach ein paar Wochen bestätigte sich deren Wahrheit.

Am 23. Mai hielt Michael Reynolds [Anführer der Vereinten Irischen Kildare Rebellen] die Postkutschen an, und am nächsten Morgen machte er den Überfall auf Naas [Grafschaft Kildare]. Unter seinen Anhängern befand sich Larry O'Connor, der als Gefallen eine kleine grüne Stoffschleife trug, die Nora für ihn gemacht hatte. Sie liebte ihn über alles und war stolz, zu sehen, dass er fortging, um für seine Heimat zu kämpfen.

Wir schreiben hier aber nicht Geschichte und der Leser soll nicht durch eine Beschreibung der Schlacht von Naas eingenommen werden.

Die Machthaber erhielten Berichte über den beabsichtigten Überfall, und eine starke Garnison wurde in der Stadt in Stellung gebracht. Nach einer mutigen Anstrengung, sie zu vertreiben, war Reynolds gezwungen, seinen Männern den Rückzug zu befehlen. O'Connor, der mit einer Lanze bewaffnet war, hatte bis zum letzten Augenblick verzweifelt an der Seite seines Anführers gekämpft. Dann verließ auch er das Schlachtfeld und wurde vom Rest seiner Kameraden getrennt.

Sobald man sah, dass sich die Aufständischen zurückzogen, ließ man die Vierte Dragoner Garde, die Ancient Britons und die Mounted Yeos auf sie los. Letztere wurden durch Captain Anthony befehligt. Sie schonten keinen den sie überwältigten, weder bewaffnet, noch unbewaffnet. O'Connor war alleine, überquerte die Felder, so schnell er konnte, behielt aber seine Lanze. Das Stampfen eines Pferdes hinter ihm, und eine Kugel, die an seinem Ohr vorbeiflog, veranlasste ihn, sich umzudrehen. Es war ein Dragoner, der ebenfalls von seiner Truppe getrennt worden war. Er hatte seinen langen Säbel gezogen und führte einen Hieb gegen O'Connor. Letzterer fing das Schwert an dessen Kreuz mit seiner Lanze ab. Nach einem kurzen Zweikampf wurde der Kavallerist mit einer tödlichen Wunde in seiner Kehle vom Pferd geholt. O'Connor, der das Schwert und das Pferd an sich genommen hatte, galoppierte davon, in Richtung seines Hauses.

Er war nur wenige Meter von der Landstraße entfernt, die zu O'Kellys Bauernhaus führte, als er Nora zu Gesicht bekam. Sie war runter auf die Straße gegangen, um auf Neuigkeiten von der Schlacht zu warten. O'Connor hielt das Pferd an. In diesem Moment kam Captain Anthony mit seinem schaumbedeckten Pferd um die Kurve der Straße.

'Ergib dich, Rebell, oder ich werde dich erschießen.'

Er richtete seine Pistole auf ihn. O'Connor rief, 'geh zurück, Nora, Liebling!', und bewegte sein Pferd mit erhobenem Schwert voran. Anthony feuerte, und eine Kugel traf ihn in den Arm, der das Schwert hielt, und es fiel hilflos herunter. In einer Sekunde hatte Anthony den Körper von O'Connor ergriffen, und im Kampf fielen beide Männer von ihren Pferden. Anthony war oben auf und zog eine zweite Pistole aus seinem Gürtel. Bevor er sie benutzen konnte, wurde seine Hand festgehalten.

Es war Nora. Durch ihre Hilfe konnte O'Connor wieder auf die Füße kommen.

Bei G ___, ich lasse ihn genau an dieser Stelle aufhängen!', schrie Anthony voller Leidenschaft.

'Gott sei Dank! Captain Anthony', sagte Nora, 'ich habe Sie davor bewahrt, einen Mord zu begehen!'

Für einen Moment trafen seine Augen auf die von Nora. Ihr tiefer, weicher, zärtlicher Einfluss und die weiche, leise, süße Stimme, fielen wie eine glückliche Ruhe auf seine Seele. Für eine Sekunde überkam ihn ein heftiges und wildes Verlangen, sie in den Arm zu nehmen, und die ganze Liebe seines Herzens kam ihr entgegen. Dann hörte man den Klang von galoppierenden Pferden unterhalb der Straßenbiegung.

Captain Anthony drehte sich zu O'Connor hin und sagte sanftmütig: 'Die Yeos kommen, rettet Euch!'

Larry und Nora rannten zusammen die Landstraße entlang.

## TOD DURCH MISSGESCHICK

'Abergläubisch?' Nun, ich muss gestehen, ein wenig. Ich würde lieber nicht an einem Tisch sitzen, mit zwölf anderen, und ich denke, dass kein guter Gastgeber seine Gäste eine solche Zwangslage bringen sollte. Ich war tatsächlich an mehr als einer Gelegenheit einer von dreizehn Personen beim Abendessen. Ich fühlte mich um nichts schlechter, und, soweit ich mich erinnere, auch niemand der anderen. Gleichwohl liebe ich diese Zahl nicht. Ich würde auch lieber zwei Elstern anstelle von einer an einem Tag sehen, und ich liebe auch nicht das 'Ticken' der Klopfkäfer in der Nacht.

Ich würde nach Einbruch der Dunkelheit nicht so gerne alleine über einen Friedhof gehen, aber ich liebe Friedhöfe auch bei Tag nicht und würde sie vermeiden, wenn ich kann.

158

Ich wurde einmal überredet, an einer Séance von Spiritualisten teilzunehmen. Ich saß im Dunkeln, für mindestens eine halbe Stunde, um einen runden Tisch herum, zusammen mit fünf oder sechs anderen, und hoffte auf einen flüchtigen Blick auf einen Geist aus der anderen Welt, oder auf einen Klang eines Klopfens, von dem man sagt, es sei das System der Telegrafie, die von den dortigen Bewohnern angewandt wird, aber ich sah oder hörte nichts.

Der Leser wird daraus entnehmen, dass ich wie neun von zehn bin, die mit diesen Dingen konfrontiert wurden. Ich bin kein überzeugter Skeptiker, was übernatürliche Erscheinungen angeht, und andererseits, glaube ich auch nicht daran.

Alles, was ich weiß, ist, dass ich niemals etwas gesehen habe, das mich in Verbindung mit der anderen Welt gebracht hat, sei es real oder in meiner Einbildung. Das war so, bis zu einer bestimmten Nacht in den ersten Tagen des Monats September, vor über zwanzig Jahren, als ich mich in einem der reizvollsten Badeorte an der Ostküste von Irland befand.

Das Wetter war schlichtweg bezaubernd. Der Atem des Sommers schien immer noch in den Blättern zu verweilen, von denen es noch fast so viele gab, wie im Juni, und die noch kaum ihre herbstliche Tönung angenommen hatten. Das Meer war schon für Tage wie ein stiller Mühlteich. Die Gezeitenströmung glitt fast unbemerkbar rein und raus, und nur in der Stille der Nacht konnte man deren leise, seufzende Stimme hören.

Ich hatte in einem möblierten Haus in der Nähe der See gewohnt. Meine Zimmer waren sehr hell und boten einen wunderbaren Blick auf das Meer und die Berge, und auch auf das reiche Blattwerk, welches die Hügel krönte, die sich in sanfter Neigung, fast vom Strand aus, erhoben.

Das Haus war typisch für viele Strandhäuser möbliert, die während der Saison vermietet wurden und in den Wintermonaten leer standen. Die Möbel waren schlicht, aber ausreichend. Davon hatte ich aber kaum Notiz genommen. Ich war leicht zufriedenzustellen, und darüber hinaus verbrachte ich die meiste Zeit draußen. Es kam aber ein Tag, als der Himmel mit schwarzen Wolken verhangen war, von denen der Regen ununterbrochen herunterkam und die See im Nebel eingehüllt war.

Ich hatte für zwei oder drei Stunden geraucht und gelesen. Dann stand ich auf, streckte meine Beine aus und lief in meinem Wohnzimmer herum. Zum ersten Mal, so wie ich denke, habe ich die Bilder an der Wand ernsthaft wahrgenommen. Mit einer Ausnahme waren alles Fotografien. Diese Ausnahme war eine sinnbildliche Darstellung der Hoffnung – eine wunderschöne weibliche Gestalt. Die anderen waren Fotos von Familiengruppen, Kirchen etc., und sie deuteten unmissverständlich an, dass sie wohl als 'Restposten' bei einer Auktion erworben wurden.

Diese Andeutung ließ mich über das Schicksal der früheren Besitzer spekulieren. Was mich dabei antrieb, war die Art der größten Fotografie. Sie zeigte eine Hochzeitsgesellschaft, und die Aufnahme wurden augenscheinlich gemacht, als sie gerade von der Kirche kamen. Die Leute, die zu sehen waren, standen auf den Stufen eines eher feinen Hauses, über dessen Terrasse hinweg das Wort 'Willkommen' aus Rosenknospen zusammengesetzt worden war. Die Gruppe bestand aus ungefähr zwanzig Personen. Die Braut befand sich, mit einem Strauß in ihrer Hand, neben dem Bräutigam auf der obersten Stufe. Beide machten sich sehr gut auf dem Foto. Als die zentralen Figuren zogen sie natürlich mehr Interesse auf sich, als die anderen.

Die Braut war groß, wohlgeformt und überaus gut aussehend, während hingegen der Bräutigam einen unförmigen Körperbau hatte, untersetzt und mit einem dicken Nacken. Weiterhin war er offensichtlich viel älter als die Braut. War es eine Verbindung aus Liebe oder Zweckmäßigkeit? Wie ging es mit diesen beiden weiter, die hier Seite an Seite standen, deren zukünftiges Leben im Guten oder Schlechten verbunden war, in glücklichen wie kummervollen Tagen, bis der Tod sie scheidet?

Eine unnütze Frage, könnte der Leser sagen, aber dann war es auch eine unnütze Stunde, die ich verbracht hatte. Als ich mich, von diesem Foto aus, den anderen zugewandt habe, erschien es mir so, als wären sie alle irgendwie verbunden. Es gab Fotos von zwei Landkirchen, eine mit einem Turm und einer Turmspitze, die erst kurz vor der Zeit errichtet wurden, als die Aufnahme gemacht wurde. Man konnte dies an dem eindeutig abgegrenzten Mauerwerk sehen und an den noch niedrigen Tannen und Eichen, die darum herum gepflanzt wurden.

Die andere hatte einen rechteckigen Turm, der fast komplett vom Efeu verdeckt war. Man hatte einen Blick auf den Friedhof und einige der Grabsteine, eingeschlossen ein feines, keltisches Kreuz. In der einen oder anderen von diesen beiden, dachte ich, mir, hatte die Hochzeit stattgefunden. Zweifelsohne in der neuen, da dieses Foto auf einer grauen Pappe aufgebracht war, genauso wie das Bild von der Hochzeitsgesellschaft. Weiterhin kamen beide aus dem gleichen Fotostudio in der Grafton Street in Dublin.

Das Foto der alten Kirche war von einem anderen Fotografen und war auch unterschiedlich aufgezogen. Die übrigen Fotografien waren von der Pfarrkirche La Madelaine, dem Place de la Concorde, der Grabstätte von Napoleon und dem Louvre – zweifelsohne Souvenirs aus Paris, die sie von ihrer

Hochzeitsreise mitgebracht hatten. Und es gab noch ein Foto von einem hübschen Cottage, das, wie ich vermutete, das erste Heim des frisch verheirateten Paares war. Auf diese Weise erklärte ich mir, zu meiner Zufriedenheit, all die Fotografien, ausgenommen das der alten Kirche, mit dem Blick auf den Friedhof. Ich glaube, dass ich hier am Ende der Geschichte war, und so gab ich es auf und ging zurück in mein Wohnzimmer, zu meinem Buch und meiner Pfeife.

An diesem Abend kam ein Freund aus der Stadt nach dem Abendessen vorbei und verbrachte einige Stunden mit mir. Ich ging hinunter zum Bahnhof, um ihn beim letzten Zug zu verabschieden, der ungefähr um elf Uhr nachts abfuhr, und kam dann allein zurück, in einer sternenlosen Nacht.

Mit dem feuchten Atem des Nebels über der See, der über mein Gesicht hing, und dem langen, tiefen Stöhnen des Ozeans in meinen Ohren, überkam mich ein gruseliges Gefühl. Ich fühlte mich wie einer, der von einem beunruhigenden, aber unsichtbaren Feind gerettet wurde, als ich in den Schutz meiner Beherbergung zurückkam, und schloss und verriegelte die Tür.

Ich ging fast direkt zu meinem Schlafzimmer, und stellte fest, dass ich das Gaslicht angelassen hatte, etwas, was ungewöhnlich für mich ist. Nach einer Weile schlief ich ein und begann, wie ich glaubte, zu träumen. Es erschien mir so, als würde ich alleine im unterhalb gelegenen Wohnzimmer sitzen, und neugierig auf die Bilder schauen, denen ich erneut die Geschichte entnahm, wie schon zuvor.

Dann ruhten meine Augen fest auf dem Bild der alten Kirche, und ich fühlte plötzlich, dass das Bild an der Wand verschwand und ich wirklich am Tor zu dem Friedhof stand. Über der Kirche und dem kleinen Gräberfeld zeigte sich die

Morgendämmerung, und das Gras und die Blätter erschienen mir ziemlich nass, als wenn gerade ein heftiger Regen aufgehört hätte.

Dann, ohne mich vom Tor wegzubewegen, sah ich eine weiße, zunächst schattenhafte Figur, die bei dem keltischen Kreuz auf dem Friedhof stand. Innerhalb weniger Sekunden schien sie eine klar abgegrenzte und materielle Form anzunehmen. Es war die Erscheinung einer Lady von ungefähr dreißig Jahren. Sie trug ihre Kopfbedeckung ähnlich wie die auf dem Kopf des sinnbildlichen Gemäldes der Hoffnung, das, wie ich bereits sagte, unter den Bildern im Wohnzimmer war, aber das Gesicht war anders – es war das der Braut!

Dann sah ich die Gestalt, wie sie das Kreuz verließ und durch ein anderes Tor hinausging, als durch das, an dem ich stand und das zur Straße hinführte. Ich fühlte mich zu ihr hingezogen, und ich fühlte, dass wir beide – 'es' und ich – eher flogen, als liefen, so schnell bewegten wir uns über die Straße.

Wir mussten einige Meilen gegangen sein, als die Gestalt vor einem rosenbehangenen, kleinen Häuschen stehen blieb, genauso wie das, welches auf dem Bild zu sehen war.

Sie betrat das Häuschen, und ich dachte, ich würde sie nie wiedersehen. Doch von einer Sekunde auf die andere verschwand die Außenseite des Häuschens, und ich sah stattdessen ein Schlafzimmer, in dem eine Frau lag. Es war das Gesicht und die Gestalt, denen ich gefolgt war. Das Gesicht war bleich, und sie erschien krank und leidend. Am Bett war ein Mann, der mir zunächst den Rücken zugewandt hatte, aber bald bewegte er sich, und ich sah, das er dem Bild des Bräutigams entsprach.

Die Frau erhob sich unter Schwierigkeiten vom Kissen. Ihre Augen waren weit geöffnet und funkelten. Sie machte eine Geste in Richtung eines Tisches am Kopf des Betts, auf dem zwei oder drei Medizinflaschen standen. Der Mann kam als Antwort auf ihre Geste, mit einer Flasche zurück, und schüttete etwas daraus in eine Tasse, die er an ihre Lippen brachte.

Es schien, als würde sie alles trinken. Dann legte sie sich ruhig zurück und fiel sogleich in einen tiefen Schlaf.

Ich wachte auf und wusste, dass ich geträumt hatte. Zu meiner großen Überraschung fand ich mich im Morgenmantel im Wohnzimmer wieder, in das ich, während meines Schlafs, hinuntergegangen sein musste.

Ich schoss hoch, zitternd vor Kälte. Alles über der Traum vergessend, ging ich hoch ins Schlafzimmer und war bald eingeschlafen.

Als ich aufwachte, kam die Erinnerung an den Traum zu mir zurück, und auch so beharrlich, dass ich entschloss, etwas über die Fotos herauszufinden, die mich nun wesentlich mehr interessierten, als zuvor.

Ich befragte meine Vermieterin. Sie war aber nicht in der Lage, mir irgendwelche Informationen zu geben, außer denen, die ich mir schon gedacht hatte, dass sie nämlich auf einer Auktion in einem der Verkaufsräume in Dublin gekauft worden sind. Sie hatte aber keine Idee, wer der Besitzer war, oder wer die Leute in der Hochzeitsgesellschaft waren. Sie erinnerte sich noch daran, dass ein früherer Gast bemerkt hatte, dass die alte Kirche in der Nähe von Dublin stand, sie konnte aber nicht sagen, welche von beiden.

Das war aber so etwas wie ein Hinweis, und ich beschloss, diesen zu verfolgen. Ich nahm die Fotografie aus dem Rahmen, und bei nächster Gelegenheit, bei der ich in Dublin war, zeigte ich sie einem Denkmalbauer in der Brunswick Street. Er sage mir sofort, dass es die St M ___s Kirche war, einige Meilen außerhalb der Stadt. Ich fragte ihm, ob er es war, der dort ein keltisches Kreuz aufgestellt hatte. Er verneinte dies, fügte aber hinzu, dass es die Arbeit von einem anderen Skulpteur war, der in der Nähe von Glasnevin lebte.

Ich ging zu diesem Bildhauer, den er genannt hatte, und zeigte ihm das Foto. Er erkannte sofort das Kreuz. Es wurde im Andenken an Mrs. A ___ D ___ errichtet, die einige Jahre nach ihrer Heirat verstarb. Ihr Tod war die Folge eines Missgeschicks. Sie hatte versehentlich die falsche Medizin genommen.

'Hat sie die selbst eingenommen?', fragte ich.

'Ja, so hat es die Untersuchung ergeben. Der Ehemann war darüber schrecklich traurig. Es war er gewesen, der das Kreuz hat errichten lassen, eines der schönsten, die je einen Hof in Dublin verlassen haben', sagte er, mit einem Anflug persönlichen Triumphes. 'Trotz alledem', fuhr er fort, 'hatte er sich ein paar Monate nach dem Tod seiner Frau wieder verheiratet. Und dann', fügte er hinzu, 'ist es oft so, je größer der Schmerz anfänglich ist, umso früher ist er vorüber.'

Es ist eine Frage, die auf dieser Seite des Grabes nicht geklärt werden kann. Mein ganzer Traum entsprach vielleicht nicht völlig der Wahrheit, die sich jetzt anders offenbart hatte.

# EINE NACHRICHT VON DEN TOTEN

Vor einigen Jahren, als ich eine Tour durch die baskischen Provinzen unternahm, begegnete ich einem Touristen, der sie für einige Monate durchwandert hatte, in der Absicht, sich mit den Manieren, Gebräuchen und der Sprache des Landvolks vertraut zu machen. Er war Ire und suchte nach Hinweisen, welche die Theorie unterstützten, dass es nicht nur eine enge Verbindung zwischen der baskischen und der frühen irischen oder keltischen Sprache gab, sondern auch Ähnlichkeiten zwischen den Lebensformen, Gewohnheiten und Gebräuchen der Basken und der Iren, die nicht unter ausländische Einflüsse gefallen waren. Er beharrte stark auf der Meinung, dass der Begründer der 'Fueros*, und aller Rechte und Privilegien, welche die Basken so lang genossen hatten, ein verbannter irischer Prinz gewesen war.

[*im Mittelalter entstandene Rechtsordnungen verschiedener christlicher Reiche auf der iberischen Halbinsel; in Spanien noch heute gültiges Sonderrecht].

Als Unterstützung für seine Theorie erzählte er mir eine romantische Geschichte, die er aus dem Mund eines baskischen Bauern vernommen hatte, und von der ich glaube, dass sie immer noch in einigen der Provinzen umgeht.

Obwohl ich seine Ansichten nicht teilte, aber selbst halb spanischer Abstammung bin, konnte ich nicht anders, als mich für seine Studien zu interessieren, und ich war angezogen von der Hartnäckigkeit, mit der sie verfolgte.

Davon abgesehen, war er ein außerordentlich genialer und angenehmer Begleiter. Wir wurden schnell Freunde, und als wir uns schließlich trennten, nahm er ein Versprechen von mir mit,

166

dass ich ihn in seinem Haus besuchen würde, dass sich an der Südküste Irlands befand. 'Sie sagen, dass es von einem Spanier erbaut worden ist', berichtete er mir, 'und es hat etwas von einem ausländischen Flair. Es ist nicht gerade ein Palast, musst du wissen', fügte er hinzu, 'aber es wird für einen paar Junggesellen wie du und ich reichen.'

Und so kam es, dass ich mich an einer Mittsommernacht, etwa vor zwanzig Jahren, im Rochestown Haus wiederfand. Es lag in einiger Entfernung von einer wundervollen Bucht, nicht sehr weit von der Stadt Kinsale.

Obwohl ich so viele Jahre in England gelebt hatte, war ich nie zuvor in Irland gewesen. Ich muss zugeben, dass ich mich von der irrigen Annahme habe leiten lassen, es wäre ein Land in Unruhe. Deshalb war ich angenehm überrascht, von meinem Freund O'Driscoll zu erfahren, dass das Land 'friedlich, wie eine Ente auf dem Teich' war, wie er es formulierte. Es gäbe nichts Gefährlicheres für einen Junggesellen wie mich, als die Augen eines Mädchens, welche, worauf er bestand, noch leuchtender waren als die in Spanien – ein Gerücht, das ich unbedingt hinterfragen wollte.

Ich will keine Zeit damit verschwenden, eine lange Beschreibung des Rochestown Hauses zu geben, denn eigentlich forderte es auch nicht dazu heraus. Es war ein langes, unregelmäßiges Gebäude. Die Räume waren ziemlich groß und gut beleuchtet. Die einzigen Bewohner des Hauses waren mein Freund und drei oder vier Diener, und es war einfach möbliert.

Das Zimmer, welches mir überlassen wurde, hatte nur das an Einrichtung, was unbedingt notwendig war, ausgenommen einige liebliche Bilder, die O'Driscoll aus Spanien mitgebracht hatte und gefällige Erinnerungen an dieses romantische Land waren, sowie einen wundervollen Spieltisch mit Einlegearbeiten, der in der Gesellschaft der einfacheren Möbelstücke etwas deplatziert zu sein schien.

Ein paar Teppiche, die hier und da hingelegt wurden, verdeutlichten nur die Nacktheit des Fußbodens, anstelle diese zu verbergen. Trotzdem war das Zimmer aber insgesamt heiter, und vom Fenster aus gab es wundervolle Ausblicke auf das Land und die See. Es war jedoch in diesem Zimmer gewesen, das an einem Sommerabend so freundlich aussah, wo ich die schaurigste Erfahrung meines Lebens machte.

Nach dem Abendessen schlenderten O'Driscoll und ich in Richtung des Meeres. Die Nacht war angenehm aber schwül, und wir kehrten ungefähr um elf Uhr nachts zum Haus zurück, da der Himmel bereits das Kommen eines Gewittersturms ankündigte. Wir hatten so viele Dinge, über die wir uns unterhalten konnten, dass es spät nach Mitternacht wurde, bis ich mich in mein Zimmer zurückzog.

Mir war nicht nach Schlaf gewesen, vielleicht wegen der Schwüle um mich herum, und ich plumpste in einen Sessel nahe an der Feuerstelle. Von dieser Position aus hatte ich einen vollständigen Überblick über den Raum. Ich steckte mir eine Zigarre an, griff nach einer schmalen Handtasche, die in Reichweite war, und öffnete sie, um ein Buch herauszuholen, das ich gerade las – es war eines der Theaterstücke von Exaguoriaz [wahrscheinlich ein fiktiver Name].

Auf ihm lag ein kleiner Revolver mit einem Elfenbeingriff. Ich hatte diesen mitgebracht, wegen der Gerüchte über die unruhige Lage des Landes. Ich lächelte, als ich ihn ansah, denn er erschien mir wenig von Nutzen zu sein, wenn ich von irgendeinem der strammen Burschen angegriffen würde, die ich gesehen hatte, als ich mit O'Driscoll runter durch die Stadt ging, auf dem Weg zum Meer. Ich legte ihn unter den Tisch neben mir, lehnte mich im Sessel zurück, und war bald in das Theaterstück eingetaucht, als mich ein seltsames Gefühl überkam. Ich schüttelte mich, als könnte ich mich damit von ihm befreien, und legte das Buch zur Seite. Dann schaute ich mich im Zimmer um. Es war durch die Lampe voll erleuchtet, und ich konnte in jeden Winkel sehen.

Nachdem ich mich wieder im Stuhl zurückgelehnt hatte, paffte ich weiter an meiner Zigarre, und beobachtete, wie dies Raucher tun, die blau-weißen Kringel, die sich langsam zur Decke hoch schlangen. Nicht mehr als ein halbes Dutzend waren so aufgestiegen, als ich ein Kratzgeräusch hörte, welches von innerhalb der Vertäfelung kam. 'Das ist eine Ratte', dachte ich, und meine Augen, die auf dem unteren Teil der Vertäfelung direkt vor mir gerichtet waren, sahen aus einem kleinen, bisher nicht entdeckten Loch heraus, die funkelnden Augen von etwas das mir wirklich wie eine kleine Ratte vorkam. Ein wenig verwundert – ich fürchte, eher ein wenig verschreckt – nahm ich das Buch, das ich gerade gelesen hatte und warf es in Richtung des Eindringlings. Die Augen verschwanden, und ich hörte ein Weghuschen innerhalb der Vertäfelung. Erst jetzt konnte ich über mich zu lachen, weil ich einem so nichtigen Anlass gestattet hatte, eine solche Wirkung auf mich zu haben.

Ich war gerade dabei, den Sessel zu verlassen, um das Buch aufzuheben, als ein Lichtblitz, der durch die Spalten der Fensterläden kam, mir fast die Sicht nahm. Es folgte eine Kette von Donnerschlägen, die sich erst wie von weiter her kommend anhörten, dann aber mit jeder Entladung näher und näher kamen, bis es so schien, dass sie ihre volle Kraft direkt über dem Haus entluden. Dann, als hätte man Gewalt angewendet, entfernten sie sich mit einem schwachen Poltern und Murmeln und verstummten dann schließlich völlig. Ich erwartete, dass nun der Regen herunterkommen würde, es fiel aber keiner, und im Raum war es so schwül geworden, dass ich beschloss, die Fenster zu öffnen, darauf hoffend, dass kalte Luft hereinströmen würde.

Gerade als ich meine Hand an dem Riegel hatte, der den Laden befestigte, dachte ich, einen langen, tiefen Seufzer zu hören. Ich drehte mich herum, blickte um mich, sah aber nichts.

Ich war verärgert darüber, dass ich meiner Einbildung erlaubte, mit mir Possen zu reißen. Aber wieder hörte ich den Seufzer, und ich muss zugeben, dass mich so etwas wie ein gruseliges Gefühl überkam. Nachdem ich mich vom Fenster zurückgezogen hatte, ohne es zu öffnen, ging ich wieder zu meinem Sessel. Ich nahm meinen Revolver und setzte mich in eine solche Position, dass ich den ganzen Raum überblicken konnte; ich sah aber nichts, und, ausgenommen das Ticken der Uhr und die Viertelschläge, hörte ich auch nichts.

Schließlich schlug es zwei. Wieder sah ich die Augen, die mich aus der Ecke, gegenüber von der, wo ich sie am anderen Ende der Wand vertrieben hatte, anstarrten. Instinktiv richtete ich den Revolver auf sie. Ich hätte, so wie ich glaube, auch gefeuert, wenn nicht der tiefe Schauer eines Gelächters an meine Ohren gekommen wäre.

Ich erschrak, als wäre ich getroffen worden. An dem kleinen Spieltisch, von dem ich gesprochen hatte, saß eine Frau, wunderschön angezogen und deren Gesicht durch einen Fächer verdeckt war. Ihr Ellbogen ruhte auf dem Tisch, und an ihrem Arm, nackt von der Schulter bis zum Handgelenk, trug sie einen Armreif mit Smaragden und Diamanten. An einem ihrer Finger hatte sie einen Ring. Es war ein Opal, umgeben von Brillanten.

Über dem Fächer, den die Lady leicht hin und her bewegte, konnte ich eine Haarlocke sehen, und ihr Kopf war offensichtlich gebeugt, um ihr Gesicht besser zu verdecken.

All das vernahm ich in einem kurzen Augenblick, und für eine Sekunde war ich verzaubert. Ich senkte meine Hand und der Revolver fiel auf den Boden. Dann erhob sie schnell ihren Kopf. Man sah den Glanz einer weißen Stirn – ein Aufflammen von wundersamen Augen, solche Augen, wie ich sie noch nie gesehen hatte, und solche, wie ich sie auch nie wieder in meinem Leben sehen werde. Ihr Glanz war einfach nicht zu beschreiben, und sie besaßen eine geheimnisvolle Anziehungskraft, die meine Seele einzusagen schien, wie durch Lippen, die nach Luft schnappten.

Ich war zweigeteilt, zwischen Verlangen und undefinierbarer Furcht. Vielleicht war es wegen dieses Konflikts der Empfindungen, dass mein Geist verwirrt wurde. Ich zweifelte nicht daran, dass ich immer noch in dem Sessel saß und auf die verzaubernde Erscheinung starrte, und dann schien es so, als würde ich auf mich selbst starren, oder meinen Doppelgänger, der sich über den Fußboden vorwärts bewegte und schließlich vor den Füßen der Lady kniete.

Die Gestalt, die da vorwärtsging und mir selbst sehr entsprach, war wie ein spanischer Kavalier des sechzehnten Jahrhunderts gekleidet. Dann kam in mir die Erinnerung wieder hoch, dass ich auf einem modischen Kleiderball in einem ähnlichen Kostüm erschienen war. Ich empfand mich dabei in diesem merkwürdigen aber bekannten Konflikt von jemandem, der einem Traum entflieht und sich dabei fragte, ob er träumt.

Plötzlich kam ein Lichtblitz, lebhafter als alle vorher, gefolgt von einem Donner, der einen fast taub machte. Ich konnte nicht länger daran zweifeln, dass ich wach war. Der Blitz hatte mich so geblendet, dass ich für einen Moment nichts mehr sehen konnte. Als aber das letzte schwache Echo des Donners verklungen war, sah ich mich, oder mein anderes ich, vor den Füßen der Lady knien.

Ich unternahm eine Anstrengung herauszuschreien, aber ich war wie jemand in einem Albtraum; meine Stimme verweigerte sich jeglichem Schreien, und dann, in Betonungen, die so schienen, als würden sie meine Seele zum Schmelzen bringen, hörte ich die Worte:

'Dann bist du also schließlich gekommen, Leben meiner Seele?'

'Hast du daran gezweifelt, Liebste aller Liebsten?'

Beide Sätze wurden auf Spanisch gesprochen. Plötzlich, wie bei einer Eingebung, erinnerte ich mich an das Bild des jungen Kavaliers, der, wie schon gesagt, eine bemerkenswerte Ähnlichkeit mit mir hatte, und dessen Kostüm ich für den Kleiderball verwendet hatte. Es gehörte zur Familie meiner Mutter, und es gab eine vage Geschichte, dass der junge Mann, dem es gehörte, Don Juan D'Aguila* war, der die spanische Expedition nach Irland begleitet hatte, in der Zeit von Königin Elizabeth I., und in diesem Land gefallen war. Er war es also gewesen, den ich mit mir verwechselt hatte.

[*spanischer General bei der Invasion von Irland, 1600 – 1602, als Unterstützung gegen die Engländer].

Und nun beugte er sich über den bleichen Kopf und küsste ihn wieder und wieder. Ich hatte mich von meinem ersten Schreck erholt, und alles war so lebensecht, dass ich verlegen wurde, als die wundersamen Augen der Lady zum zweiten Mal auf den meinen lagen.

Ich erhob mich vom Stuhl und fühlte mich wie ein Eindringling, aber noch bevor ich mich erheben konnte, kam, schnell wie das Licht, eine Schwertklinge auf den Hals des jungen Mannes herunter. Der abgeschnittene Kopf fiel mit einem dumpfen Geräusch auf den Boden. Es folgte ein schriller Schrei von der Lady, die ihre schützende Hand noch über ihn halten wollte, der seitdem niemals mehr mein Gedächtnis verlassen hatte. Noch einmal wurde ich von den Strahlen der Blitze geblendet, und nach einem tiefen Brüllen schien das Wüten des Gewitters sich wieder direkt über dem Haus zu befinden, das zitterte, als wäre es getroffen worden.

In einer fast trotzigen Verfassung eilte ich zu den Fenstern und öffnete die Jalousien. Das graue Licht des Mondes war schon gekommen und schwache, goldene Streifen des Tageslichts erschienen im Osten. Ich drehte mich vom Fenster weg und schaute nach den ermordeten Mann und die Lady mit den wundersamen Augen – aber ich war der Einzige, der sich im Raum befand.

Ein lautes, schnelles Klopfen an der Tür und ein Schrei 'um Gottes willen, öffne!', brachte mich wieder zu Sinnen. Ich entriegelte sie, und O'Driscoll stolperte herein, bleich wie ein Geist.

'Was war das?', hechelte er – 'dieser grauenhafte Schrei? Er kam von hier.'

Ich wusste nicht, was ich antworten sollte, und sagte unverbindlich: 'Da ist niemand hier, außer mir selbst.'

O'Driscoll öffnete das Fenster, und die kühle, wohlriechende Luft beruhigte uns beide. 'Ich denke, ich habe geträumt', sagte er, 'aber du warst noch nicht im Bett!' Bis dahin hatte er noch nicht wahrgenommen, dass ich vollkommen angezogen war.

'Oh, ich bin noch aufgeblieben, um zu lesen', antwortete ich.

'Und hast du nichts gehört?', fragte er.

'Natürlich den Donner', antwortete ich schwach, aber ich vermute, dass es etwas in meinem Verhalten gab, dass mich verriet. Meine Augen sahen gerade auf eine verblasste, braune Verfärbung, nahe am Spieltisch, und davon weglaufend – zuerst ein Fleck und dann drei oder vier Tröpfchen – von denen ich wusste, dass sie Blutspuren waren.

O'Driscoll kam mir entgegen, legte seine Hand auf meine Schulter, schaute mir in die Augen und fragte mit ernster Stimme, 'Hast du den Schrei gehört?'

'Ja.'

'Und hast du etwas gesehen? – ich weiß, dass du etwas gesehen hast.'

Es gab keinen Grund mehr länger zu zögern, um zuzugeben, dass ich etwas gesehen hatte. 'Setz dich', sagte ich. Er lies sich in einen Sessel fallen. Ich saß auf der Kante des Betts und erzählte ihm von meiner Erscheinung, wie ich es hier beschrieben habe. Er hörte ohne Bemerkung bis zum Schluss zu, und sagte dann: 'Es ist also nach alledem wahr.'

'Was?', fragte ich.

Die Geschichte war schnell erzählt. Einige Jahre zuvor war er im Garten und gab dem alten Gärtner Anweisungen, der den Ort sein ganzes Leben über kannte. Als er in eine bestimmte Ecke kam, sagte der Gärtner zu O'Driscoll, "das ist die Ecke, wo sie die Skelette vor einigen Jahren gefunden hatten.

'Welche Skelette?', fragte O'Driscoll.

'Da war ein Mann, dessen Kopf man abgetrennt hat, denn er lag neben seinem Geripppe, und da waren drei Finger, von denen man sagte, sie wären die Finger einer Lady, denn an einem davon war ein goldener Ring mit einem Juwel darin. Die Leute sagten', fügte der Gärtner hinzu, 'dass man manchmal in einer wilden, stürmischen Nacht, wenn es donnerte, die Geister eines Gentleman und einer Lady sehen konnte, die um das Haus herum gingen.'

'Er selbst hatte sie nie gesehen, noch hätte er jemanden gekannt, der sie gesehen hat.'

Mein Freund schloss nicht ohne Grund daraus, dass die Geschichte dieser Erscheinungen eine Erfindung war, im Anschluss an die Entdeckung der Skelette, und schenkte ihr keinen Glauben. Seit er in das Haus eingezogen war, hatte es viele Nächte mit Gewitterstürmen gegeben, so wild wie derjenige, welcher gerade vorübergezogen war – wenn nicht sogar schlimmer. Er hatte aber nichts gesehen und nichts gehört, bis er den durchdringenden Schrei vernommen hatte, der ihn zu meiner Tür gebracht hatte.

Wir sprachen noch lange über diese mysteriöse Angelegenheit, damals und auch viele Male danach, und konnten keine Lösung für das Rätsel finden.

Ich kann mir aber nicht helfen, mich zu fragen, wie ich es jetzt tue, ob die Erscheinung nicht irgendeine Nachricht von den Toten war, um die wahre Geschichte meines Vorfahren zu erzählen, dem ich so ähnlich bin, und der, wie wir glauben, bei der spanischen Expedition in Irland gefallen sein soll, dreihundert Jahre zuvor.

## EIN TRAUMBILD DER NACHT

In einer wilden, stürmischen Nacht, vor über zwanzig Jahren, betrat ich einen Raucherwagen der zweiten Klasse im letzten Zug von Dublin nach Bray [Badeort an der Ostküste Irlands, zwanzig Kilometer südlich von Dublin]. Die Nacht war so stürmisch, dass das Kutschpferd große Mühe hatte sein klapperndes Gefährt, mit dem ich gekommen war, durch die dichten Regengüsse in den Straßen zu ziehen, die von Fußgängern leer gefegt waren.

Der Bahnhof war, mit Ausnahme von zwei Gepäckträgern, völlig verlassen. Ich kam an, als der fast leere Zug gerade dabei war, abzufahren und betrat einen Wagen mit zwei Abteilen, worin sich keine anderen Mitreisende befanden. Alle Fenster waren geschlossen, und für die wenigen Sekunden, bevor der Zug losfuhr, genoss ich den Luxus der Ruhe, die in so angenehmen Kontrast mit dem Sturm stand, der draußen tobte.

Sobald aber der Zug aus dem Bahnhof herausgefahren war, begann der Regen wie Hagel gegen die Fenster zu schlagen, und ich konnte den Wind hören, wie er auf die Wagen traf. Die

Öllampen an der Decke blitzen und flackerten, dass ich erwartete, sie würden jeden Moment ausgehen. Ich war bis zum Hals eingehüllt und tröstete mich mit einer Zigarre. Der Gedanke an ein helles Feuer, von dem ich wusste, dass es mich an meinem Bestimmungsort begrüßen würde, half meine Stimmung zu heben.

Ich werde in Bray im Haus meiner Schwester bleiben, die jedoch mit ihrem Ehemann in Schottland weilte und für einige Tage nicht zurück sein würde. Die einzige andere Bewohnerin im Haus, neben mir selbst, war eine alte Frau, die als Haushälterin für mich da war. Sie wird schon lange vor meiner Ankunft zu Bett gegangen sein, aber ich wusste aus Erfahrung, dass sie dafür sorgen würde, mir im Salon ein munteres Feuer und ein behagliches Abendessen zu hinterlassen.

Ich nahm keine Notiz von den Bahnhöfen, auf denen wir auf der Fahrt anhielten, und es ist nur eine Annahme von mir, dass es die Station auf halbem Weg zwischen Dublin und Bray war, wo ein alter Gentleman das Abteil betrat, in dem ich war. Als er hereinkam, wehte ein kalter Windstoß in den Wagen und verursachte kleine Strudel im Sägemehl, das über den Boden ausgestreut war. Ich fröstelte, als der eisige Windzug mich erfasste, aber ich war fast beschämt über meine Schwäche, gut angezogen wie ich war, als ich auf den alten Gentleman blickte, der mir gegenüber saß. Er war dünn bekleidet, mit einem schlecht sitzenden Mantel; sein Gesicht war fahl und hager; sein Schlapphut glänzte von der Nässe, und das Regenwasser rannte seinen weißen Bart hinunter, der bis an die Brust reichte.

Er nahm seinen Hut ab und schüttelte und drückte ihn. Dabei bemerkte ich, dass sein weißes Haar recht spärlich war. Seine Stirn war von vielen Falten durchzogen und seine Augenbrauen waren weiß und buschig. Seine Augen waren hellblau, so hell,

177

denke ich, wie ich es noch nie gesehen hatte, und sie waren sehr mild – mild bis fast zur Traurigkeit.

Ich machte einige Bemerkungen über das Wetter. Mein Mitreisender antwortete in einer schwachen, dünnen Stimme, die kalt war, sehr kalt, und einschneidend, wie ein Messer. Ich fühlte irgendwie, dass der alte Gentleman arm war und sich schlecht fühlte. In der Tat fröstelte er einige Male, was sehr deutlich sichtbar war.

Er schien nicht in der Stimmung für eine Unterhaltung zu sein, und deshalb fuhr ich still mit dem Rauchen fort, bis wir Bray erreichten. Hier öffneten die Gepäckträger die Tür, und ich stieg aus. Ich reichte dem alten Gentleman die Hand und half ihm beim Aussteigen, wofür er mir in einer schwachen Stimme dankte.

Die Station, wie auch die in Dublin, war menschenleer, ausgenommen die Gepäckträger. Der alte Gentleman und ich waren noch die einziger Passagiere. Ich ging hinunter zum Transportwagen, um einige schwere Gepäckstücke zu holen, die ich in die Obhut der Gepäckträger gab, da keine Möglichkeit bestand, sie in dieser Nacht zu meinem Haus zu bringen.

Als ich das erledigt hatte, verließ ich die Station. Ich konnte meinen Mitreisenden nirgends entdecken und nahm an, dass er seiner Wege gegangen war. Ich musste aber an ihn denken, als ich mich selbst aufmachte, und machte mir Gedanken darüber, ob er nicht irgendwelche Hilfe benötigt hätte, die ich ihm hätte geben können. Als ich aber die Uferpromenade betrat, hörte ich auf, an ihn und seine Bedürfnisse zu denken.

Der Sturm trug die Gischt von den donnernden Wellen, bis hin zu den Fassaden der Häuser. Die Nacht war so ausgesprochen dunkel, und die meisten Lampen waren ausgeblasen, dass es schwierig war, auf meinem Weg zu bleiben.

Das Haus meiner Schwester war auf halbem Weg zwischen der Bahnstation und dem Bray Head [irisch *Ceann Bhré*, ein 241 Meter hoher Berg und eine der Touristenattraktionen in der Stadt Bray].

Ein paar Schritte führten hoch zur Tür und der heftige Wind trug mich fast die Stufen hoch. Als ich mit dem Hausschlüssel die Tür öffnete, wehte er mit einem Krachen gegen die Wand herein, und die Bilder, die in der Eingangshalle hingen, wurden angehoben und fielen wieder zurück, in einer Abfolge von Schlägen, wie von einer Pistole kommend. Unter größten Schwierigkeiten drückte ich die Tür zu. Mir war so kalt und ich war so vom Regen durchnässt, dass ich nicht wartete, um sie abzuschließen, hatte sie jedoch fest zugemacht.

Ich entledigte mich meines Übermantels und rannte in den Salon, wo ein Licht brannte und ein Feuer loderte. Ich fröstelte von Kopf bis Fuß. Nachdem ich meine feuchten Stiefel ausgezogen hatte, warf ich mich in den Sessel vor dem Feuer.

Die Wirkung der Wärme setzte schnell ein, und eine angenehme Schläfrigkeit überfiel mich, obwohl der Wind an den Fenstern hin- und her schlug und sie klappern und stöhnen ließ, wie eine Seele, die sich in Schmerzen krümmt.

Bald wurden die Geräusche schwächer und schwächer, und ich fühlte, wie sich die Augenlider über meinen Augen schlossen. Ich war mir nur halb bewusst, dass der Schlaf meine Sinne betäubte, als plötzlich ein kalter Luftzug den Raum abkühlte, und das laute Donnern der See klang fast direkt an meinen Ohren.

Ich sprang auf und ging in Richtung der Salontür. Sie war offen, und an der Schwelle stand mein Mitreisender. Obwohl ich hellwach war, schaute ich ihn an, als wäre er ein Gespenst und war nicht imstande gewesen, ein Wort herauszubringen. Er hatte seinen Hut in der Hand, sein weißes Haar fiel ihm über das Gesicht, und von seinem langen Bart tropfte das Regenwasser. Er ging mir zaghaft entgegen, verbeugte sich tief und sagte:

'Ich hoffe, Sie vergeben mir, Sir. Ich bin hier ein Fremder, und ich weiß nicht, wo ich ein Bett für heute Nacht finden kann. Ich bin ihnen ziellos gefolgt, aber als sie die Stufen heraufkamen und ihr Haus betraten und ich alleine mit der See und dem Wind war, wusste ich nicht, was ich tun sollte. Ich hatte das Bedürfnis, in der Nähe eines menschlichen Wesens zu sein, und schlich hoch zu ihrer Tür, mit der Absicht, die Nacht, gegen sie gelehnt, zu verbringen. Die anderen Häuser waren alle so kalt und dunkel.'

'Ich stand für ein paar Minuten da, als ein Lichtblitz mir den Hausschlüssel zeigte, den sie vergessen hatten, herauszunehmen. Ein Impuls, dem ich unmöglich widerstehen konnte, überkam mich. Ich öffnete die Tür, so sanft wie ich konnte, indem ich eine Pause im Sturm ausnutzte, und betrat die Eingangshalle. Ich wäre dortgeblieben, aber das Licht, das aus ihrem Zimmer schien, reizte mich, und ich drückte die Tür auf. Das war falsch, ich weiß, aber ich bin alt und alleine und etwas furchtsam, und Sie werden mir vergeben.'

Meine Fassung kam zurück, als der alte Mann sprach, und es gab ein so tiefes Pathos in seiner Stimme, und er schwankte so, als er sprach, dass mich ein Gefühl der Anteilnahme überkam, das alle anderen verdrängte.

Ich hatte die Seltsamkeit der Situation völlig vergessen, nahm den alten Mann bei der Hand, führte ihn zu der Sitzgelegenheit, die ich gerade genutzt hatte, und stellte die Karaffe vor ihn hin. Es erschien mir so, dass sich die Sorgen in einem ein seltsamer Glanz in seinen blauen Augen zeigten. Er schenkte sich ein volles Glas ein und trank es in einem Zug.

Ich nahm einen anderen Stuhl, setzte mich an die Seite des Feuers, steckte eine Zigarre an, und gab auch eine meinem Besucher. Rauchen, wie jeder Liebhaber des Krauts weiß, hilft der Stille, und meine Gedanken wurden träge und beschäftigten sich mit dem Beobachten der Rauchkringel von meiner Zigarre, die sich mit denen meines Gefährten vermischten. Er sprach nicht, und nach einer Weile bemerkte ich, dass er aufgehört hatte, zu rauchen. Die Zigarre ging aus, und seine rechte Hand, deren Finger sie noch festhielten, blieben bewegungslos auf seinem Knie. Sein Kopf fiel auf seine Brust, und sein heftiges Atmen überzeugte mich, dass er eingeschlafen war.

Ich begann mich so zu fühlen, als wäre ich in einem Traum, der mir wie die Wirklichkeit vorkam. Ich konnte den blauen Rauch meiner Zigarre erkennen, der wie ein Nebel von mir weg schwebte. Nach einer Weile lichtete sich der Nebel, und ich sah einen Bach, der sich langsam durch eine Waldlandschaft schlängelte. Ich folgte ihm, bis er am Fuß einer edlen Esche vorbei floss, die ihre ausgebreiteten Äste halb über ihn gebeugt hatte. Unter der Esche und gegen ihren Stamm gelehnt, sah ich einen Jungen und ein Mädchen Seite an Seite sitzen.

Sie hielt seine Hand in der ihren. Seine Lippen bewegten sich, und er flüsterte etwas, das ihren Augen das Licht von Sternen im Sommer gab. Ihr kleiner Mund öffnete sich wie eine Rosenknospe, die sich zur Sonne hinwendet, als würde sie ihm antworten, als plötzlich ein dunklerer Schatten auf die

Liebenden fiel, dunkler als die, welche von den sich biegenden Ästen geworfen wurden. Plötzlich wurde der Junge zu Boden gerissen, und das Mädchen schrie, als ihm ein Mann, dessen Gesicht ich nicht erkennen konnte, ein Messer in die Kehle stieß.

Ich wollte laut aufschreien, aber meine Stimme gehorchte mir nicht. Ich kämpfte mit mir, als würde mich ein großes Gewicht nach unten drücken. Schließlich schüttelte ich mich mit einem wilden Schrei frei, der mir in den Ohren klang.

Ich schaute mich um. Mein Gefährte saß in seinem Stuhl, offensichtlich tief in den Schlaf verfallen. Die halb abgebrannte Zigarre war ihm aus den Händen gefallen. Ich fühlte mich so aufgewühlt, von dem, was ich gesehen hatte, oder geträumt habe, dass ich ihn gerade aufwecken wollte, als mir ein neuer Schrecken meine Handlungskräfte nahm.

Auf dem Boden, nahe bei meinem Gefährten, und mit dem Kopf auf den Knien des alten Mannes, saß die Gestalt des ermordeten Jungen, der unter der Esche umgebracht wurde. Seine Augen standen offen und starrten, sein Gesicht war fahl und weiß. An seiner Kehle war eine scharfe Schnittwunde, und um die Kanten herum war geronnenes Blut. Seine Finger waren blutig und hatten Schnitte, als ob er mit seinem Mörder gekämpft hätte.

Ich schaute von dem toten Jungen zu dem Schlafenden. Er atmete schwach, und ein Lächeln, wie das von einem Kind, kam von seinen Lippen. Aber als ich ihn weiter beobachtete, bemerkte ich, dass er krampfhaft zuckte, dann wurde sein ganzer Körper durchgeschüttelt, als würde eine heftige Leidenschaft in seinem Herzen wüten.

Er sprang von seinem Stuhl auf, und der tote Junge fiel auf den Boden. Ich eilte hin, nicht ohne eine schreckliche Furcht, um ihn aufzuheben. Als ich ihn anfassen wollte, fühlte ich, wie mich die dünnen Hände des alten Mannes an der Kehle griffen. Seine Augen, die ich so mild in Erinnerung hatte, zeigten nun ein heftiges Glänzen, und sein hageres Gesicht war von Leidenschaft ergriffen.

Es bedurfte einer großen Anstrengung, seinen Griff zu lösen, obwohl ich jung und stark war, aber schließlich konnte ich ihn auf seinen Stuhl zurückwerfen. Für eine Sekunde saß er da, wie einer Betäubter. Dann erhob er seine Hände im Bittgebet, und die Tränen kamen aus seinen Augen, die wieder einen so milden Anblick boten, wie ich sie zuerst gesehen hatte.

'Ich habe geträumt. Ich – ich dachte – ich dachte – aber das war vor langer Zeit und Sie werden mir vergeben.'

Ich wusste nicht genau, was ich ihm antworten sollte. Ich war mir nicht sicher, ob ich nicht selbst geträumt hatte. Der tote Junge war natürlich nur eine geisterhafte Erscheinung, und vielleicht waren die Hände des alten Mannes schon an meiner Kehle gewesen, als ich glaubte, die Mordtat unter der Esche, gesehen zu haben. Es erschien mir nutzlos, nach einer Erklärung von meinem ungebetenen Gast zu suchen, der mir langsam unheimlich wurde.

'Ich gehe, ich gehe', sagte er, als ich weiter zu ihm hinschaute, 'der Morgen wird bald hier sein. Ich habe keine Angst vor dem Morgen, nur vor der Nacht – der dunklen Nacht, denn dann kommt mir alles wieder in den Sinn, und ich sehe sie, wie ich sie an dem Abend vor langer Zeit gesehen habe. Vor Hunderten von Jahren denke ich fast, denn ich und sie waren jung, und nun bin ich alt, so alt.'

'Wer sind sie? Wann war das?', fragte ich, und erwarte kaum eine ernsthafte Antwort, aber es erschien mir so, dass ich den unglücklichen Mann auf Abstand halten konnte, wenn ich zu ihm sprach. Ich wusste, dass ich ihn mit einem Schlag niederwerfen konnte, und glaubte, dass es nur wegen des Schocks über den grässlichen Traum war – und aus dem sein Überfall mich geholt hatte – dass ich Angst vor ihm hatte, denn Angst hatte ich wirklich.

Ich hatte gedacht, dass höchstens ein paar Stunden vergangen waren, seit er in den Salon kam, aber der Fremde war näher an der Wahrheit. Der Morgen war wirklich fast gekommen. Durch die Spalten der Fensterläden zeigte sich bereits ein graues Licht. Ich zog die Jalousien hoch, machte die Läden auf und konnte sehen, wie die See immer noch tobte, aber der Wind hatte nachgelassen, und im Osten erschien ein schwacher, rosaroter Streifen.

Als ich mich umdrehte, sah ich den alten Mann, wie er sich ein Glas Whisky einschenkte. Seine Hand zitterte, als er es an seine Lippen hob. Als er das ausgetrunkene Glas abstellte, sagt er:

'Der Morgen ist gekommen. Sie sind ein guter Mensch, ich gehe. Ich habe das Falsche getan, aber ich wusste nicht, was ich tat, und ich habe gelitten.'

Ich hatte nicht länger Angst vor ihm. Als sich das Morgenlicht verstärkte, sah ich nur den hageren, ausgemergelten alten Mann, dessen Gesicht selbst Zeuge eines langen Leids war, und ich hatte Mitleid mit ihm. Es wollte ihm etwas Brot und Butter und kaltes Fleisch anbieten, die auf der Anrichte standen und dort von der Haushälterin in der Nacht zuvor hingestellt wurden. Ich zeigte darauf. Er sagte, er würde etwas Brot nehmen, und als ich ihn dazu drängte, etwas Fleisch zu essen, lehnte er ab.

Als er sich umdrehte, um den Raum zu verlassen, steckte ich meine Hand in die Tasche und brachte einige Silberstücke hervor. Eine leichte Röte stieg in sein verzehrtes Gesicht. Ich sah, dass ich ihn beleidigt hatte, und entschuldigte mich.

Er dankte mir für meine Güte, die ich ihm gegenüber gezeigt hatte, und auch für meine Gastfreundschaft, und er bat mich, sein Eindringen zu entschuldigen und die Umstände, die er mir bereitet hat.

Mit einer tiefen Verbeugung verließ er das Zimmer. Ich folgte, aber er hatte schon die Tür zur Eingangshalle geöffnet und ging hinaus zur Promenade, ohne zurückzuschauen.

Ich ging in den Salon zurück, warf mich in den Stuhl und begann damit, mir die Ereignisse der Nacht noch einmal ins Gedächtnis zu rufen. Als ich für eine geraume Zeit vergeblich darüber nachgedacht hatte, wurde ich durch die Haushälterin gestört, die in das Zimmer kam, um das Frühstück vorzubereiten.

Sie sah sofort, dass ich nicht zu Bett gegangen war. Ich hatte aber keine Lust, mit ihr über meine Erfahrungen zu sprechen, aber am folgenden Tag sah ich in der Tageszeitung einen Bericht über einen entflohenen Geisteskranken aus der Dundrum* Irrenanstalt für Kriminelle [*Dundrum, früher selbstständige Stadt, heute ein Außenbezirk von Dublin].

Die Beschreibung, ausgenommen die Kleidung, stimmte mit der des alten Mannes überein. Der Bericht sprach auch davon, dass man ihn in Richtung von Enniskerry herumlaufen sah und in die Anstalt zurückgebracht hatte.

Ich kannte zufällig einen der Ärzte, der in der Anstalt in Dundrum Dienst tat, und als ich ihn ein paar Tage später getroffen hatte, fragte ich ihn, was er über den alten Mann wusste. Ich hatte nichts über die Bekanntschaft mit der Person meiner Anfrage erwähnt. Ich behauptete, dass meine Neugier nur durch den Bericht über sein Entrinnen geweckt wurde, der in der Zeitung erschienen war.

'Das ist eine sehr traurige Geschichte', sagte er. 'Der alte Mann war seit über vierzig Jahren für ein schreckliches Verbrechen eingesperrt worden, dass er begangen hatte, als er ein junger Mann von ungefähr fünfundzwanzig Jahren war.'

'Er war in eine junge Lady verliebt, deren Liebe er sich, wie er glaubte, sicher war. Sie hatte seinen Antrag angenommen, und sie sollten ein paar Monate später verheiratet werden. Dann erreichten ihn Gerüchte, dass die Lady auf das Flüstern eines anderen Verehrers hörte. Er fand bald heraus, dass die Gerüchte zutrafen. Die heftigste Eifersucht hatte ihn vollkommen in Besitz genommen und ihn unzweifelhaft seiner Sinne beraubt. Eines Tages überraschte er das Paar, wie sie zusammen unter einem Baum saßen, an einem Bach nicht weit von dem Haus der Lady entfernt, und an dem sie oft entlanggelaufen sind, bevor sie sich verlobt hatten. '

'Durch die nicht zu beherrschende Wut, die dieser Anblick in ihm auslöste, tötete er den jungen Mann, indem er ihm in der höchst schockierenden Weise die Kehle durchschnitt. Die Lady bleib unversehrt, aber die Tragödie ließ sie verrückt werden, und sie starb innerhalb von ein paar Monaten nach dem grausigen Ereignis.'

'Der Mörder machte keine Anstalten, sein Verbrechen zu leugnen; im Gegenteil, er sprach frei mit jedem darüber, der

186

zuhören wollte. Man machte ihm den Prozess, und er wurde natürlich für schuldig gesprochen. Aber der Lordleutnant [höchster Beamter einer Grafschaft in Großbritannien], überzeugt davon, dass der Mann geisteskrank war, wandelte den Schuldspruch um, und er sollte in Haft bleiben, *'during Her Majesty's Pleasure'* [solange, wie es ihrer Majestät gefällt].

'Gewöhnlich ist er sehr sanft, aber manchmal – immer nachts – wird er sehr gewalttätig, und die Wärter müssen sehr auf der Hut vor ihm sein.'

'Das ist wirklich eine traurige Geschichte' sagte ich.

# DIE SCHÖNE QUÄKERIN

Ich war ungefähr zwanzig Jahre alt, als ich ins Trinity [Trinity College, Dublin] gekommen war, zusammen mit einem wilden Haufen. In diesen Tagen waren die Streitereien zwischen den Burschen vom College und den Stadtbewohnern noch häufiger und heftiger als in den heutigen Jahren. Ich bekam meinen Teil von Schnitten und blauen Flecken ab, die fast immer die Streitenden auf beiden Seiten auszeichneten.

Bei einer Gelegenheit, als wir eine ziemlich handfeste Auseinandersetzung mit den Jungen von der Metzgerinnung hatten, um den St. Patrick's Tag herum, wurde ich durch einen Schlag niedergestreckt. In dem Gedränge konnte ich mich nicht mehr erheben, und war drauf und dran, totgetrampelt zu werden, wäre da nicht einer meiner Kumpel, Jack Langrishe, mit seinem furchtlosen Einsatz gewesen. Er kämpfte wie ein Teufel, schlug die Gegner um ihn herum nieder und machte so Platz, dass ich mich wieder erheben konnte.

Bei seinem Versuch mich zu retten, bekam Jack einen hässlichen Schnitt an seinem Arm, der ihm einigen Ärger verursachte. Die Metzgerjungen wurden vertrieben, und Jack trug ein scheußlich aussehendes Messer als Trophäe davon, das er einem der Angreifer abgenommen hatte. Wir waren bereits zuvor eng verbunden gewesen, aber das, was er für mich nun getan hatte, machte uns zu verschworenen Freunden fürs Leben. Ich fühlte mich dazu verpflichtet, ihm jeden Dienst zu erweisen, der in meiner Macht stand.

Es dauerte jedoch nicht lange, bis Jacks ungeheuerliches Benehmen ihn Konflikt mit den Obrigkeiten des Colleges brachte. Er war fast soweit gegangen, einen der Collegepförtner in die Luft zu jagen, indem er ihm, in höchst neckischer Weise, ein Säckchen mit Pulver in die Manteltasche steckte. Jack wurde raus aufs Land verbannt, und ich musste für einige Monate auf seine Kameradschaft verzichten.

In der Tat, ich hatte ihn schon ziemlich vergessen, als ich genau am 1. Dezember 1759 einen Brief von ihm erhielt. Er teilte mir mit, dass er für einige Tage in die Stadt käme und im 'Robin Hood' in der Dame Street absteigen würde.

Er wäre erfreut, wenn ich ihn am Abend des 1. Dezember besuchen könnte, um zum Abendessen zu kommen, und die Nacht mit ihm durchzufeiern. Er sagte mir, dass ich unbedingt nach einem Mr. Sugrue fragen müsste. Jack gab mir keinen Hinweis, warum er den Namen einer anderen Person angenommen hatte. Ich vermutete nur, dass er wieder einen seiner alten Späße machen wollte.

188

Als der Abend des 1. Dezember gekommen war, verließ ich meine Räume im College und ging gemächlich auf der Dame Street entlang. Ich hielt für einige Minuten an der Statue von König William an, um einen Faustkampf zwischen einem Sänftenträger und dem Fahrer einer Droschke zu beobachten, in dem der Sänftenträger den besseren Teil abbekam.

Ich erreichte das 'Robin Hood' gerade rechtzeitig, um die Ankunft der Kutsche aus Kilkenny nicht zu verpassen, die Jack hätte bringen sollen. Ich sah, wie die Fahrgäste aus der Kutsche stiegen, aber obwohl ich mir ihre Gesichter genau anschaute, so wie es das Licht erlaubte, das von der Laterne und von den Fenstern kam, konnte ich Jack nicht entdecken.

'Er muss die Kutsche verpasst haben', sagte ich mir, und ging weiter. Da fiel mir ein, dass er unter einem anderen Namen kommen wollte und dass er ein anderes Beförderungsmittel gewählt haben konnte, da er dem Wachmann und dem Lenker der Kutsche gut bekannt sein würde. Also ging ich zurück, betrat die Taverne und fragte nach Mr. Sugrue.

'Er ist gerade gekommen', sagte der Kellner.

'Wie ist er gekommen?', fragte ich beiläufig.

'Mit der Kutsche aus Kilkenny.'

'Seltsam, dass ich ihn nicht bemerkt hatte', dachte ich mir.

'Ja, Sir, er ist in Zimmer Nr. 4, Sir, erster Stock, zur Rechten. Er wird erfreut sein, Sie zu sehen, wenn sie der Herr sind, der ihn treffen sollte, Sir.'

Ich klopfte an der Tür Nr. 4.

189

'Komm rein', sagte eine schroffe Stimme, ganz verschieden von der von Jack.

Ich stieß die Tür auf und trat ein. Ich fand mich in der Gesellschaft eines alten Mannes wieder, der eine Brille trug und eine merkwürdige Ähnlichkeit mit einem der Dekane des Trintity College hatte.

'Was zum Teufel ist mit dir los, Langrishe?', sagte ich.

'Tom Sugrue, wenn es dir beliebt', sagte Jack in seiner gewohnten Stimme.

'Und was soll das alles, Jack?'

'Mein lieber Freund, ich bin heißhungrig wie ein Habicht. Denke daran, dass wir kein Wort über etwas Geschäftliches sprechen, bis wir in der Mitte der dritten Flasche sind. Der Portwein ist hier ausgezeichnet. Mein Verstand kann sich nicht um geschäftliche Angelegenheiten kümmern, bis ich meinen Gaumen gut angefeuchtet habe.'

Jack hatte sich einen privaten Raum gesichert, und es war offensichtlich, dass er das Dinner schon komplett bestellt hatte, und es fehlte an nichts, was man sich hätte wünschen können.

Ich hatte das Gefühl, dass es zwecklos sein würde, ihn nach einer Erklärung zu fragen, bis der Zeitpunkt gekommen war, an dem er es freiwillig erklären würde, aber ab und zu schaute ich doch neugierig auf sein bemerkenswertes Äußeres.

'Ich wusste, das würde dich überraschen, Tom', sagte Jack, den das offensichtlich erfreute.

'Zugegeben, das hat mich auch überrascht', sagte ich.

Jack gab mir kaum Gelegenheit ihn auszufragen, da er darauf bestand, ihm erst alle Informationen zu geben, über das, was sich im College während seiner erzwungenen Abwesenheit zugetragen hatte. Natürlich war ich nicht abgeneigt, ihm das alles zu erzählen, da ich das Vergnügen eines Burschen hatte, der von den verschiedenen Streichen berichten konnte, an denen er selbst teilgenommen hatte, und ich denke, dass wir eher bei der fünften Flasche waren, als er unerwartet sagte:

'Tommy, mein Junge, ich bin jetzt bereit.'

'Wer ist das Mädchen, Jack?'

'Unsinn, Tom', sagte Jack mit ernster Stimme.

'Und was ist das für ein Porträt auf dem Medaillon, Jack, das gerade aus deinem geistlichen Gewand herausschaut?'

Jack packte das Medaillon und schaute es sich genau an. Dann erhob er sich auf seine nicht so standhaften Füße.

'Tom', sagte er, 'füll nach.'

Ich füllte nach.

'Hier ist ein Toast auf die schönste Blume von allen Jungfrauen. Die Unvergleichliche! Die Göttliche! Dorothy Jacob. Die Dorothy meiner Seele und meines Herzens.'

'Dann ist sie also eine Quäkerin', sagte ich.

'Sie ist eine Göttin, Sir.'

Und als er so oft auf ihre Gesundheit getrunken hatte, wie sie Buchstaben in ihrem Namen hat, eine Verhaltensweise, die er als 'seinen eigenen, lieblichen Einfall' bezeichnete, bekam ich – nicht ohne Mühen – die folgenden Einzelheiten über die Lady heraus und wie er sie kennenlernte.

Ich versuche natürlich nicht, dies hier in den Worten von Jack wiederzugeben, da er dabei regelmäßig Ausrufe bezüglich ihrer Schönheit von sich gab, und genauso regelmäßig darauf bestand, dass ich nochmals auf ihre Gesundheit trinken sollte.

Dorothys Vater war Kaufmann in Kilkenny, und sie war sein einziges Kind. Da ihre Mutter jung gestorben war, wurde sie in die Obhut einer unverheirateten Tante gegeben, die ebenfalls verstorben ist, ein paar Jahre bevor Jack die junge Lady zum ersten Mal getroffen hatte.

Der Vater war reich, und hatte sein Vermögen teils ererbt und teils selbst erarbeitet. Er war extrem stolz auf sein Geld, aber noch stolzer war er auf seine Tochter. Er wusste, dass er alt wurde, und fürchtete immer den Tag, an dem sie ihn für einen anderen verlassen würde. Er hatte sie sehr für sich eingenommen und ihr nur wenig die Gesellschaft anderer gestattet.

Sie war sehr schön, so schön, wie ich später herausfand, dass sie wirklich die Lobreden von Jack rechtfertigte. Viele verliebte Augen hatten sich auf sie gerichtet, wenn sie mit ihrem Vater durch die Straßen ging, auf ihrem Weg zur Kirche oder auf den Markt, und er erlaubte ihr nur sehr selten, alleine aus dem Haus zu gehen. Die junge Maid hatte all die auf sie gerichteten Blicke aber nie erwidert und schien auch nicht zu wissen, wie viele Herzen sie entflammt hatte.

Jack Langrishe lebte mit seinem Onkel ein paar Meilen außerhalb von Kilkenny und kam regelmäßig in die Stadt und zu dem Klub, der zu dieser Zeit eine Zuflucht für viele der blutjungen Kerle und wilden Hengste war.

Durch sie hatte er von der schönen Quäkerin gehört, hatte sie mehrmals gesehen, und seit er vom College geflogen ist, hatte er sich Hals über Kopf in sie verliebt.

Immer und immer wieder hörte er die wilden Kerle davon sprechen, dass man sie entführen sollte. Jack lehnt aber jeden dieser Vorschläge empört ab, und zwar mit einer solchen Hitzigkeit, dass er, als Folge dessen, mit einem oder zwei seiner Klubkollegen die Schwerter kreuzen musste, aber mit solch einem Effekt, dass man ihn sehr bald als einen Respekt einflößenden Gegner betrachtete, mit dem man sich besser nicht anlegen sollte.

Entführungen waren damals nichts Außergewöhnliches, wie man weiß, obwohl die Regierung große Anstrengungen unternommen hatte, sie zu unterbinden. In den Augen der jungen Kerle war das nur ein zusätzliches Argument für ein solches Handeln. Aber Jack Langrishe hatte sein eigenes Argument. Er meinte, 'wenn eine Frau es wert ist, gewonnen zu werden, kann man sie gewinnen, und der Mann, der sie nicht gewinnen kann, ist ihrer auch nicht wert.' Er fügte gewöhnlich noch hinzu: 'Jeder Tölpel mit genügend Helfern kann eine Entführung machen, aber ein Gentleman sollte ohne Hilfe in der Lage sein, das Herz einer Frau zu erobern.'

Daraus schlossen die Kameraden, dass Jack Langrishe sich sehr in die schöne Quäkerin verliebt hatte und sich dabei zum Narren machte.

Jack wusste, dass er sich verliebt hatte, war sich aber nicht so sicher, dass er kein Narr war. Er hatte das Kommen und Gehen der Lady beobachtet, und obwohl er ihren Weg, so oft es ging, kreuzte, schenkte sie ihn niemals auch nur die geringste Beachtung.

Aber das Glück, welches immer den Mutigen begünstigt, begünstigt manchmal auch den, der an sich glaubt.

An einem heiteren Tag in Killkenny gingen der alte Jacob und seine Tochter die Straße hinunter, in Richtung ihres Hauses. Durch einen glücklichen Zufall kam Jack Langrishe gerade aus Gegenrichtung, als plötzlich, aus einer Seitenstraße heraus, ein junges, feuriges Pferd angerannt kam, fast genau an der Stelle, wo sich der Vater und seine Tochter befanden. Es war dem Stallburschen entflohen und galoppierte wie wild auf den alten Mann zu. Es war schon fast auf ihm drauf, als Jack sich dazwischenwarf. Der alte Mann stolperte zurück in die Arme seiner Tochter und Jack kam unter die Hufe des Pferdes.

Ein Umstehender kam zu Hilfe und hob Jack auf, der scheinbar hilflos war und ein Stöhnen hervorbrachte, welches das Herz eines Löwen berührt hätte. Der Halunke war aber die ganze Zeit nicht mehr verletzt, als du oder ich. Als er einen Blick auf das bleiche, fragende Gesicht der jungen Maid warf, dachte er, dass er nun einen Weg zu ihrem Herzen gefunden hätte.

Der alte Mann, der sich von seinem Schrecken erholt hatte, konnte seinem Retter den Dank nicht verweigern, obwohl er bemüht war, aus dem Gedränge herauszukommen, das sich um ihn und die blonde Lady in seiner Obhut bildete.

'Oh, er wurde fast umgebracht, Sir – er wurde fast umgebracht, Mr. Jacob', sagte jemand in der Menge.

194

'Meinst du nicht, dass wir ihn heimbringen sollen, Vater?', sagte Dorothy dem alten Mann leise ins Ohr.

Dieser geflüsterte Vorschlag brachte den Mann wieder zu sich, als wäre unerwartet eine kalte Dusche über ihn gekommen.

'Nein, Kind; bitte hör mir zu. Der junge Mann muss Freunde haben. Schau, ob sie wissen, wer er ist.'

Die letzte Bemerkung wurde durch die Äußerung von einem der Leute beantwortet, die Jack hochhoben, und der sagte:

'Das ist der junge Mr. Langrishe aus Grange.'

'Lasst ihn uns in den Klub bringen.'

'Wir bringen ihn besser zum Arzt', sagte ein anderer.

Er wurde zum Arzt gebracht, der sich glücklicherweise in der Nähe befand. Andernfalls, wie der Schurke mir später gestand, hätte er es nicht länger ausgehalten.

Seine gütigen, aber manchmal etwas rauen Helfer und Sympathisanten kamen dichter heran, in ihren aufgeregten Bemühungen, ihn durch die Menge zu tragen, die ihn mit allerlei Fragen bedrängte. Das schadete ihm mehr, als das – wie sie glaubten – ausgebrochene Fohlen ihm angetan hatte. Der Arzt, welcher auch der Apotheker in der Stadt war, tastete Jacks Glieder ab, während dieser 'Gentleman' stöhnte, als wäre jeder Knochen in seinem Körper gebrochen. Aber der scharfsinnige Schüler von Äskulap, der seinen Kopf schüttelte, erklärte feierlich, dass er sehr schwere Prellungen hat, und dass es möglicherweise interne Komplikationen geben könnte.

Er gab Jack ein Stärkungsmittel, das Wunder bewirkte. Es brachte ihn nicht nur sein volles Bewusstsein zurück, sondern hatte fast schon die Auswirkung, dass er einige flotte Sprüche von sich geben wollte. Da er aber meinte, dies würde sich jetzt nicht eignen, hielt er sich diskret zurück.

Er wurde zum Hotel gebracht, dem 'Ormond Arms', wo er die Nacht und den nächsten Tag und die nächste Nacht verbrachte. Dann sah er sich in der Lage, nach Hause zu seinem Onkel in Grange transportiert zu werden.

Der alte William Jacob besuchte das Hotel mehrere Male, zeigte übermäßigen Dank für seinen Lebensretter und überbrachte auch die Danksagungen seiner Tochter, Fräulein Dorothy. Jack war dortgeblieben, in der Hoffnung, dass er die Jungfer mitbringen würde, um ihn zu sehen. Als er aber feststellen musste, dass seine Hoffnungen umsonst waren, schritt seine Heilung so schnell voran, dass man ihn bald transportieren konnte.

Nachdem er zuhause für eine Woche oder mehr gelegen hatte, kam Jack in die Stadt zurück, und durch einen gut geplanten 'Zufall' traf er die schöne Quäkerin, die alleine unterwegs war.

Als er näher kam, tat er so, also würde er sie nicht sehen, und zeigte den jammervollen Ausdruck eines Gebrechlichen. Er schaute fortwährend zum Himmel, in einer augenscheinlich ziellosen Weise, bis er auf einen Fuß Abstand zu ihr gekommen war. Dann senkte er plötzlich seine Augen und sah – wie er es erwartet hatte – dass sie in sein Gesicht blickte.

Sie errötete sehr, als sie bemerkte, dass er das entdeckt hatte. Jack versuchte, so zu wirken, als wäre er ziemlich überrascht, sie zu sehen. Er lief so, als würde er an ihr vorbeigehen wollen, aber

196

als er direkt vor ihr stand, lupfte er seinen Hut. Er war gerade dabei, sie anzusprechen, als ihr Vater unerwartet dazu kam. Glücklicherweise war Jack noch in der Lage, den Gruß, der für die junge Lady gedacht war, in ein Zeichen der Höflichkeit gegenüber ihrem Vater zu verwandeln, während es ihm mit einem heimlichen Blick gelang, ihr zu verstehen zu geben, dass auch sie damit gemeint war.

'Wie geht es Ihnen, mein Freund?', sagte der alte Gentleman. 'Es freut mich, zu sehen, dass Sie wieder herumlaufen.'

'Danke Sir, Sie sind sehr gütig', sagte Jack. 'Ich war gerade dabei Sie zu besuchen, um zu sehen, ob sie sich wieder ganz von dem Schock erholt haben.'

Sie unterhielten sich, als sie weitergingen, und das Lagerhaus des Händlers war in greifbarer Nähe. Der Vater fühlte, dass er es nicht vermeiden konnte, Jack hereinzubitten, aber wenn es ihm möglich gewesen wäre, hätte er es vermieden.

Er hatte eine große Angst vor den jungen Burschen und den wilden Hengsten in dieser Zeit, und er würde es nicht erlauben, wenn immer es zu verhindern war, dass seine Tochter die Bekanntschaft von irgendeinem von ihnen macht.

Aber dies hier war ein Ausnahmefall, dachte er. Der junge Mann hatte sein Leben gerettet und dabei einige ernsthafte Verletzungen erlitten. Es wäre undankbar, wenn er ihn zufällig so nahe an seinem Haus trifft und ihn nicht hereinbittet.

Jack, der von den Gedanken des alten Gentleman keine Ahnung hatte und davon erst später von der kleinen Quäkerin erfuhr, nahm die Einladung dankend an.

An diesem Abend verbrachte er eine Stunde mit ihnen und hatte dabei das zufriedene Gefühl, sich selbst einreden zu können, dass er der jungen Maid durchaus nicht unwillkommen war. Er übersah dabei nicht, dass der alte Gentleman seine Gesellschaft irgendwie als unangenehm empfand, aber Jacks Leitspruch war immer gewesen 'hol das Heu rein, solange die Sonne scheint', und er sah solch ein Scheinen in den Augen der Maid.

Als er schließlich gehen musste, gab er dem alten Gentleman das Gefühl, dass er mit größtem Vergnügen wiederkommen würde, und er sprach wie jemand, der eine solche Einladung nicht ablehnen würde.

Der alte Gentleman sprach aber eine solche Einladung nicht aus, und als Jack gegangen war, warnte er seine Tochter vor der Gefahr, irgendeine Verbindung mit einem Herrn wie Jack einzugehen.

Es ist nicht notwendig etwas über die Unterhaltung zwischen Vater und Tochter zu sagen, von der sie Jack später in Kenntnis gesetzt hatte und die er mir gegenüber wiederholte. Es reicht zu erwähnen, dass Jack weiterhin zum Haus kam und ihn der alte Gentleman schließlich mit einer großen Kühle und immer allein empfing. Ausgenommen von einem Blick des jungen Mädchens durch den nur teilweise heruntergezogenen Vorhang an der Glastür, die das Wohnzimmer vom Laden und dem Kontor trennte, könnte er sie, in dieser Weise, auch auf der Straße treffen. Er sah bald ein, dass Besuche dieser Art wenig Zweck hatten.

Immer wenn er in den Laden ging, sah er die schöne Dorothy, die dann auf Anweisung ihres Vaters verschwand. Trotzdem hielt er mithilfe eines alten Dieners Kontakt mit ihr, der schnell herausfand, wie die Verbindung zwischen Jack und dem jungen Mädchen war. Sein fast verwelktes Herz hatte noch eine fruchtbare Stelle, an der die Blume der Sympathie für die Leidenschaft der jungen Liebenden blühte.

Das stelle Jack aber nicht zufrieden. Er sehnte sich nach dem Anblick seiner Geliebten, die als sicher verwahrte Gefangene im Haus ihres Vaters gehalten wurde, der Jacks Absichten durchschaute, dass er ihn der Zuneigung seiner Tochter berauben wollte.

Schließlich, und nach intensivem Nachdenken, kam er auf die Notlösung, die Tarnung zu benutzen, in der ich ihn sah. Sie war so perfekt, dass sie selbst seine engsten Freunde nicht durchschauen konnten. Zusätzlich war er ein guter Schauspieler und erlaubte niemals seiner Stimme, sich zu verraten.

Um keinerlei Verdacht aufkommen zu lassen, ging er mit seiner wahren Identität nach Dublin, und als er ein paar Tage später in dieser Verkleidung zurück nach Kilkenny kam, war er ein Antiquar, der gekommen war, um einige Wochen damit zu verbringen, die Ruinen der Stadt zu studieren. Im Haus einer alten Dame mietete er sich Räumlichkeiten an, die sich nicht weit vom Geschäft des Quäkers befanden. Dorthin ging er jeden Tag, um irgendwelche alltägliche Einkäufe zu machen, wie etwa Handschuhe, Hutbänder, Taschentücher usw.

Der alte Quäker, der keinen Verdacht schöpfte, sah ihn Tag für Tag hereinkommen und dachte niemals daran, Dorothy zu sagen, dass sie sich zurückziehen sollte. Ganz im Gegenteil; oft verließ er den Laden und ließ Dorothy alleine mit dem wie ein Geistlicher aussehenden Gentleman, woraufhin sie und Jack einige sehr angenehme Unterhaltungen führten.

Jack hatte seine Wünsche mit beachtlichem Erfolg vorgebracht. Er konnte aber die junge Lady nicht dazu bringen, den einzigen Schritt zu machen, von dem hoffte, er würde Wirklichkeit werden – nämlich mit ihm fortzurennen, denn es war ziemlich sicher, dass der alte Mann der Heirat mit seiner Tochter niemals zustimmen würde.

Jack war fast am Verzweifeln, als er erfuhr, dass der alte Gentleman, in Begleitung von Dorothy, Dublin besuchen wollte, um einem privaten, aber sehr wichtigen Treffen der 'Society of Friends' [Gesellschaft der Quäker in Irland] beizuwohnen, bei dem es um die brutale Behandlung einiger Mitglieder dieser Gesellschaft durch die Obrigkeit ging.

Jack erfuhr auch, dass sie sich zum Gasthaus 'Robin Hood' begeben wollten, wo die Kutsche aus Kilkenny gewöhnlich hält, und er informierte den alten Mann, dass er seine Angelegenheiten in Kilkenny erledigt wären und er die Absicht hätte, nach Dublin zu gehen, an dem Tag, den auch der Quäker für seine Reise festgelegt hatte. Der alte Mann, immer noch völlig ahnungslos, drückte seine Freude darüber aus, dass er und seine Tochter ihn als Weggefährten auf der Reise nach Dublin bei sich haben würden. So kam es also dazu, dass sie gemeinsam reisen würden.

Aber Jack, der natürlich sehr zufrieden darüber war, dass er einige Stunden in der Gesellschaft von Dorothy verbringen konnte, war nicht in der Lage, zu hoffen, dass etwas Bestimmtes dabei herauskommen würde. Der Hauptgrund, mich zum Abendessen einzuladen, war ausschließlich der, dass er mit mir über die Sache sprechen und meinen Rat dazu einholen wollte.

Ich schlug ihm vor, dass Mädchen fortzuholen, und da sie Jack mochte, zögerte ich nicht, meine Dienste anzubieten. Aber Jack lehnte das ab, da er nicht willens war, die Gefühle der jungen Lady zu verletzen. Schließlich, nachdem wir lange über mögliche Lösungen gesprochen hatten, zog sich Jack in sein Zimmer zurück, da er durch die Reise und sein Trinken müde geworden war. Ich selbst wachte am nächste Morgen auf und fand mich in voller Kleidung auf dem Kaminvorleger, während meine Mütze, die Stiefel und der Stock in sehr ordentlicher Weise auf der Decke des unbenutzten Betts lagen.

Es war vier Uhr nachmittags am nächsten Tag, als ich Jack wieder besuchte. Er war bester Laune. Der alte Mann war fortgegangen, um zu seinem Treffen zu gehen, und Jack bewerkstelligte es, ein Gespräch mit dem jungen Mädchen zu führen. Trotzdem gelang es ihm nicht, ihr Einverständnis zu bekommen, mit ihm wegzulaufen, obwohl die Gelegenheit sehr günstig war, aber sie zeigte wenigstens erste Anzeichen nachzugeben. Wie auch immer, sie betrachtete den Vorschlag nicht mehr als gänzlich unmöglich.

'Der alte Mann ist wieder da', sagte Jack zu mir. 'Seine Angelegenheiten hier sind erledigt. Er beabsichtigt, morgen wieder nach Hause zu gehen, und wenn sie bis dahin nicht nachgegeben hat, fürchte ich, dass ich sie aufgeben oder entführen muss.'

Jack bekam keine weitere Gelegenheit an diesem Abend über die junge Lady zu sprechen. Also veränderte er nach dem Abendessen sein Aussehen. Er schaute danach weniger geistlich aus, und wir gingen zusammen ins 'Smock Alley Theater'.

Die Kutsche sollte um zwei Uhr am nächsten Tag nach Kilkenny abfahren, und ich hatte versprochen, Jack um die Mittagszeit herum zu treffen. Ich hatte fast bis zu dieser Stunde geschlafen, und musste mich eiligst anziehen und davonrennen,

201

um meine Verabredung einzuhalten. Ich fand das Tor zum College verschlossen vor, und einige Studenten tobten herum, weil sie raus wollten. Der Dean stand aber mit seinem Rücken zum Tor, flankiert auf beiden Seiten von Collegewächtern.

'Was ist los?', sagte einer der am nächsten stehenden Studenten.

'Es gibt einen Aufstand in den Straßen. Die Ormond- und Liberty Jungens und die Metzgerjungen sind da, und der Vizekönig ist total verängstigt und der Bürgermeister tut nichts, und es gibt allgemeine Schlägereien in der ganzen Stadt.'

Ich wartete nicht darauf, noch mehr zu hören, und eilte zurück in mein Zimmer. Das Fenster war im zweiten Stock, aber es zeigte zur Straße hin.

Die Bettlaken zusammenzubinden war eine Arbeit von einer Minute. Ich befestigte das eine Ende des 'Seils' an einem Pfosten des Betts, das nahe am Fenster stand, und warf das andere über das Fensterbrett. Es reicht nicht weit genug herunter, und unter anderen Umständen hätte ich gezögert, herunterzuklettern, aber eine brüllende und aufgeregte Menge rannte schon die Straße entlang. Ich konnte das raue Gemurmel von zahlreichen Stimmen aus der Richtung des Parks und des Hafendamms hören. Angespornt von der Aufregung, glitt ich das Seil hinunter und wurde von den Armen eines stämmiger Ormond-Jungen aufgefangen.

Zwischen den Ormong-Jungs und den Studenten gab es natürlich keine große Liebe, aber nachdem mich mein Retter auf den Boden gestellt hatte, eilte er weiter, und ich hörte, wie er in die Schreie aus tausend Kehlen einstimmte: 'Zum Parlamentsgebäude! Zum Parlamentsgebäude! Zum Teufel mit

Rigby! [Richard Rigby, Engländer, 43 Jahre lang leitender Sekretär für Irland] Nieder mit den Engländern!

Durch den Ansturm der Menge zum Park wurde ich fast von den Füßen gerissen. Hier kam alles zum Stillstand. Der Park war voll mit Menschen, und die Menge drängte die Stufen zum Parlamentsgebäude. Kutschen und Stühle waren überall umgeworfen worden, aber direkt vor dem Parlamentsgebäude stand die Kutsche nach Kilkenny, mit der die Gesellschaft um Jack Langrishe reisen wollte.

Ich bahnte mir unter größten Anstrengungen meinen Weg dorthin. Als ich ankam, sah ich Jack direkt neben der Kutsche stehen, ohne seine Perücke und dem geistlichen Gewand, das in Streifen zerrissen war, und man konnte Mistress Dorothy Jacob und ihren zitternden Vater sehen.

'Ein Stuhl! Ein Stuhl für die Lady!', schrien einige aus der Menge, aber die Schreie waren vergeblich. Die Stühle waren, wie ich schon sagte, alle umgeworfen worden. Aber selbst wenn dies nicht so gewesen wäre, hätte es nichts genutzt, denn es kam eine neue Aufregung auf, welche die Aufmerksamkeit der Menge von der jungen Lady auf ihren Vater richtete. Der alte Mann hatte das Unglück, dass er eine große Ähnlichkeit mit einem Parlamentsmitglied aus dem Wahlbezirk von Maryborough hatte, der ein durch dick und dünn gehender Unterstützer der Regierung war, und von der man glaubte, dass sie sich dafür einsetzte, die Iren in das englische Parlament zu integrieren.

Rigby, der Sekretär des Vizekönigs, hatte den Beschluss verkündet, der dem 'Lord Lieutenant' [Repräsentant des englischen Königs und Kopf der irischen Exekutive] die Macht gibt, in bestimmten Notfällen das Parlament zusammenzurufen, ohne die sonst übliche Vorankündigung. Die Leute hatten gut verstanden, dass dies ein gerissener Schachzug war, den 'Act of Union' [Vereinigung mit Großbritannien] durchzusetzen, ohne dass sie dazu ihre Meinung sagen konnten.

Es war diese Befürchtung gewesen, die sie in den Straßen hat versammeln lassen. Sie schwärmten aus allen Gassen und Alleen aus den Liberties [Arbeiterbezirk von Dublin] herbei, und besetzten nicht nur den Park, sondern auch alle Zugänge dorthin. Einige der Leute schlugen vor, den Mitgliedern des Parlaments den Durchgang zu ermöglichen, welche in das Gebäude gehen wollten, aber nur, nachdem sie einen Eid abgegeben hatten, dass jeder von ihnen gegen den Versuch stimmen würde, das Parlament zu untergraben.

Der Vorschlag wurde unter Beifall akzeptiert. Das erste Mitglied, das sich hat sehen lassen, nachdem der Vorschlag angenommen wurde, war Rowley. Als man ihm den Eid abnehmen wollte, weigerte er sich zunächst.

'Reißt ihm die Perücke herunter!'

'Bringt ihn zum Liffey [Fluss in Irland, der auch durch Dublin führt]. Lasst uns den englischen Geruch von ihm abwaschen.'

'Zur Hölle mit Rigby! Nieder mit Bedford! (Bedford war der 'Lord Lieutenant]'. 'Lasst sie schwören! Lasst sie schwören!'

'Als er es für nutzlos erachtete, zu protestieren, legte Rowley, unter ohrenbetäubendem Jubel, den Eid ab, und wurde durchgelassen.

Kurz danach wurden der Quäker und ihr Vater aus der Kutsche geholt. Die Kutsche hätte die Parliament Street hinunterfahren sollen, aber die Menge, die den ganzen Morgen am Schloss verbrachte, ging zurück zum Park, als sie die Nachrichten vernommen hatten, dass sich die Parlamentsmitglieder versammeln würden, und ließen es buchstäblich an ihnen aus.

Als die Ähnlichkeit zwischen dem Quäker und dem Mitglied des Wahlbezirks von Maryborough durch einen aus der Menge entdeckt wurde, und als man seinen angenommenen Namen ausrief, konnte man von allen Seiten hören:

'Lasst ihn schwören! Lasst den alten Dieb schwören!'

Der arme Quäker, der um sein Leben fürchtete und am ganzen Leib zitterte, konnte sich keinen Reim darauf machen, was da vor sich ging. Als aber schließlich einer aus der Menge eine Bibel hervorholte, sie ihm vor das Gesicht hielt und sagte 'schwöre, und sei verdammt', antwortete er mit zitternder Stimme: 'Mein Freund, ich schwöre nicht!'

'Aber du musst schwören', antworteten ein Dutzend ruppige Stimmen.

'Er muss aber nicht schwören', schrie Jack Langrishe, der sich schützend vor die liebreizende Dorothy stellte und gleichzeitig versuchte, dem Vater zu helfen.

'Und wer zum Teufel bist du?', rief eine heisere Stimme.

'Ich bin ein Ire, Jungs, der eine junge Lady und einen alten Mann beschützt, auch wenn ganz Dublin mir gegenübersteht.'

'Auch wenn der Teufel zweifelt, aber du hast ein irisches Herz in dir', sagte einer.

'Ja, das hat er', sagte die anderen.

'Und nun', sagte Jack, der durch diese Bemerkungen ermutigt wurde, 'nun hört mir zu. Ihr liegt alle falsch. Dieser ehrliche Gentleman ist nicht der Mann, für den ihr ihn alle haltet.'

'Wirst du darauf schwören?'

'Ja, das tue ich.'

'Und wirst du sagen, 'zur Hölle mit Rigby und der Vereinigung?'

'Mit meinem ganzen Herzen', sagte Jack, denn Jack und die meisten jungen Burschen in diesen Tagen dachten, dass ein eigenes irisches Parlament ein Grund wäre, dafür zu kämpfen und zu sterben.

'Du bist ohne Zweifel ein wahrer Getreuer. 'Lasst den alten Gentleman gehen', rief die Menge im Chor.

Ich kam nahe an Jack und seinen blonden Schützling heran. Mit einem wissenden Blick und einer kurzen Erklärung ihr gegenüber, bat er mich, dass ich mich um sie kümmern sollte. Dann hakte er seinen Arm in den des alten Mannes, der halb benommen vor Furcht war. Wir versuchten, zum Geländer zu kommen und ins 'Robin Hood' zurückzugehen.

Die Menge aber war immer noch um uns herum, und wurde mit jeder Minute aufgeregter.

'Wer ist in der Kutsche? Raus mit ihm – raus mit ihm!'

Der Schrei bezog sich auf eine Kutsche, die versuchte, sich ihren Weg zum Eingang des Hauses zu bahnen.

Im Gedränge wurden Jack und ich gegen sie gedrückt.

Ein alter Gentleman mit einer Perücke, die mit roten Bändern befestigt war, steckte seinen Kopf aus dem Fenster.

'Du Verdammter, wer bist du. Warum zögerst du?', schrie die aufgebrachte Menge.

Der Gentleman unternahm einen Versuch, etwas zu sagen.

'Oh, er stottert, gebt ihm etwas Zeit, Jungs.'

'Komm schon, du alter Stotterer. Na, wer bist du?'

'Ich – ich bin Lord In – Inchiquin, ihr J-J-Jungs! O'B – Brien ist mein Name.'

'Lasst ihn hochleben, Jungs, er ist in Ordnung. Fahren Sie weiter Eure Lordschaft, und viel Glück für Sie.'

Und als Lord Inchiquin hineinging, versuchten wir in seinem Kielwasser zu folgen.

Dann erhob sich ein anderer Schrei, und die Menge taumelte hin und her, wie eine aufgewühlte See.

'Es ist der Lord Chancellor! [Lordkanzler], der verdammte englische Kanzler, der alte Bower. Lasst ihn schwören, Jungs, lasst ihn schwören. Raus mit ihm, damit er den Eid ablegen kann.'

Der empörte Kanzler hatte keine andere Wahl, als zu gehorchen; und als er das getan hatte, ging er zum Haus.

'Lasst ihn nicht ziehen', rief einer aus, der offensichtlich einige Autorität in der Menge hatte. 'Haltet ihn fest. Hier ist der oberste Richter, und wird lassen den alten Bowes seinen Eid vor ihm ablegen.'

Der Vorschlag gefiel der Menge, und sie zerrten den alten Bowes zurück und stellten ihn vor den Oberrichter.

'Schwöre vor dem obersten Richter, du alter englischer Nigger, dass du das Parlament nicht mit rüber nach England nimmst', und erneut war der unglückliche Kanzler gezwungen zu sprechen.

Und schon kam der Nächste, und die Menge rief:

'Und hier ist der alte Anthony Malone, Jungs. Oh, alter Tony, bist du hier? Tony der große 'Patriot', der gegen die Regierung war, bis sie ihm das Maul mit einer Pension gestopft haben. Oh, du bist hier, Tony! Lasst ihn schwören, Jungs, lasst ihn schwören!'

'Wartet, bis ich Tony die Hände geschüttelt habe', rief einer der Rädelsführer aus, als er seine Hände in den Dreck der Gosse gelegt und dann in die des 'Patrioten' gedrückt hatte.

'Ich denke, du wirst sie vermutlich schmutzig nennen, Tony, aber nicht halb so schmutzig wie deine, seit du das Gold der Regierung verwaltet hast.'

Diese witzige Einlage wurde von lauten Schreien der Begeisterung aufgenommen.

Und wieder kam einer vorbei:

'Beim Heiligen Geist! Wer ist das? Es ist unser alter Prendergast!'

Dieser Ausruf galt dem Erscheinen eines Gesichts aus dem House of Lords [Oberhaus]. Es war das von Thomas Prendergast, der für die Leute sehr unausstehlich war. Er lugte nur heraus, um zu sehen, was vor sich ging. Bevor er sich wieder zurückziehen konnte, wurde er bei der Nase gepackt und zur Gosse gebracht. Darin rollten sie ihn immer und immer wieder, bis er von Kopf bis Fuß voller Schlamm war.

'Lasst uns reingehen, Jungs. Warum sollen wir hier haltmachen?', rief einer der Rädelsführer aus, aber die Menge, die zum Hause of Lords [Oberhaus] hochgerannt war, als Prendergast sich zeigt, hatte bereits damit begonnen, einzudringen. Kurz danach gingen auch alle anderen in diese Richtung. Es blieb Jack und mir nichts anderes übrig, als uns mittreiben zu lassen. Dorothy klammerte sich mit einem scheußlichen Angstgefühl an meinen Arm. Was den alten Mann anbelangte, so schien er vor Angst den Verstand verloren zu haben.

So ruppig wie die Menge war, versuchten sie doch die junge Lady nicht zu bedrängen. Dennoch muss sie fürchterlich gelitten haben, als wir uns durch die Tür zwangen. Wir kamen hinein, und der Mob hatte auf den Sitzen des House of Lords Platz genommen, und die Peers [adlige Mitglieder des House of Lords] drängten sich hinter den Stühlen zusammen.

Lord Farnham, der seinem Vater gefolgt war, als der vor kurzem verstorben ist, war gerade dabei, den Eid abzulegen, als die Menge dazwischenkam und die Zeremonie unterbrach.

'Du musst den Eid vor uns ablegen! – du musst den Eid vor uns ablegen!'

Die Hetze der Menge und die wütenden Schreie verwirrten den Lord vollends. Er schaute hilflos auf den Lord Chancellor und seine Peersbrüder. Kaum in der Lage, zu wissen, was er tat, folgte er den Worten des Eids, wie sie ihm von einem der Rädelsführer vorgegeben wurden.

Dieser Auftritt provozierte lauten Beifall. Dann, als sie den Wunsch hatte, etwas anderes zu tun, begann sich die Menge auf die Stühle und Tische zu stellen und bahnte sich den Weg hinauf zum Stuhl des Vorsitzenden. Der Kanzler und die anderen Peers und einige Ladys hatten sich dahinter zurückgezogen.

'Oh, da ist Biddy Simpson – da ist Biddy, Jungs!'

'Meine Güte, wo sollte ich sonst sein?', antwortete Biddy, eine alte Lady, die bekannt war für ihre scharfe Zunge auf dem Ormond Markt [wichtigster Markt für die Metzger in Dublin].

'Setzt Biddy auf den Stuhl, Jungs! Setzt Biddy auf den Stuhl!', und begleitet von schallenden Rufen wurde Miss Biddy auf den Stuhl gesetzt.

'Pfeifen und Tabak, Pfeifen und Tabak für Biddy Simpson!'

Die Pfeifen wurden gebracht. Biddy steckte sich eine in den Mund, zündete sie unter frenetischen Schreien an, und die Menge begann allerlei Possen aufzuführen. Fetzen von Liedern und Ansprachen hallten durch den Raum, durchsetzt mit Schwüren, die man im Lärm kaum verstehen konnte. Es war eine kunterbunte Menschenansammlung. Peers, Mitglieder des Unterhauses, Universitätsstudenten und die Hälfte der Männer und Frauen aus dem Libertie-Bezirk in Dublin, und auch einige Ladys, die hierher gekommen waren, um Lord Farnham bei seinem Schwur zuzusehen, waren alle in der wildesten Unordnung miteinander vermischt.

Wie lange das noch anhalten würde, konnte niemand voraussehen, als plötzlich einer der Rädelsführer ausrief.

'Lasst uns die Dokumente verbrennen! Lasst uns die Dokumente verbrennen! Zum Unterhaus – zum Unterhaus!'

'Der Ausruf war angekommen, und die Menge begann sich ihren Weg nach draußen zu bahnen, um zum Unterhaus zu gehen.

'Wollt ihr mich alleine lassen, ihr Diebe, nachdem ihr einen Lord aus mir gemacht habt?', schrie Biddy, aber die Menge hatte ein neues Ziel gefunden und das Haus of Lords leerte sich, so schnell wie es sich gefüllt hatte.

Jack und ich und der alte Jacob und Dorothy blieben noch für fast eine Stunde. Und dann, als das vom Lord Lieutenment geschickte Militär die Straßen teilweise geräumt hatte – da sich der Lord Mayor [Oberbürgermeister] geweigert hatte, gegen die Menschen einzuschreiten – gingen wir nach draußen und begaben uns, nicht ohne Schwierigkeiten, zum 'Robin Hood'.

Dorothy war, trotz ihrer zurückhaltenden Art, eine mutige kleine Frau und erschien durch die Strapazen doch nicht so sehr mitgenommen zu sein.

Anders war das mit ihrem Vater. Er war vor Furcht und Aufregung fast zerstört. Jack überredete ihn, etwas Brandy zu trinken, und das hatte ihn ein wenig wiederhergestellt.

Als er sich soweit erholt hatte, dass er sprechen konnte, nahm er Jacks Hand und sagte in einfachen Worten:

'Freund, es ist jetzt das zweite Mal, dass ich Ihnen mein Leben schulde, und nun schulde ich Ihnen auch noch das meiner Tochter.

Ich selbst dachte mir, dass nun alles genauso kommen wird, wie es soll, auch wenn ich jetzt weggehen würde. Und so passierte es auch, denn in derselben Nacht, als ich am Feuer saß und über die Ereignisse des Tages nachdachte, wurde die Tür plötzlich aufgestoßen und Jack Langrishe schoss herein.

'Oh, Kamerad, ich bin der glücklichste Hund der Welt!'

Und ich denke, so war es wirklich, denn der alte Mann hatte schließlich sein Einverständnis gegeben, und Jack Langrishe fand in Dorothy Jacob einer der süßesten und besten kleinen Ehefrauen in ganz Irland.

## MEIN ERSTER FALL

Ich war kürzlich erst als Rechtsanwalt zugelassen worden und wollte mit meiner eigenständigen Tätigkeit beginnen, oder, besser gesagt, ich wollte nach Aufträgen suchen. Ich hatte mich in einer Stadt niedergelassen, die in einer Grafschaft in der Midlands-Region lag. Man hatte mich davon überzeugt, dass es dort gute Gelegenheiten für einen Anwalt gab, wie man die Mitglieder meines Berufs allgemein nannte.

Das war in der guten alten Zeit, bevor Zulassungsprüfungen zu den steifen Quälereien wurden, wie sie es seit vielen Jahre geworden sind. Ich muss zugeben, dass meine Anwesenheit in der Kanzlei, wo ich zunächst gearbeitet hatte, nicht so regelmäßig war, wie es hätte sein können, aber die gute Portion Vertrauen, die mir der erfahrende Sekretär im Büro meines Arbeitgebers mitgegeben hatte, gab mir aber größte Zuversicht, und so eröffnete ich meine eigene Kanzlei. Ich brachte ein Messingschild an der Tür an und setzte einen jungen Burschen von einundzwanzig Jahren als meinen Sekretär ein, der schon ein wenig Erfahrung im Geschäft von einem Büro auf dem Land mitbrachte.

Die Tage vergingen, aber der erhoffte Klient kam nicht. Mein Sekretär verbrachte die Zeit damit, Texte zu verfassen, mit Worten wie 'dieser Vertrag' und 'wohingegen' und anderen, wichtigen Ausdrücken, von denen er annahm, dass er sie eines Tages bei seinen Aufgaben brauchen würde. Er hatte zumindest die Befriedigung ein Gehalt zu beziehen, kein großes, das ist wahr, aber wenigstens etwas. Was mich anbelangt, muss ich zugeben, dass ich anfing, der Warterei müde zu werden, und mich schon fast für das Messingschild an meiner Tür schämte.

Eines Tages brachten Schritte, die ich in der Halle hörte, mein Herz in Aufregung, aber sie kündigten nur eine Frau an, die wissen wollte, ob wir Eier oder Weißkohl oder andere Handelsartikel haben wollten. Das war natürlich schrecklich enttäuschend; dennoch tröstete es mich mit der Feststellung, dass zumindest jemand das Haus gefunden hatte.

Es war sogar noch beruhigender, als ein oder zwei Leute hereinkamen, und fragten 'ist Tony Brown da?', obwohl es sich dabei um den Namen eines konkurrierenden Anwalts handelte, der seit Langem in der Stadt erfolgreich tätig war.

Das gab meinem Sekretär aber die Gelegenheit, in einem beeindruckenden Tonfall zu sagen 'Nein, das ist Torney Malones Büro'. Wir schmeichelten uns, dass dies eine ausgezeichnete Werbung war, die eines Tages ein gutes Ergebnis haben würde.

Dann kam eines Tages ein großer, schlaksig aussehender Mann vom Land ins Büro, der wissen wollte, wann die quartalsmäßigen Gerichtssitzungen stattfinden würden und welche Zeit er hätte, um einen Prozess vorzubereiten.

Das war geradezu aufbauend. Ich bat ihn in mein eigenes Büro und ließ ihn Platz nehmen. Auf einem Blatt Notizpapier, mit meiner Adresse am oberen Rand, schrieb ihm die Daten für die Sitzungen auf, und die letzten Fristen, um tätig zu werden. Das veranlasste ihn, mir seinen Fall zu schildern, an dem ich, was ich nicht zu erwähnen brauche, besonders interessiert war.

Es war eine einfache Klage bezüglich der Herausgabe eines Sattels, aber ich glaube, dass ich soviel daraus gemacht hatte, als wäre es eine Angelegenheit, die mit tausend Pfund Honorar verbunden ist. Ich befragte ihn und nahm ihn ins Kreuzverhör, wie ein alter Hase, so glaubte ich wenigstens, und fühlte mich sicher, dass ich meinen möglichen Klienten tief beeindruckt hatte. Nun, ich hoffte wenigstens, dass es so wäre. Schließlich erhob er sich, offensichtlich zufrieden, um zu gehen.

Als er Richtung Tür ging, sagte er: 'Nun, ich wünsche ihnen fürs Erste einen Guten Abend, Euer Ehren, und viel Glück. Ich selbst werde noch vor Donnerstag wiederkommen.'

Dann zögerte er für eine Sekunde, und schaute sich um, als er fragte:

'Sie sind doch Tony Brown, Euer Ehren?'

Ich fühlte mich verärgert, beherrschte mich aber und sagte ruhig:

'Nein, ich bin Mr. Malones, wie sie auf dem Notizpapier sehen können, das Sie in der Hand halten.'

Er schaute ein wenig verlegen auf den Zettel und sagte dann, als er weiterging:

'Nun, Sie sind jedenfalls eine sehr höfliche Person.'

Der Donnerstag kam, und mein erhoffter Klient hatte sich nicht sehen lassen. Die Sitzungstage kamen, und obwohl ich keine zu vertretenden Angelegenheiten hatte, dachte ich, dass es gut wäre, mich bei Gericht sehen zu lassen. Unter den ersten Fällen, die aufgerufen wurden, war der mit meinem 'Klienten', wie ich ihn genannt hatte, als Kläger – und sein Anwalt war Mr. Brown.

Ich muss zugeben, dass ich später in eher besserer Stimmung zurück in mein Büro ging, als ich es im anderen Fall getan hätte, als der Barrister, wie man den Richter am Grafschaftsgericht nannte, den Antrag ablehnte, mit allen Kosten zulasten meines einst erhofften 'Klienten'.

Danach vergingen Wochen und niemand kam in die Nähe des Büros, und ich sehnte mich sogar nach den Schritten der Gemüsefrau, aber gegen Abend eines Tages im Oktober, als ich gerade darüber nachdachte, das Büro zu verlassen, saß ich vor dem Feuer und schlug mir die Zeit mit dem Lesen einer Novelle tot, als mein Sekretär mit einem fröhlichen Gesicht hereinkam und mir sagte, dass mich ein Gentleman wegen rechtlicher

Angelegenheiten sehen wollte. Mein Herz sprang bis zum Hals. Schnell versteckte ich das Buch, nahm meine professionellste Haltung an meinem Schreibtisch ein und begann zu schreiben. So zeigte ich mich beschäftigt, als der Gentleman hereingeführt wurde.

Er war ein Mann, ich würde sagen so ungefähr fünfundvierzig Jahre alt, und er hatte alle Erscheinungsmerkmale eines Gentemans vom Land. Ich offerierte ihm einen Stuhl, den er sich nahm, und fragte, was ich für ihn tun könnte.

Seine Angelegenheit war schnell erklärt. Seine Tante, eine alte Lady, die bei ihm wohnte, lag im Sterben und wollte ihr Testament machen. Sie wollte alles ihrem Neffen überlassen — dem Gentleman, der mich konsultierte, und der seinen Namen als Mr. George Ralph Jephson angab. 'Meine Tante nennt mich aber Ralph', fügte er hinzu. 'Ich denke', sagte er, 'dass sie nicht viel Zeit brauchen werden, einen letzten Willen aufzusetzen, der alles mir überlässt? Ich möchte Sie auch bitten, gleich mit mir zu gehen, um seiner Durchführung beizuwohnen. Ich nehme an, ihr Sekretär wird ebenfalls kommen?', sagte er.

Ich antwortete, dass ich den letzten Willen, gemäß seinen Instruktionen, in kürzester Zeit vorbereiten werde. Ich notierte mir den Namen der vorgesehenen Erblasserin und seine eigenen Angaben, was ihr Vermögen betrifft. Ein halbes Dutzend Zeilen waren durchaus ausreichend gewesen, das fertigzustellen, da alles an eine Person gehen sollte, ohne irgendwelche Einschränkungen und Bedingungen. Ich veranlasste, dass mein Sekretär eine saubere Kopie anfertigte, und als das getan war, gingen er und ich und Mr. Jephson nach draußen, zu dessen einspännigem Pferdewagen, der mit einem jungen Mann, der daneben stand, vor der Bürotür hielt.

Ich wusste nichts über Mr. Jephson, außer dass er vor Kurzem das Haus mit Grundstück von Longfield erworben hatte, wo seit vielen Jahren niemand mehr gewohnt hatte, aufgrund einer Tragödie, die dort stattgefunden hatte, und dass er von Dorsetshire gekommen war. Sein Haus war ungefähr neun Meilen außerhalb der Stadt, aber die Straße war gut und das Pferd schnell, sodass wir es in einer guten Stunde erreicht hatten. Ein kurzer, sich windender Weg führte zum Haus, das recht düster aussah, weil das einzig sichtbare Licht durch das Fenster über der Tür kam.

Diese wurde, als Antwort auf das Klopfen von Mr. Jephson, vor einer alten, ziemlich schlampig aussehenden Frau geöffnet. Er führte meinen Sekretär und mich ins Esszimmer, wo ein helles Feuer brannte, und bat uns, Platz zu nehmen und sagte, dass er nach oben gehen würde, um zu sehen, ob die Lady bereit war, uns zu empfangen. Er kam kurz danach zurück, begleitete uns die Stufen hinauf und ging den rechten Korridor entlang. Dort drückte er eine Tür auf, die nicht verschlossen war.

Das Zimmer, welches nur spärlich möbliert war, für so ein imposantes Haus, wurde durch zwei Kerzen erleuchtet. Auf einem Bett, dass sich nicht mehr als ein Fuß über dem Boden befand, und das in einer Ecke hinter der Tür stand, lag eine mindestens siebzigjährige Frau. Sie war sehr zierlich, und ihr Gesicht hatte einen recht freundlichen Ausdruck. Trotz ihres Alters war sie wunderschön und hatte nur wenig Falten. Ihre Augen waren immer noch hell, und es war offensichtlich, dass sie einmal ein sehr schönes Mädchen gewesen sein musste.

Sonst war niemand anderes im Raum, ausgenommen Mr. Jephson, der Sekretär und ich, und die Tür war nun geschlossen. Ich holte die Vertragsunterlagen heraus und sagte, zur Lady gewandt:

'Möchten Sie ihr Testament machen?'

'Ja, oh, ja.'

'Und sie wollen alles ihrem Neffen hinterlassen?'

'Ja, alles für Ralph – Rafy – alles.'

'Dann hören Sie bitte zu, Madam, während ich dies vorlese. Es ist nur sehr kurz.'

'Bringen sie die Kerze näher an ihr Gesicht heran, damit ich Sie anschauen kann', sagte sie.

Der Wunsch überraschte mich, aber ich konnte ihn kaum ablehnen.

'Nein, nein, Sie sehen nicht aus, wie er, mein – Rafy; er hatte aber ihre blauen Augen – blaue Augen, und man konnte den goldenen Schimmer in seinem Haar sehen.'

Diese Worte überraschten mich. Mr. George Jephson, der im Schatten hinter mir stand, hatte augenscheinlich sehr dunkles Haar, obwohl jetzt schon ein wenig ergraut, und seine Augen waren von einem tiefen, fast dunklen Grau.

'Kann ich den letzten Willen vorlesen?', sagte ich.

'Geht alles an Rafy?', sagte sie.

'Ja, hören Sie ___'

'Ich, Eleanor Glasson, vermache und hinterlasse all mein reales und persönliches Vermögen, das ich erworben und besessen habe, oder für das ich das Recht erlangen kann, durch Erwartung, Heimfallsrecht oder Anwartschaft, meinem lieben Neffen, George Ralph Jephson ——'

'Sagen Sie an Rafy, schreiben Sie Rafy. Reicht das nicht?', unterbrach mich die alte Lady, in einem aus Zärtlichkeit und Verlangen gemischten Tonfall.

'Ich sollte aber besser seinen vollen Namen hineinschreiben', sagte ich.

'Nun, dann lesen Sie es noch einmal vor.'

'Ich las.'

Daraufhin rief sie aus: 'Nicht George! Ralph – Rafy. Es geht an Rafy.'

'Sehen Sie, sie hat mich nie George genannt', sagte Mr. Jephson mit leiser Stimme, 'sagen Sie ihr einfach, dass es so in Ordnung ist.'

Noch bevor ich antworten konnte, sagte die alte Frau:

'Lassen Sie mich Sie noch einmal ansehen', und Sie legte ihre Hand in die meine. 'Beugen Sie sich vor uns lassen Sie mich ihre Augen sehen. Ja, sie sind wie die blauen Augen von Rafy. Darf ich Sie um seinetwillen küssen?' Dann erhob sie ihre kleinen, geschwächten Hände an meine Backen und küsste mich. 'Ich weiß, Sie würden Rafy nicht betrügen, nicht wahr?'

'Nein, nein', sagte ich, sehr berührt und ein wenig verwirrt. Dann drehte ich mich zu Mr. Jephson hin und sagte: 'Da muss etwas nicht stimmen?'

'Vielleicht ist es besser, wenn Sie mit mir nach unten gehen, und ich werde alles erklären', sagte Mr. Jephson, in einem, wie ich dachte, etwas beunruhigten Ton.

Ich ging ins Esszimmer. Mr. Jephson hatte die Tür sorgfältig geschlossen und einen Ellbogen auf den Kamin gelegt, als er mich ansprach.

'Vor über dreißig Jahren brannte ein anderer Neffe namens Ralph, dem sie sehr zugetan war, mit einem Mädchen durch, das unterhalb seines Standes war. Da ihm sein Vater das nicht vergeben hatte, ging das Paar in die Vereinigten Staaten. Kurz nachdem sie dort angekommen waren, erfuhren wir zu Hause von seinem Tod durch Ertrinken. Das hatte das Herz meiner Tante fast zerbrochen, denn sie befürwortete die Heirat aus Liebe zu Ralph, und dachte nun, dass sie für seinen Tod verantwortlich war. Für eine Zeit war sie ihrer Sinne beraubt und unter Beobachtung. Als sie sich erholt hatte, schien es so, als würde mir ihre ganze Zuneigung geben. Sie bestand darauf, dass ich den Namen George aufgebe und mich Ralph nenne, was ich auch tun kann, denn es ist mein zweiter Vorname.'

'Manchmal spricht sie zu mir über ihn, und nur zu mir, und sie erwähnte gewöhnlich den Unterschied zwischen meinen und seinen Augen. In letzter Zeit spricht sie sehr oft von ihm. Wie es aber bei alten Leuten oft der Fall ist, vergisst sie, dass er tot ist. Ich bin aber jetzt der einzige Ralph in der Familie, und ich bin es, dem sie das überlässt, was sie hat.'

'Ich würde gerne selbst mit der Lady sprechen, wenn Sie keine Einwände haben', sagte ich.

'Ich fürchte, das wird sie nur aufregen', antwortete er, mit einem leichten Anflug von Verärgerung. 'Ich habe Ihnen alles gesagt, was sie auch sagen kann. Sie ist bereit, das Testament zu unterschreiben, wenn Sie es bezeugen.'

'Aber wenn Sie glaubt, wie Sie sagen, dass der andere Ralph noch am Leben ist, glaube ich, dass sie es wünscht, ihm das Vermögen zu überlassen.'

'Wenn das ihre Meinung ist und Sie meine Erklärung nicht akzeptieren, dann gibt es vermutlich nichts mehr zu sagen', antwortete er eher schroff.

Ich erhob mich, um zu gehen, und rief meinen Sekretär.

'Sie werden mir aber gestatten, Ihnen ein Glas Wein anzubieten', sagte er. 'Ich wäre auch erfreut, wenn Sie bleiben, um mit mir zu speisen. Ihre Fahrt nach Hause ist ziemlich lang.'

Ich akzeptierte den Wein und einige Kekse, was auch mein Sekretär tat. Als ich sagte, dass wir bereit waren, zu gehen, sagte Mr. Jephson, dass er uns selbst kutschieren würde.

Ich dachte, dass das recht seltsam war, weil er nicht anbot, den Kutscher zu holen, denn er hatte selbst die Straße schon zweimal an diesem Tag befahren. Als er aber mit mir im Vorderteil der Kutsche saß, gab er eine Erklärung. Er wollte nicht, so sagte er, dass seine Diener zu viel von seinen Geschäften erfahren würden.

'Es gab da aber nichts an seinen Geschäften, das einer Verschleierung bedurfte', sagte ich zu mir selbst.

'Das ist auch der Grund, warum ich wünschte, dass Sie ihren Sekretär mitbringen. Ich liebe diskrete Leute um mich herum, und keine, die über mich schwätzen. Wenn immer ich kann, beschäftige ich professionelle Leute.'

Zunächst dachte ich, dass er das sagte, um mir zu schmeicheln, konnte damit aber nicht zufrieden sein. Ich wusste später, dass dies ein Hinweis von ihm war, nicht über die geschäftliche Angelegenheit zu sprechen, die mich nach Longfield brachte.

Als wir bei meinem Büro angekommen waren, offerierte er mir ein Honorar von fünf Guineen; ich verweigerte dies aber, da die geschäftliche Angelegenheit, für die er mich engagiert hatte, zu nichts geführt hatte. Nachdem er höflich eine 'Gute Nacht' gewünscht hatte, fuhr Mr. Jephson weg.

Es schien so, als hätte mit dieser Fall Glück gebracht. Am nächsten Tag kam ein Beschuldigter, den ich in einem ziemlich ungünstigen Fall von Tätlichkeit vertreten sollte. Ich erschien für ihn in der Gerichtsverhandlung für kleinere Vergehen, und machte dabei, wie ich mich selbst lobte, eine gute Figur bei seiner Verteidigung. Wie auch immer, er wurde freigesprochen, und ich konnte mit Befriedigung in der lokalen Zeitung, der 'Midland Gazette' lesen, 'dass die geniale Verteidigung und die brillante Rede von Mr. Malone zugunsten des Beschuldigten, bewiesen hatte, dass er eine wertvolle Bereicherung der lokalen Gerichtsbarkeit ist.'

Danach kam das Geschäft in ziemlich schneller Abfolge herein. Aber, zu meinem Bedauern, bekam mein Sekretär, der sich sehr gerne in Dublin niederlassen wollte, die Möglichkeit in der bekannten Anwaltskanzlei Messrs. Wrexham & Co., in der Dame Street, zu arbeiten. Ich gab ihm, wie er es verdient hatte, eine ausgezeichnete Empfehlung, was ihm die Position sicherte.

Es war etwa ein Monat vergangen, nachdem er mich verlassen hatte, und etwa zwei Monate, seit dem Besuch von Mr. Jephson, als ich in den Traueranzeigen der 'Irish Times' die Anzeige vom Tod von Miss Glasson aus dem Longfield Haus las.

Ich hatte natürlich oft an die kleine alte Frau mit dem süßen Gesicht gedacht und ihre unsterbliche Liebe für Ralph mit den blauen Augen. Ich begann mich zu fragen, ob sie irgendein Testament gemacht hatte, und wenn ja, wer war der Erbberechtigte? Obwohl mich die Angelegenheit nichts anging, fühlte ich mich irgendwie erfreut, dass mein eigenes, von mir vorbereitetes Testament, wie ich es aufgrund der Weisungen von Mr. Jephson aufgesetzt hatte, nicht vollzogen wurde.

Ich wandte mich wieder meinem wachsenden Geschäft zu, und vergaß die Angelegenheit schnell wieder.

Einige Wochen nach der Anzeige in der 'Times', brachte mein neuer Sekretär eine Visitenkarte in mein privates Büro, und sagte:

'Dieser Gentleman möchte Sie sehen.'

'Ich schaute auf die Karte auf der der Name von 'Mr. Wrexham' stand. Es war der Name des Anwalts, zu dem mein ehemaliger Sekretär gegangen war.

'Führen Sie ihn herein', sagte ich.

Nach einer höflichen Begrüßung nahm sich Mr. Wrexham den offerierten Stuhl und kam gleich zur Sache.

'Sie wissen sicher', sagte er, 'dass Miss Glasson vom Longfield Haus vor Kurzem gestorben ist?'

Ich nickte zustimmend.

'Sie war sehr reich und hat etwa 30,000 Pfund hinterlassen. Das Ganze geht, nach ihrem Willen, an ihren Neffen, George Ralp Jephson. Meine Kanzlei wurde jedoch von Mrs. Ralp Jephson beauftragt, der Witwe eines anderen Neffen, der vor zwei Jahren verstorben ist ___'

'Vor zwei Jahren?', rief ich aus.

'Ja – wir wurden von ihr beauftragt, das Testament aufgrund unzulässiger Einflussnahme anzufechten. Wir haben deshalb einen Vorbehalt angemeldet, aber, um offen mit Ihnen zu sprechen, fürchte ich, dass wir wenig Beweise haben, auf die wir uns stützen können. Wir wissen, dass die verstorbene Miss Glasson eine sehr starke Zuneigung zu Ralph Jephson hatte, und immer die Absicht bekundete, ihn zu ihrem Testamentserben zu machen – sie hatte keine Möglichkeit ihren Besitz weiterzugeben, außer durch Testament – denn sie lebte mit ihrem Neffen, George Ralph Jephson, und war schon für geraume Zeit bettlägerig.'

'Er hielt jeden anderen Verwandten vom Haus fern. Er suchte sich diesen Platz in Irland aus und brachte sie hierher, und erst mit der Anzeige von ihrem Tod, erfuhren die anderen Verwandten von ihrem Wohnort. Es ergab sich, dass ihrem früheren Sekretär der Entwurf für den Vorbehalt übergeben wurde, um eine saubere Kopie davon anzufertigen, die beim Gericht hinterlegt werden sollte. Als der Name seine Aufmerksamkeit erregte, erzählte er meinem Obersekretär von dem Vorgang, bei dem er Zeuge im Zimmer von Miss Glasson geworden ist. Der Sekretär kam mit der Geschichte zu mir, und das ist der Grund für meine heutige Anwesenheit. Ich befürchte', fügte Mr. Wrexham nach einer Pause hinzu, 'dass hier ein Betrug begangen wurde, und dass der letzte Wille, für den eine gerichtliche Testamentseröffnung beantragt ist, nicht die Wünsche der dahingeschiedenen Lady ausdrückt.'

'Wer hat das Testament aufgesetzt und bezeugt?', fragte ich.

'Ein Anwalt und sein Sekretär.'

'Und wer ist der Anwalt?'

'Ein junger Bursche namens Devaney; er lebt in der nächsten Grafschaft – kennen Sie ihn?'

'Er wurde zur gleichen Zeit wie ich als Anwalt zugelassen.'

'Mr. Jephson scheint junge Anwälte zu bevorzugen', sagte Mr. Wrexham mit einem Lächeln, und fügte hinzu: 'Wissen Sie etwas über Devaney?'

'Nun ich hörte, dass er nicht viel zu tun hat, und er ist, wie ich befürchte, ein Trinker. Ansonsten ist er ein guter Kerl.'

'Genau der richtige Mann, um ihn zu einem unschuldigen Instrument für einen Betrug zu machen; und nun fühle ich mich bestätigt, dass ein Betrug begangen wurde, an der armen Lady, die verstorben ist, und an ihren Verwandten, die sie als Erbe einsetzen wollte, und deshalb ihre Aussage selbstverständlich überaus wichtig. Ich hätte natürlich schreiben und Ihnen eine Vorladung schicken können, aber ich hielt es für höflicher, sie selbst aufzusuchen. Der Fall ist für übermorgen angesetzt, und ich hoffe, das passt Ihnen, um in Dublin zu sein.'

Ich muss zugeben, dass es mir lieber gewesen wäre, man hätte auf meine Aussage verzichten können, aber ich hatte irgendwie keinen Zweifel, dass ein Betrug begangen wurde, und das süße Gesicht und die Erinnerung an das Vertrauen, dass die arme, tote Lady in mich gesetzt hatte, hatten eine starke Wirkung auf mich.

Als der Fall verhandelt wurde, sah ich zum ersten Mal die Witwe von Ralph Jephson. Neben ihr saß ihre Tochter. Sie war eher klein, außerordentlich hübsch, und ihre Gesicht zeigte eine unverwechselbare Ähnlichkeit mit ihrer toten Großtante. Ich war sofort von ihr eingenommen und fand es schwer, meine Augen von dem Bereich fernzuhalten, in dem sie saß.

Die Beweise gegen die Gültigkeit des Testaments waren eher dünn, ausgenommen meine Aussage und die meines ehemaligen Sekretärs. Sie wurde weiterhin durch die Diener gestützt, die bei der Verstorbenen angestellt waren, und aussagten, dass sie immer davon gesprochen hatte, dass sie Ralph Jephson zu ihrem alleinigen Erben machen wollte, aber diese Diener waren seit mehr als zwei Jahren nicht mehr bei ihr angestellt. Im Kreuzverhör mussten sie dann zugeben, dass Mr. George Ralph Jephson manchmal Ralph genannt wurde, aber sie verneinten, dass sie jemals selbst gehört hatten, dass die Erblasserin ihn so genannt hatte.

Ich bezog mich auf das, was ich bereits gesagt habe, aber ich konnte nicht bestätigen, dass die Erblasserin nicht in der Lage gewesen war, ein Testament zu verfügen. Ich konnte nur erwähnen, dass ich glaubte, sie wollte ihr Vermögen an Ralph geben, und nicht an George Ralph Jephson.

Das brachte den Richter gegen mich auf, und er fragte mich, warum ich dann nicht ihre wahren Absichten beurkundet hatte? Es wäre meine Pflicht gewesen, dies zu tun. Unter diesem

Aspekt hatte ich es bisher noch nicht gesehen und fühlte mich sehr unbequem, als ich den Zeugenstand verlassen hatte.

Dann kam der Zeuge der Verteidigung. Mr. George Ralph Jephson schwor, dass seine Tante ihn gewöhnlich Ralph genannt hatte und nur gelegentlich George. Sie hatte immer versprochen, ihm alles zu überlassen, und dass es auf ihre Anweisung hin geschah, dass er bei beiden Gelegenheiten zum Anwalt ging.

Was er mir – Mr. Malone – bezüglich seines Cousins Ralph gesagt hatte, war, so wie er glaubte, die Wahrheit, und er war überrascht, nun zum ersten Mal zu hören, dass er nicht ertrunken ist, wie gemeldet, sondern erst kürzlich verstarb.

Dann kam eine Hausangestellte, die ich als die Frau wiedererkannte, die mir die Tür geöffnet hatte. Sie trug Trauerkleidung und lüftete nur ein wenig ihren Schleier, als sie die Bibel küsste. Sie machte nervös ihre Aussage, und sie begann mit der Erklärung, dass sie niemals zuvor bei einem Gericht war. Sie schwor, dass Sie der Verstorbenen zu Diensten stand, und dass Letztere ihr gesagt hatte, alles ihrem Neffen Mr. George Ralph Jephson zu überlassen. Die Verstorbene hatte manchmal etwas von einem kleinen Rafy gefaselt, wie sie den Ertrunkenen nannte – aber das war nur vor kurzer Zeit, ein paar Wochen, bevor sie starb. So weit sie das beurteilen konnte, war sie voll bei Sinnen.

Mr. Devaney, der Anwalt, bezeugte, dass er mit einem Testament gekommen war, welches er gemäß den Instruktionen von Mr. Jephson vorbereitet hatte, und das alles ihm überlassen würde. Er hatte die Erblasserin niemals zuvor gesehen, hatte aber keinen Zweifel daran, dass sie wusste, was sie tat. Er hatte ihr den letzten Willen langsam vorgelesen. Er war sehr kurz, und sie sagte, dass sie ihn inhaltlich voll verstanden hatte. Sie hatte noch hinzugefügt, dass sie alles, was sie in dieser Welt hatte, ihrem dabei anwesenden Neffen zu hinterlassen, und er zeigte dabei auf den im Gerichtssaal anwesenden Mr. Jephson, der bei der Beurkundung an der Seite des Betts gestanden hatte.

Der Sekretär von Mr. Devaney machte eine ähnliche Aussage, und es schien so, dass hier nicht mehr zu sagen war. Aber Mr. Daunt, Q.C. [Q.C. = Queens Counsel, 'Anwalt der Krone', besonders erfahrene und zugelassene Anwälte, hier für den Kläger tätig], der den letzten Zeugen hatte gehen lassen – eher vorschnell, wie ich dachte – fuhr fort, den Sekretär sehr intensiv in ein Kreuzverhör zu nehmen.

'Ich nehme an, Sie haben die Erblasserin nie zuvor gesehen?'

'Niemals'.

'Aber Sie haben sie sich genau angesehen, als sie bei ihr waren?'

'Nun, ich habe natürlich hingeschaut, habe aber nicht viel von ihr erkannt – es gab da wenig Licht.'

'Oh, es gab da wenig Licht', sagte Mr. Daunt, der seine Brille richtete und den Sekretär mit seinem Blick fixierte. 'Wie viel Licht?'

'Eine Kerze.'

'Nur eine Kerze als die Erblasserin ihr Zeichen machte! War das der Grund, warum sie nicht mit ihrem vollen Namen unterschrieben hatte?'

'Nein. Sie sagte, sie könne nicht schreiben, als Mr. Devaney sie bat, zu unterschreiben, aber der meinte, ihr Zeichen würde genügen.'

'Sie konnte nicht schreiben!', unterbrach der Richter. 'Ich dachte, die Erblasserin war eine Lady von Stand?'

'Das war sie auch, My Lord', sagte Mr. Daunt.

'Und sie haben sich die Erblasserin nicht genau angeschaut?', sagte der Anwalt, an den Zeugen gerichtet.

'Nein, nicht besonders. Ich meine, ich wusste nicht sehr viel von ihr, aber ich habe ihre Hand und ihren Finger bemerkt, als sie ihr Zeichen machte.'

'Oh, haben Sie das! Sagen Sie dem Gericht und den Geschworenen, was Sie bemerkt haben', sagte Mr. Daunt, der die Ecken seiner Robe erfasst und sie nach vorne zog.

'Ich habe bemerkt, dass ihre Hände sehr grob für eine Lady waren, dachte ich jedenfalls, My Lord', sagte der Zeuge, der nach oben zum Richter sah. 'Und ich sah auch, dass sich ein tiefer Schnitt auf ihrem Zeigefinger befand, so, als ob er irgendwann einmal sehr gequetscht wurde.'

'Kommen Sie', sagte Mr. Daunt, der sich nach vorne lehnte und dem Sekretär ins Gesicht sah. Würden Sie denken, dass sie die Erblasserin wiedererkennen würden, wenn Sie sie sehen?'

Ein aufgeregtes Gemurmel ging durch die Menge.

'Wenn ich sie wiedersehen würde? Sie ist mit Sicherheit tot.'

'Sie ist mit Sicherheit tot', sagte Mr. Daunt, und wiederholte ihn wie ein Echo. Aber wenn sie es nicht wäre, würden Sie glauben, dass Sie sie erkennen würden?'

'Ich denke schon.'

'Und wenn Sie die Hand und den Finger sähen, würden sie diese erkennen?'

'Das würde ich.'

'Und Sie sind sich da sicher?'

'Ich – ich – nun, ich bin mir sicher. Ich denke schon.'

'Aber Mr. Daunt', warf der Richter ein, 'das ist ein außergewöhnlicher Weg, den Sie da einschlagen. Der Einwand, den für Sie für ihren Klienten vorbrachten, bezieht sich auf unrechtmäßige Beeinflussung.'

'Ganz recht, My Lord, aber dieser Fall ist selbst außergewöhnlich, und ich bitte Eure Lordschaft, sich mit mir ein wenig zu gedulden, im Interesse der Gerechtigkeit.'

Der Richter nickte.

'My Lord', fuhr Mr. Daunt fort, 'würde Eure Lordschaft die Güte haben, die Zeugin Agnes Marvel zu bitten' – so war der Name der Befragten – 'nach vorne zu kommen?'

'Aber My Lord', sagte Mr. Star, Q.C. – der Kronanwalt, der für die Gegenseite arbeitete', das ist ziemlich gegen die Regeln. Mein gelehrter Freund hatte die Gelegenheit gehabt,

Agnes Marvel ins Kreuzverhör zu nehmen, als sie im Zeugenstand war.

'Ich werde sie nach vorne rufen, und wenn Mr. Daunt ihr eine Frage stellt, gegen die Sie Einspruch erheben, werde ich Sie gerne anhören, Mr. Star', sagte der Richter.

'Danke, My Lord', sagte Mr. Star, als er sich wieder setzte.

'Ich habe nicht die Absicht Fragen zu stellen', sagte Mr. Daunt, 'deshalb hätte sich mein gelehrter Freund nicht so eilig einschalten müssen.'

'Treten Sie vor, Agnes Marvel', sagte der Gerichtsdiener.

Die Frau kam und stand in der Nähe des Sekretärs, der gerade aussagte.

'Heben Sie ihren Schleier, Madame', sagte Mr. Daunt.

Sie folgte der Aufforderung mit zittrigen Händen, die in schwarzen Wollhandschuhen steckten.

'Nun, hätten Sie bitte die Güte, ihre Handschuhe auszuziehen.'

'Was hat das zu bedeuten?', sagte Mr. Star, der aufsprang.

'My Lord, ich stelle diese Forderung wegen meiner Verantwortung als Anwalt', sagte Mr. Daunt.

'Wo ist ihre Einwand, Mr. Star?', sagte der Richter.

Die Frau entfernte ihre Handschuhe. Als sie dies tat, wurde ihr Gesicht totenbleich. Ohne ein Wort Vorwarnung fiel sie nach hinten und wäre auf den Zeugentisch gefallen, wenn sie der Gerichtsdiener nicht in seinen Armen aufgefangen hätte.

Man hörte Rufe wie 'Wasser!' und 'bringt Sie raus an die Luft!'

'Vielleicht wäre eine Vertagung des Gerichts angemessen, My Lord', sagte Mr. Star, denn wir haben bald Mittagszeit.'

'Was sagen Sie, Mr. Daunt?', fragte der Richter.

'Kann ich dem Zeugen noch eine Frage stellen, My Lord?'

'Ja.'

'Haben Sie, Zeuge, die Hand der Frau gesehen?'

'Ja.'

'War das die Hand, die das Testament unterschrieben hat?'

'Ich denke schon.'

Die Aufregung im Gerichtssaal war nun recht heftig.

'Ich denke', sagte der Richter, dass wir doch weitermachen sollten. Bringt die Frau herein, wenn sie sich erholt hat', fuhr er fort und richtete sich dabei an einen Polizisten.

Die Frau wurde hereingebracht.

'Nun', sagte der Richter und wandte sich an Mr. Daunt, können Sie ihre Frage wiederholen, aber lassen sie mich zuerst diese Frau warnen.

'Agnes Marvel?'

'Ja, My Lord.'

'Die Frage, die der Anwalt nun stellen wird, kann Ihnen große Schwierigkeiten bereiten. Hören Sie genau zu.'

Mr. Daunt wiederholte die Frage an den Sekretär, und dieser beantwortete sie wie zuvor.

'Denken Sie, dass Sie ihr Gesicht erkennen?'

'Nun, wenn ich sie mir so anschauen, denke ich, dass ich das tue. Aber ich bin mir nicht absolut sicher.'

'My Lord', sagte Mr. Daunt, 'kann ich Mr. Malone nochmals in den Zeugenstand rufen?'

'Warum, Mr. Daunt?'

'Damit er mir das Aussehen der Lady beschreibt, die er sah ——'

'My Lord', My Lord!, unterbrach Agnes Marvel, 'wenn Sie mir versprechen, mich nicht zu hängen, werde ich die Wahrheit sagen. Ich habe das Testament unterschrieben, ich war es, und dort ist der Mann, der mich dazu verleitet hat, das zu tun', und sie zeigte in die Richtung, in der Mr. George Ralph Jephson Platz genommen hatte. Dieser aber nutzte geschickt die Aufregung, und es gelang ihm zu verschwinden; er tauchte danach nie wieder auf.

Es gibt keinen Grund den Bericht hier weiter fortzuführen. Es genügt, zu sagen, dass das falsche Testament verworfen wurde.

Glücklicherweise wurde dann ein zuvor gemachtes zugestellt, das sich Gewahrsam eines Anwalts in England befand. Darin stand, dass das ganze Vermögen der verstorbenen Miss Glasson Ralph Jephson vermacht wurde, und zu gleichen Teilen an seine Kinder, sollte er vor der Erblasserin versterben. Damit fiel alles an Miss Blanche Jephson.

Es ist vielleicht interessant zu erwähnen, dass Mr. Daunt ursprünglich überraschter von der Auflösung war, als irgendein anderer. Er hatte nur die Absicht gehabt, Mr. Devaneys Sekretär rein formell einige Fragen zu stellen, aber die Aussage von ihm, dass die Erblasserin ihm gesagt hatte, dass sie in ihrem Leben nie eine Zeile geschrieben hatte, weckte seine Aufmerksamkeit. Als dann der Sekretär den Finger der Erblasserin beschrieb, ging ihm plötzlich ein Licht auf, dass den weiteren Weg erhellte.

## EINE ERSCHEINUNG ODER EIN TRAUM?

Ich hatte keine entschiedene Meinung, so oder so, was das Thema Geister angeht – das heißt, ich war niemals in der Lage, meine Glauben an sie festigen, noch konnte ich andererseits verneinen, dass sie sich gelegentlich in den flüchtigen Blicken des Mondes zeigten.

Es konnte mich jedoch nichts dazu bewegen, eine Nacht auf dem Friedhof zu verbringen, und es würde mich besondere Anstrengungen kosten, nach Einbruch der Nacht an einem solchen an der Landstraße vorbeizugehen, wenn ich zufällig allein sein sollte.

Es ist nämlich so, dass ich für viele Jahre, und seit meiner frühesten Kindheit, an den Nachwirkungen einer düsteren Vorstellung litt.

Als ich ein wenig älter als sechs Jahre war, hatte ich einen schrecklichen Schock erlitten, ausgelöst durch den Selbstmord eines Nachbarn. Ich hatte ihn oft gesehen, wie er an der Tür des Hauses vorbeiging, in dem er lebte. Er war, wie ich mich gut erinnere, ein Ingenieur, und er hatte einen recht eigenartigen Gesichtsausdruck, der einen tiefen Eindruck auf mich machte.

Ich habe ihn nicht tot liegen sehen, sondern folgte nur einer Menge, die hauptsächlich aus Frauen bestand, und die dem Sarg folgten, der auf den Schultern von vier Männern zum Haus des Verstorbenen getragen wurde. Als der Sarg hineingebracht wurde, standen die Versammelten noch für einige vor dem Haus, und natürlich war die tödliche Tat das einzige, über das man sprach.

Ich stand in der Nähe von drei oder vier dieser Frauen, die einer anderen dabei zuhörten, wie sie eine sehr anschauliche Darstellung von der Art und Weise gab, wie sich der unglückliche Mann das Leben genommen hatte. Die Einzelheiten waren wahrscheinlich nur in ihrer Fantasie entstanden, aber sie vertieften sich in meinem Gehirn, und die Erinnerung daran kosteten mich Stunden und Nächte der bittersten Qualen – wirkliche Qualen, unmöglich zu beschreiben. Ich habe das immer noch nicht vergessen, obwohl inzwischen fast ein halbes Jahrhundert vergangen ist.

Wie schon erwähnt, war ich nur ungefähr sechs Jahre alt und wurde jede Nacht um etwa acht Uhr ins Bett geschickt. Ich schlief oben im Haus in einem Raum, wo auch eine der Dienerinnen schlief. Ich kann mich nicht erinnern, dass ich irgendwelche Angst hatte, wenn ich alleine in einem dunklen Raum war, *vor* der Zeit, über die ich spreche. Aber in der Nacht, als ich die Nachrichten von dem Selbstmord hörte, kam eine neue Erfahrung zu mir, die einen Eindruck auf meinen Geist und Körper hatte, der niemals wieder verschwand.

Ich erinnere mich gut, als wäre es letzte Nacht gewesen, dass ich die Fußschritte der Hausangestellten hörte, wie sie noch einmal die Treppe hinuntergegangen ist, nachdem sie mich zu Bett gebracht hatte. Ich kann mich auch an die Geräusche in der Straße erinnern, den Klang von Füßen und Stimmen, die sich unterhielten, als ich plötzlich in der Dunkelheit und nahe an meinem eigenen Gesicht, das des toten Mannes sah!

Ich habe hier absichtlich die Einzelheiten seines Selbstmords weggelassen, und möchte ich hier auch nicht das Gesicht beschreiben, wie ich es gesehen hatte. Es muss genügen, wenn ich sage, dass es genau in dem Zustand war, wie es die Frau in der Menge beschrieben hatte. Es war das eigenartige Gesicht, dass ich gewohnt war, zu sehen, nur durch Wunden grässlich entstellt. Ich schrie, als es näher kam – schrie, als ob ich mein ganzes Leben im Hals gehabt hätte, schrie und schrie, aber es kam keine Hilfe. Ich befand mich im obersten Stockwerk eines hohen Haues, und die Tür war verschlossen.

Ich bedeckte meinen Kopf mit den Bettdecken, bis ich fast erstickt war, und schloss meine Augen, um diesen fürchterlichen Anblick nicht zu sehen, wie ich hoffte, aber das verstärkte ihn nur noch.

Manchmal schien sich das Gesicht, wie ich es kannte, als er noch am Leben war, auszubreiten und wieder zusammenzuziehen, und jeder Gesichtszug schien in krampfartiger Bewegung zu sein.

Der Druck der Bettdecken und die erstickende Hitze, zwangen mich schließlich dazu, sie wegzunehmen, und wieder schrie ich – schrie, wie ein wildes, gequältes Tier. Endlich hatte man mich gehört, und jemand kam schnell die Treppe hinauf. Die Tür wurde aufgestoßen und die Kerze angezündet. Es war die Dienerin.

'Mein Gott! Was ist los?', rief sie aus, als sie mich zittern sah, als hätte ich, schweißbedeckt, einen Anfall gehabt.

Ich versuchte alles, so gut ich konnte, zu erklären, und sie bemühte sich darum, mich zu beruhigen. Sie blieb an meiner Seite, bis ich in einen unruhigen Schlaf gefallen war. Aufgrund der Anweisungen des Arztes, den man am nächsten Tag gerufen hatte, saß sie noch für Monate in meinem Zimmer, solange, bis ich eingeschlafen war. Für viele Jahre, bis ich fast zum Mann herangereift war, schlief ich nur in einem beleuchteten Raum.

Aber immer wenn ich allein war, entweder bei Nacht oder bei Tag, war ich anfällig dafür, solche Gesichter zu sehen, über die ich danach in De Quinceys Buch 'die Heimsuchung der Träume von Opium-Konsumenten' gelesen hatte. Ich bin oft vor diesen Gesichtern zurückgeschreckt, die plötzlich vor mir auftauchten, wenn ich alleine auf einer Landstraße ging, selbst an einem hellen Nachmittag, als die Sonne scheinte. Und als die Leute ihre Überraschung darüber ausdrückten, dass man mich niemals dazu bringen konnte, in ein Totenhaus zu gehen, wussten sie wenig davon, dass ich mich nur so verhalten konnte. Ich würde sonst danach, durch das, was ich da sah, für Monate von Geistern gejagt werden, immer wenn ich alleine war.

Ich habe dies alles kurz erklärt, denn es kann zu einem bestimmten Teil helfen, das Phänomen zu erklären, bei dem ich

Zeuge geworden bin, unter den Umständen, die ich jetzt beschreibe.

Ungefähr vor zwanzig Jahren machte ich einen längeren Besuch bei einem Freund, Gerald F\_\_\_, der damals in einer der Grafschaften lebte, die an Dublin angrenzen. Dieser Freund ist aber bereits verstorben.

Er war gerade dabei, sich mit einem hübschen Mädchen zu verheiraten, eine Miss R\_\_\_, die er in London getroffen hatte, und die mit ihrer Tante wenige Meilen vom Creeve House entfernt wohnte, der Residenz meines Freundes. Die Hochzeit sollte wenige Monate nach meinem Besuch stattfinden, und die Ehe versprach sehr glücklich zu werden. Das Mädchen war genauso anmutig, wie es schön war, und mein Freund Gerald war ihr in jeder Weise würdig. Beide waren sehr wohlhabend. Dem Mädchen, eine Waise, wurde von ihren Eltern viel vermacht, und sie konnte auch einigen Reichtum von ihrer Tante erwarten. Das junge Paar war sehr ineinander verliebt, und Gerald fuhr fortwährend hinüber zum Anwesen ihrer Tante und nahm auch oft seine Verlobte auf einen Ausflug durch die lieblichen Landschaften mit.

Mein Besuch erfolgte in Einlösung eines gegebenen Versprechens, an das mich Gerald fortwährend erinnert hatte, lange bevor die Verlobung stattfand.

Ich kam zu ihm hin, ohne von der Verlobung zu wissen, und als ich die Nachrichten vernommen hatte, konnte ich mir nicht helfen, ihm zu sagen, dass mein Besuch zeitlich doch ziemlich ungelegen kommen müsste. Aber Gerald antwortete, dass er hocherfreut war, seinen alten Freund zu sehen. Dies würde es ihm ermöglichen, mit mir über sein eigenes großes Glück zu sprechen.

Und er sprach wirklich viel darüber, und, wie ich sagen muss, aus ganzem Herzen. Eines Tages aber sagte er mir, dass er befürchtete, mich damit in unseren gemeinsamen Stunden zu ermüden. Auf der anderen Seite meinte er, dass ich es ziemlich langweilig finden müsste, allein gelassen zu werden, wie so oft, wenn er in der Gesellschaft seiner Verlobten weggegangen war.

Ich unterbrach ihn, indem ich sagte, dass ich mich über sein Glück freue und auch, ihn darüber sprechen zu hören. Da ich das Land liebte und Bücher mochte, war ich in der Lage gewesen, in sehr angenehmer Weise meine Zeit zu verbringen, besonders bei dem herrlichen Sommerwetter, das wir hatten.

Und die Zeit ging in der Tat sehr angenehm vorüber, bis ich an einem Abend, etwa drei Wochen nach meiner Ankunft, auf dem Rasen vor dem Haus lag, im Schatten einer wunderbaren Esche, die ihre Äste über einen kleinen Bach ausbreitete, der sich durch das Gras schlängelte. Ich schätzte mich so glücklich, wie es Horaz [römischer Dichter] in ähnlicher Situation war, bis ich den Klang eines schnell galoppierenden Pferdes vernahm, dass plötzlich über die Allee heran schoss.

Ich hatte kaum Zeit gehabt, mich umzudrehen, als das Pferd vor der Eingangshalle haltmachte. Ich sah, dass es Geralds Kutsche war, und dass er, weiß wie ein Blatt Papier, einen Arm um die Taillie von Miss R___ gelegt hatte. Ihr Kopf ruhte auf seiner Brust. Ich rannte hin. Ein Blick auf die unaussprechliche Qual in seinen Augen überzeugte mich, auch ohne das Blut auf Miss R___ zu bemerken, dass sich eine schreckliche Tragödie ereignet haben musste.

Natürlich musste als Erstes die Lady ins Haus gebracht werden. Das wurde getan und man hatte sofort nach dem Arzt gerufen, aber auch der kürzeste Blick auf sie machte uns bewusst, dass seine Dienste nicht mehr gebraucht wurden. Das arme Mädchen war tot!

Gerald war anfangs zu abwesend, um einen zusammenhängenden Bericht über das zu geben, was passiert war. Als er aber wieder ruhig genug war, um zu sprechen, war die Geschichte schnell erzählt.

Er und Miss R____ waren zusammen durch Creveen Wood gefahren, als ein Schuss fiel. Die Lady saß auf der Seite, von der aus er abgegeben wurde. Sie wurde getroffen und sofort getötet. Das Pferd, erschreckt durch den Knall, galoppierte wie wild nach Hause. Gerald hatte keinen Versuch unternommen, es anzuhalten, denn sein einziger Gedanke war bei dem verwundeten Mädchen, das neben ihn gefallen war. Glücklicherweise war das Tor offen, welches zur Allee führte, und es war auch sehr breit, sodass das Pferd hindurch galoppierte, ohne die Pfosten zu berühren.

Der Arzt kam, gefolgt von der Polizei, nachdem die Nachricht zur angrenzenden Polizeistation gebracht wurde. Ersterer war natürlich unnütz, und Letztere, nachdem sie gehört hatten, was Gerald zu sagen hatte, gingen hin zur Schonung, waren aber nicht in der Lage eine Spur zu finden, die ihnen bei der Aufspürung des Mörders helfen konnten.

Ich muss mich nicht über die Einzelheiten des Begräbnisses auslassen, oder um Geralds Geisteszustand, oder die schrecklich traurigen Nächte, die der Tragödie folgten. Selbst fast erschöpft, blieb ich mehrere Nächte mit Gerald auf. Schließlich bestand jedoch der Arzt darauf, dass ich selbst einige Ruhe brauchte, und etwa eine Woche später, nach dem grauenvollen Ereignis, zog ich mich für die Nacht in mein eigenes Zimmer zurück.

Von dem Moment an, wo ich ins Bett stieg, versuchte ich zu schlafen, aber der Schlaf kam nicht zu mir. Ich hatte das Licht ausgemacht und wälzte mich von Seite auf Seite, als direkt in der Dunkelheit vor mir, ein Gesicht erschien!

Die Belastung meiner Nerven hatten wohl die alten geisterhaften Erscheinungen wiedergebracht. Die Plötzlichkeit, wie sie kamen, und ihre Nähe erschreckten mich. Sie brachten die alte Furcht zu mir zurück, obwohl es nun schon viele Jahre zurücklag, seit ich gelitten hatte. Zudem war ich zwischenzeitlich auch recht stark geworden.

Es gab nichts Unangenehmes in diesem Gesicht. Es war das eines jungen Mannes, ungefähr achtundzwanzig Jahre alt, und es hatte mehr als nur eine geringe Ähnlichkeit mit dem von meinem Freund Gerald. Instinktiv versuchte ich, meine Augen zu schließen. Das führte aber nur dazu, dass ich es, wenn das überhaupt möglich war, noch deutlicher sah. Als ich aber genau hinschaute, begann es vor mir zurückzuweichen und zurück an die Wand zu fallen.

Dann nahm ich wahr, dass es nicht länger nur ein Gesicht war, das sich zeigte; da war die Gestalt von einem Mann. Er war in dunkelgrauem Tweed gekleidet, eher schäbig und sah aus wie einer, der eine militärische Ausbildung gehabt hatte. Ich hatte das Gesicht nie zuvor gesehen, aber das überraschte mich nicht, da meine Vorstellung sehr oft solche Spielchen mit mir trieb.

Ich begann, an andere Männer zu denken, die ich gekannt hatte und mir ihre Gesichter vorzustellen, in der Hoffnung, dieses Gesicht auszulöschen, welches, wie ich sagte, mich dazu brachte, mich so zu fühlen, wie es für mich in den alten Nächten des Schreckens der Fall war.

Aber als ich gerade an dem Punkt war, Erfolg zu haben, wurde die Erscheinung lebhafter und kam wieder ans Bett heran, und dann bemerkte ich, dass sie eine Pistole in der rechten Hand hielt.

Bald danach war sie wieder verschwunden, und ich fiel in einen tiefen Schlaf und wachte erst spät am nächsten Tag auf.

Etwa vierzehn Tage später kam Gerald, den ich fast nie alleine gelassen hatte, außer zur Schlafenszeit, wieder in einen erträglichen Geisteszustand, und ich fand, dass ich für einen gelegentlichen Spaziergang hinausgehen könnte.

So brachten mich meine Schritte unfreiwillig in die Richtung von Creveen Wood. Nichts hatte sich in der Zwischenzeit ergeben, um das Rätsel aufzuklären. Man hatte eine Belohnung ausgesetzt, aber man erhielt keine Informationen und alle Hoffnung auf Entdeckung wurde aufgegeben.

Ich war nahe an die Schonung herangekommen, ohne es richtig zu bemerken; aber als ich es dann tat, machte ich den Versuch, zurückzugehen. Dabei wurde ich aber von einer unwiderstehlichen Kraft weiter vorwärts gedrängt. Ich betrat die Schonung, und als ich für einige Zeit dort herumlief, stieß mein Fuß gegen etwas Hartes, das einen sonderbaren Klang von sich gab. Ich sah herab, um festzustellen, was es war, gegen das ich gestoßen bin, und stellte fest, dass es sich um ein Stück Metall handelte. Ich nahm es hoch, untersuchte es sorgfältig, und es schien ein Stück von einem Pistolenschloss zu sein.

Schnell wie ein Blitz kam mir die Erinnerung an etwas, das vorher keinen besonderen Eindruck auf mich gemacht hatte. Das Schloss der Pistole in der Hand der Gestalt, die ich in der Erscheinung gesehen hatte, war unvollständig!

Eine seltsame Erregung nahm Besitz von mir, und ich fühlte, wenn ich nur das dazugehörige Original finden würde, soweit es überhaupt existiert, könnte ich den Mörder von Miss R___ finden.

Auch Gerald wollte ihn finden, und während eines unserer vorherigen Gespräche brachte er mich dazu, ihm zu versprechen, bei der Suche zu helfen. Ich gab das Versprechen, um ihn zu beruhigen. Zu dieser Zeit glaubte ich jedoch, dass es wenig oder gar keine Wahrscheinlichkeit gab, ihm helfen zu können.

Ich steckte das Stück Metall in meine Tasche und ging zum Creeve House zurück.

Gerald, der nunmehr in der Lage war, sein Zimmer zu verlassen, war hinunter in das Arbeitszimmer gekommen, und als ich eintrat, sah ich, wie er die Seiten eines Albums mit Porträts umdrehte.

Ich ging hin, setzte mich neben ihn und gratulierte ihm zu seinem gesünderen Aussehen. Er schüttelte traurig seinen Kopf, und dann, in der Hoffnung seine Gedanken von dem besagten Thema abzulenken, das ihn wohl zweifelsohne beschäftigte, legte ich meinen Finger auf das Album.

'Wer ist das?', sagte ich.

'Es war die Gestalt einer alten Lady.

'Sie war eine Tante von mir.'

Ich drehte das Blatt herum, und das nächste Porträt war das von dem Mann, den ich in der Erscheinung gesehen hatte! Für einen Moment hielt ich den Atem an. Dann beugte ich mich über das Album, um zu sehen, das mich der Anblick nicht trügt, und fragte dann:

'Wer ist das?'

'Ein Halbbruder, Frank L___', antwortete er. Er war der Sohn meiner Mutter, von ihrem ersten Ehemann. Meine Mutter war Witwe, als sie Vater heiratete.'

'Es brannte in mir, eine neue Frage zu stellen, aber ich fürchtete, dass ich mich selbst betrügen würde.

'Sie war sehr stolz auf ihn', fuhr er fort, 'genauso stolz, wie auf mich – zu stolz, denke ich manchmal, denn er entwickelte sich nicht so gut. Er war ein Soldat und verließ sein Regiment unter recht unklaren Umständen; ich kenne aber keine Einzelheiten.'

'Er sieht dir durchaus ähnlich', wagte ich zu bemerken.

'Mehr wie Mutter, würde ich sagen', gab er als Antwort.

'Und wo ist er jetzt?'

'Das kann ich nicht sagen. Als ich das letzte Mal etwas über ihn gehört hatte, wohnte er in Kingstown oder Blackrock. Ich weiß nicht viel über ihn. Wir waren nie Freunde. Er hatte Mutter ihre zweite Heirat stets übel genommen, und ich fürchte, dass er auch mich deswegen gehasst hat.'

Dann sprach Gerald über eine andere, unverfängliche Angelegenheit, und ich hatte nicht den Wunsch, ihn zu der wichtigsten Sache, die meine Gedanken beschäftigte, zurückzubringen. Aber als er redete, bildete sich die Frage in

244

meinem Kopf – 'war Frank L___ der Mörder? Und wenn so, was war sein Motiv?'

Ein paar Tage später habe ich Creeve House verlassen, da Gerald fast wieder der Alte war. Ich stellte jedoch fest, dass die Last, sich um ihn zu kümmern, wie auch die Anspannung und die Erscheinung und die Frage, die mich stets verfolgte, mich mehr strapaziert hatten, als ich gedacht hatte. Ich beschloss deshalb, an paar Tage am Meer zu verbringen, und ich fand zwei für mich geeignete Zimmer in einem der Häuser an der Esplanade von Bray, nicht weit vom 'Head' [irisch *Ceann Bhré*, ein 241 Meter hoher Berg und eine der Touristenattraktionen in der Stadt Bray].

Ich nahm die Räume, brachte mein Gepäck hinein, und ging für ein paar Stunden nach Dublin, um einige geschäftliche Angelegenheiten zu erledigen. Es war fast zehn Uhr in der Nacht, als ich zurückkam. Ich begegnete meiner Wirtin, die ziemlich verstört war. Sie dachte, dass der Gentleman, der die von mir belegten Räume angemietet hatte, endgültig weggegangen sei, obwohl zwei oder drei Tage seiner Mietzeit noch nicht abgelaufen waren. Er war aber an diesem Abend unerwartet zurückgekommen. Wenn es mir nichts ausmachen würde, sagte sie, könnte ich für die Nacht das Zimmer eines anderen Gentleman haben, der nicht da war und auch für weitere drei oder vier Tage wegbleiben würde.

Natürlich habe ich zugestimmt, und nach ein paar Minuten wurde mir gesagt, dass das andere Zimmer bereit sei.

Da ich ziemlich müde war, ging ich sofort hoch, als ich diese Information erhalten hatte. Ich schaute mich um und war zufrieden. Ich setzte mich auf einen Stuhl, der zum Kaminfeuer hingedreht war, um meine Stiefel auszuziehen. Als das getan war, schaute ich mich etwas entspannter um und sah, dass auf einem Ständer auf dem Kaminsims eine Pistole lag. Ich ging hin, um sie zu betrachten. Da ich mich für Waffen interessiere, sah ich sofort und mit ziemlicher Überraschung, dass das Pistolenschloss beschädigt war.

Ich steckte hastig meine Hand in meine Tasche und zog das Stück Metall heraus, dass ich bei Creveen Wood gefunden hatte. Es passte genau in die Beschädigung!

Für einen Moment fühlte ich mich wie betäubt; dann schaute ich mich im Zimmer um, als würde ich nach etwas suchen, aber ich wusste nicht was. Meine Augen fielen auf einen Handkoffer mit den Initialen F.L. 'Frank L___? 'Das ist jedenfalls erstaunlich', sagte ich zu mir selbst.

Ich warf mich in voller Kleidung aufs Bett, konnte aber nicht schlafen. Es gab Gaslicht im Zimmer und es brannte die ganze Nacht.

Als ich die Vermieterin am nächsten Morgen traf, fragte ich sie, als wäre das nur beiläufig, wer der Bewohner in meinem Zimmer war.

'Oh, Mr. L___', antwortete sie. 'Er ist schon seit ein paar Wochen weg und wird wohl für einige Zeit nicht zurückkommen. Er bleibt oft für über einen Monat weg.

Was war zu tun? Ich hatte keinen Zweifel, dass ich den Mörder gefunden hatte.

Sollte ich Gerald F___ davon erzählen? Würde er meiner Erscheinung glauben? Würde er das Stück Metall als Beweis ansehen, und wenn er das täte, würde er mir dafür danken, den anderen Sohn seiner Mutter dieses Verbrechens zu überführen?

Nein, ich würde noch nichts sagen, zumindest nicht, bis ich die Angelegenheit weiter verfolgt hatte.

Deswegen beschloss ich am nächsten Tag einige private Untersuchungen durchzuführen, was die kürzlichen Aktivitäten von Frank L___ anbelangte. Aber noch bevor ich das alles in Gang gebracht hatte, und innerhalb weniger Tage seit meiner Entdeckung in Unterkunft am Meer, kam in den Morgenzeitungen die Nachricht, das man den Körper eines Mannes zwischen Salthill und Kingstown gefunden hatte. Es stellte sich durch Dokumente, die man bei ihm fand, heraus, dass er Mr. Frank L___ war!

Mein Freund, Gerald F___, war, wie ich erfuhr, bei der Beerdigung anwesend. Eine Woche danach kam von einem Detektivbüro, das ich damit beauftragt hatte, die Nachricht, dass Frank L___ Miss R___ in London aufgesucht hatte. Ihre Dienerin sagte, dass sie glaube, er hätte ihr einen Antrag gemacht, den sie abgelehnt hatte.

Frank L___ war tot und gegangen. Es machte nun keinen Sinn mehr, die Sache weiter zu verfolgen, und nichts würde von einer Offenlegung, die ich machen könnte, erreicht. Die einzige Frage die mich beschäftigte, und manchmal immer noch beschäftigt: War das, was ich in Creeve House gesehen hatte, eine wahre Erscheinung oder ein Traum?

Ich weiß es nicht. Ich weiß nur, dass ich nun immer wieder das Gesicht von Frank L___ sehe, in Stunden, in denen ich allein bin, und ich weiß nun auch, dass er Selbstmord begangen hatte.

## VOM GEFÄNGNIS ZUM SCHLACHTFELD

Es war früh im Jahre 1743, als eine Postkutsche, die auf dem Weg nach Dublin war, auf der Straße in der Nähe von Castleknock von zwei Wegelagerern angehalten wurde. Einer von ihnen hielt die Köpfe der Pferde, während der andere, mit einer Pistole in der Hand, die Tür der Kutsche öffnete und den einzigen Passagier mit dem kurzen Befehl ansprach: 'Ihr Geld oder ihr Leben.'

Der Insasse des Wagens, Mr. Vesey, der Besonnenheit dem Heldenmut vorzog, übergab seine Geldbeutel, in denen sich einige Hundert Pfund und seine Uhr befanden. Dann gestattete man ihm, zu seinem Bestimmungsort weiterzufahren. Er wandte sich sofort an die offiziellen Stellen, die eine gründliche Suche in Gang setzten.

Nach ein paar Tagen wurden zwei Brüder verhaftet, Silvester und William Keogh, die in dem kleinen Dorf Rathcole wohnten und einen sehr schlechten Ruf hatten. Einer von ihnen konnte von Mr. Vesey als der Mann identifiziert werden, der die Tür des Wagens öffnete und ihm sein Geld und die Uhr geraubt hatte. Den anderen konnte er nicht erkennen, man musste ihn deshalb aus der Haft entlassen.

William Keogh wurde der Prozess gemacht, und aufgrund der Aussage von Mr. Vesey verurteilt. Nachdem man die Todesstrafe verhängt hatte, wurde er ins Gefängnis von Kilmainham gebracht, wo das Urteil vollstreckt werden sollte.

Ein paar Tage nach dem Prozess wurde Mr. Vesey, der im Militärdienst war, zu einem Einsatz im Ausland geschickt. Er hatte den Dienstgrad eines Captains [Hauptmann], und sein, die Engländer unterstützendes Regiment, war Teil der englischen Kolonne, die das Schlachtfeld von Fontenoy fast zu einem 'Waterloo' gemacht hätte [die Schlacht bei Fontenoy im Jahre 1745 gegen die Franzosen, die ihrerseits von der im Ausland operierenden Irischen Brigade unterstützt wurden und schließlich als Sieger hervorgingen].

Als nach dem stürmischen Angriff der Irischen Brigade die fast unbesiegbare Kolonne zusammenbrach, sich zerstreute und floh, lag Captain Vesey rücklings auf dem Feld, mit den Füßen in Richtung des Feindes. Zwei Kugeln hatten ihn getroffen und eine keulenförmige Muskete, die von einem leidenschaftlichen Arm eines im Exil lebenden Iren geschwungen wurde, hatte ihn zunächst bewusstlos geschlagen; er war aber noch nicht tot.

Der französische König Ludwig, als er sah, dass die Schlacht gewonnen war, gab Anweisung, dass man die englischen Verwundeten genauso liebevoll behandeln sollte, wie die eigenen Soldaten. Captain Vesey wurde vom Feld geholt und durch einen Soldaten der Irischen Brigade ins Krankenhaus von Lille gebracht. Er kam aus dem Regiment von Berwick und hatte den Namen Vaughan. Dieser zeigte ihm gegenüber große Fürsorglichkeit.

Captain Vesey erhielt auch die höchste Aufmerksamkeit von den Offizieren der Irischen Brigade in Lille. Verwundet und ein Gefangener in ihren Händen, erinnerte er sie nur daran, dass er, trotz allem, doch ein Landsmann von ihn war.

Bald war er wieder genesen und in der Lage, in die Offiziersmesse zu kommen.

Eines Abends, als er sich in den Räumen des Grafen de St. Woolstan befand, drehte sich die Unterhaltung um die Geschehnisse in der Schlacht. Ein Offizier erzählte, dass er, Captain Vesey, höchstwahrscheinlich sein Leben einem einfachen Soldaten verdankt, der ihn vom Feld geholt hatte, als er vermeintlich tot erschien.

Captain Vesey fragte begierig nach dem Namen des Soldaten und sagte, dass es seltsam sein, dass er ihn niemals für eine Belohnung aufgesucht hatte.

Graf de Woolstan ließ nach dem Soldaten suchen, und ein paar Abende später meldete sich dieser im Quartier des Grafen und wurde zu Captain Vesey gebracht. Der Captain konnte seinen Augen kaum trauen, aber wenn sie ihn nicht täuschten, stand William Keogh vor ihm, von dem er geglaubt hatte, er läge in einem Verbrechergrab in Kilmainham. Er war gerade dabei, ihn bei seinem richtigen Namen zu nennen, als er daran dachte, dass es dem Mann schaden könnte, dem er für sein Leben dankbar sein musste. Er erhob sich und dankte William *Vaughan* herzlich für seine Güte und offerierte ihm zwanzig Goldstücke, aber der Soldat lehnt ab, sie zu nehmen.

Er war sehr aufgeregt, als er antwortete:

'Nein, Captain Vesey, ich werde nie wieder einen Penny ihres Geldes anrühren.'

'Es scheint so, dass Sie sich schon vorher getroffen haben', bemerkte daraufhin der Graf.

'Das haben wir', sagte Keogh, 'aber Captain Vesey weiß nicht alles. Ich werde es erzählen.'

Der Graf unterbrach ihn dabei und bemerkte, dass er nichts über vertrauliche Dinge wissen wolle, die nicht für ihn bestimmt sind. Er kenne Vaughan nur als einen guten Soldaten und hatte nicht den Wunsch, mehr zu erfahren.

'Und ich mache das Gelöbnis', sagte der Captain, der Keogh bei der Hand nahm, 'dass ich Sie niemals erwähnen werde, ausgenommen als den Mann, dem ich mein Leben verdanke.'

Keogh nahm die Hand des Captains herzlich in die seine, drückte sie, und dann, als ihm die Tränen in die Augen kamen, salutierte er den Offizieren und ging aus dem Raum.

Ein paar Monate später, als der Gefangenenaustausch vorgenommen wurde und als sich Captain Vesey vom ritterlichen Grafen verabschiedete, informierte ihn dieser, dass er Vaughan zum Feldwebel befördert hatte. Vaughan – oder Keogh, wie wir ihn kennen – fragte, ob man ihm die Gelegenheit gäbe, dem Captain 'Auf Wiedersehen' zu sagen, was man ihm gewährte, und er nahm dankbar Abschied.

Jahre gingen vorbei, und Captain Vesey, der später in Indien und Amerika gekämpft hatte, kam zurück nach Europa, wo ihn das Schicksal des Krieges erneut zu einem Gefangenen in den Händen der Franzosen machte, als der Herzog de Richelieu Menorca eroberte.

Zum zweiten Mal traf Captain Vesey, oder Colonel [Oberst] Vasey, der er nun war, den Graf de Woolstan. Natürlich sprachen sie über vergangene Tage, und der Colonel fragte nach Vaughan. Er erfuhr, dass, kurz nachdem er (Colonel Vesey) Lille verlassen hatte, Vaughans Bruder Sylvester aus Irland gekommen war, dann dem Regiment von Berwick beitrat und kurz darauf in der Schlacht von Raucoux getötet wurde. In dieser Schlacht wurde William schwer verwundet und für weitere Dienst untauglich gemacht. Er ist nun ein Insasse des *Hotel des Invalides* [Invalidenhaus in Paris für verwundete und heimatlose Veteranen, die für Frankreich gekämpft hatten].

Colonel Vesey, dem während einer Unterbrechung seiner Kriegsgefangenschaft erlaubt wurde, nach Paris zu gehen, suchte nach dem alten Feldwebel, dessen Entkommen vor dem Galgen für ihn oft die Ursache für sonderbare, aber unbefriedigende Vermutungen war.

Keogh war erfreut, ihn zu sehen, und nachdem sie sich in eine der Lauben im Garten der Invaliden gesetzt hatten, erzählte er ihm die Geschichte seines Entkommens.

'Sie sind nun alle tot und gegangen, die dabei geholfen hatten', sagte er, 'und es gibt keine Notwendigkeit für Geheimhaltung mehr. Niemand kann durch die Preisgabe Schaden erleiden.'

In kurzen Worten ging die Geschichte wie folgt:

Nachdem sein Bruder das Geld, das sie geraubt hatten, in einen Leinensack mit anderer Beute gesteckt hatte, versteckten sie ihn in einem tiefen Becken im Fluss Lifey, vor dem 'Salmon Leap' [Lachssprung]. Es war ein schweres Gewicht daran befestigt, um ihn unten zu halten, aber das konnte leicht wieder mit einem Netz entfernt werden.

Als er in seiner Verurteiltenzelle lag, bemerkte Keogh den Gefängniswärter, der den anderen Gefangenen, die auch auf ihre Hinrichtung warteten, wenig Beachtung schenkte, aber besonders an ihm interessiert war.

Eines Tages kam der Gefängniswärter in seine Zelle. Nachdem er die Tür sorgfältig verschlossen hatte, setzte er sich auf einen Stuhl, und fragte, ober er etwas für ihn tun könnte.

Keogh antwortete, dass es das Einzige wäre, was er tun könnte, ihn vor dem Hängen zu bewahren.

Nach einer Pause sagte der Wärter: 'Hast du das Geld?'

'Das und noch mehr, und jeder Penny davon ist sicher', war die Antwort. 'Da sind fünfzehnhundert Pfund für einen wahren Freund.'

Der Köder war verführerisch. Der Wärter gestand, dass er Geld brauchte. Wenn er diesen Betrag bekäme, würde er es Keoghs Bruder Sylvester ermöglichen, durch die Räume zu gehen und eine Strickleiter mitzubringen. Den Schlüssel würde er in der Zelle lassen, sodass der Gefangene um Mitternacht fliehen kann. Aber William wollte nichts davon wissen, dass sein Bruder am Plan beteiligt würde. Er schlug eine andere Lösung vor. Er, William, sollte am Gefängnisfieber erkranken, damals ein recht häufiges Leiden. Es sollte so aussehen, als wäre er daran gestorben, um ihn dann mit einem Sarg hinauszuschaffen.

Der Wärter nahm den Vorschlag an, aber er sagte, es müsse da einen echten Körper geben, denn man würde das untersuchen. Er fügte noch hinzu, dass es in diesem Fall bei nur tausend Pfund für ihn bleiben würde, da die verbleibenden fünfhundert unter den notwendigen Komplizen, denen er vertraute, aufgeteilt werden müssten.

Demgemäß täuschte Keogh die Krankheit vor, und machte sich durch Drogen, die ihm der Wärter verschaffte, ziemlich krank. Die Gefangenen in den Zellen, auf beiden Seiten von ihm, wurden verlegt, weg vom Gefängnisfieber, an dem Keogh angeblich litt. Schließlich wurde er für tot erklärt, und in der Nacht seines angeblichen Todes schleuste der Wärter einen toten Körper in seine Zelle ein, den man auf dem Krankenhausfriedhof ausgegraben hatte. Dieser wurde in Keoghs Bett gelegt, und er selbst wurde auf die Straße hinausgelassen.

Die Untersuchung wurde durchgeführt und ein Urteil gefällt, wobei sich die Jury nicht die Mühe machte, den Körper genau zu betrachten, da sie aus Furcht vor Ansteckung davon Abstand genommen hatten. Der Bruder Sylvester nahm am Begräbnis teil, um die Täuschung aufrecht zu erhalten.

William Keogh heiratete eine Waschfrau in Paris und starb ungefähr im Jahre 1769. Er hatte durch seinem ritterlichen Einsatz nicht nur für ein Verbrechen in seiner Jugend gesühnt, sondern auch das glückliche Gefühl erfahren dürfen, dass er nicht nur Vergebung erfahren hatte, sondern auch die Dankbarkeit des Mannes bekam, dem er unrecht getan hatte.

## ALLES FÜR DIE AUGEN EINER FRAU

### KAPITEL I.

Es war kurz nach Mitternacht, an einem Tag in der letzten Woche des Monats Februar, im Jahre 1797. Drei oder vier Talgkerzen beleuchteten recht gut den Teil eines großen Raums, in dem ein riesiges, altmodisches Vierpfostenbett stand, auf dem der alte William Grierson im Sterben lag.

Er sah aus, wie ein Mann von mindestens fünfundsiebzig Jahren. Das schüttere Haar auf seinem Kopf war silbrig. Sein langes, kantiges Gesicht erschien fast wachsartig und erstaunlich frei von Falten, und in seinen grauen Augen schien noch etwas von dem alten Feuer.

Es war aber offensichtlich, wie er so dalag, dass nicht nur seine Stunden, sondern auch seine Minuten gezählt waren. Zwischen Mitternacht und Morgendämmerung scheint die Zeit zu liegen, die sich der Todesbote ausgewählt hat, um die letzten unumgänglichen und unausweichlichen Aufforderungen zu bringen, besonders zu den Alten, deren Fußspuren in den Wegen des Lebens zurückgeblieben sind. Es ist – vielleicht – gütig gemeint, denn es ist die Zeit, wo die verstandesmäßigen Kräfte am schwächsten sind, und wo der größte Wunsch – wenn auch nur schwach – das Verlangen nach Ruhe ist.

Am Bett des sterbenden Mannes waren zwei Personen. Der eine war ein junger Mann, der gerade über die Schwelle zum Erwachsenensein getreten war. Er war gut gebaut, lebendig, gut aussehend, aber sein schwacher Mund zeigte wenig Entschlossenheit, und die Ecken seiner Augenlider, die seine verträumten Augen verdeckten, waren auffällig hell, als wären Tränen herausgeflossen. Er war der einzige Sohn – das einzige Kind – des sterbenden Mannes. Er war nun hierher gekommen, wie er wusste, um die letzten Weisungen seines Vaters entgegenzunehmen – und seinen letzten Segen.

Der andere war ein Mann von ungefähr fünfzig Jahren. Er hatte ein schroffes, ernstes Gesicht. An seiner Kleidung konnte man sofort erkennen, was er war – ein 'Dissenting Minister' [protestantischer Pfarrer einer von englischen Kirche abgespaltenen Freikirche des 17. und 18. Jahrhunderts]. Er saß in Richtung des Bettendes, der junge Mann neben dem Kissen.

'Ich fühle, dass meine letzten Momente gekommen sind, Robbie', sagte er schwach, 'und ich möchte dir meinen Segen geben, bevor ich gehe.'

Robbie unterdrückte ein Schluchzen, denn der junge Bursche liebte seinen Vater sehr, und wurde – umgekehrt – noch mehr von seinem Vater geliebt, denn er war das Kind 'seiner alten Jahre'.

Jetzt kniete er neben dem Bett nieder, und der sterbende Vater streckte seine dünne, geschwächte Hand aus, die fast durchsichtig wirkte, und legte sie liebevoll auf den Kopf des jungen Mannes.

Auch der Geistliche hatte sich niedergekniet. Seine Hände waren zum Bittgebet nach oben gerichtet, und er betete leise und voller Mitgefühl für den alten Mann, der schon so bald von dieser vergänglichen Welt fortgehen sollte.

'Ich gehe nach Hause, Robbie', sagte er. 'Ich gehe nach Hause, wo ich hoffe, die Mutter zu treffen, die dich geboren hat, und die du nie gesehen hast, und die ihr Leben für dich gegeben hat. Bevor ich gehe, möchte ich, dass du mir etwas versprichst, junger Mann. Ich möchte, dass du mir etwas versprichst – wirst du das tun, Robbie. Wirst du mir etwas versprechen?'

Robbie beugte seine Stirn vor, bis sie fast das Betttuch berührte.

'Ich werde es versprechen, Vater.'

'Gesegnet sind diejenigen, die ihren Vater und ihre Mutter ehren, denn sie werden viele Tage in diesem Land erleben', murmelte der Geistliche, wie zu sich selbst.

'Nun, Robbie, die Zeit ist seltsam, und Männer sprechen von Revolution, dem Sturz von Regierungen, und vom Krieg, der dazu notwendig ist. Ich bin ein sterbender Mann, Robbie, und was bedeuten mir all die augenblicklichen Veränderungen und Revolutionen. Nun, jetzt nicht mehr als das Kräuseln des Wassers auf dem See, wenn der Wind bläst, oder als die Wellen, wenn der Sturm peitscht – oder ein Boot oder Schiff, das mit seiner Ladung und den Seelen an Bord sinkt, aber wenn der Wind sich wieder beruhigt hat, ist alles wieder wie zuvor.'

Der Tonfall des Sprechenden war so feierlich und die Umgebung so rührselig, dass sich Robbie nicht in der Stimmung befand, irgendetwas, das gesagt wurde, zu hinterfragen, sondern er hörte mit ehrfürchtiger und mit der einem Kind gebührenden Zurückhaltung zu.

'Und nun, Robbie, Junge, möchte ich, dass du mir eines versprichst, bevor ich gehe, dass du dich nicht länger in die Politik einmischt oder dich damit beschäftigst, und dass du nie etwas mit einer dieser Vereinigungen zu tun haben wirst, die sich, wie ich höre, im Land bilden, mit Schwüren verbunden, wie sie mir sagten. Wirst du mir das versprechen, Robbie, wirst du mir das versprechen? Ich werde schwach, Robbie, ich will, dass du mir das versprichst, bevor ich gehe, deiner Mutter und meiner wegen, mein Bursche, und dort ist Mr. M'Clane, der das bezeugen wird, Robbie.'

Aber Robbie blieb still und antwortete nicht. Dieser Wunsch hatte ihn so dermaßen stark überrascht, dass er nicht wusste, was er antworten sollte.

Rober Grierson war, wie er glaubte, mit dem stillschweigenden Einverständnis seines Vaters der 'Society of Irishmen' beigetreten [irisch: *Cumann na nÉireannach Aontaithe*,

Gesellschaft der Vereinigten Iren, eine Reformgesellschaft gegen Ende des 18. Jahrhunderts, die für die Schaffung einer irischen Republik war].

Er war sehr gebildet, enthusiastisch, und in einer guten Position. Sein Vater war, wie man wusste, recht vermögend und hatte, neben seiner großen Farm, eine beachtliche runde Summe auf der Bank. Es war einfach für William Grierson gewesen, eine recht angesehene Stellung zu erlangen, und er war in die Spitze eines Ratsausschusses gelangt [für die Freiheit Irlands eintretend], die sich über sein Land verteilten. Die Gesellschaft war an einen Eid gebunden, und Robbie, angesichts seiner Verpflichtung als deren Mitglied, wusste nicht, wie er sich bezüglich der Forderung seines Vaters verhalten sollte.

'Ehre deinen Vater und deine Mutter, wenn du viele Tage in diesem Land erleben willst'.

Es war die Stimme des Pfarrers, die sich leicht über ein Flüstern erhob.

'Wirst du mir das versprechen, mein Bursche? Ich schwebe davon. Wirst du mir das versprechen, bevor ich gehe?'

'Robert fühlte, wie sich die Hand auf ihm entspannte. Er erhob seine eigene, um sie aufzufangen, aber er fühlte, dass sie kalt war. Er schaute auf das Gesicht seines Vaters; und obwohl er noch nicht viele hat sterben sehen, fühlte er, dass dies das Ende war.

'Wirst du es versprechen, Robbie?', und die Stimme wurde schwächer.

'Ich verspreche es.'

'Küss mich, Robbie.'

Der Sohn erhob sich, beugte sich vor und küsste die blassen Lippen des Vaters.

'Nun kann ich glücklich sterben, Robbie.'

Die Tränen trübten die Augen des jungen Mannes. Er wischte sie weg, um einen letzten Blick auf seinen sterbenden Vater zu werfen, der eine seiner Hände hielt. Der Geistliche hatte sich aufgerichtet und die Hände gefaltet.

Ein kurzer Atemzug, ein schwaches Flackern der Augen, und alles war vorbei. Den alten William Grierson gab es nicht mehr.

Ein paar Tage später, bei dem Begräbnis, war die ganze Bevölkerung der Umgebung anwesend, denn der Verstorbene genoss großes Ansehen. Es gab viele Gespräche über die Zukunft von Robbie Grierson, der sich, so früh in seinem Leben, als Herr in einer herausragenden Lage befand. Sogar während des Begräbnisumzugs des Vaters hatten diejenigen, die Freunde des Verstorbenen waren, über die Heiratsaussichten seines Sohnes spekuliert, denn das ist der Lauf der Welt.

Als das Begräbnis vorüber war, machte sich Robbie Grierson ernsthaft daran, auf der Farm zu arbeiten, und hielt sich von seinen ehemaligen Verbündeten fern. Es schien so, als wäre er ein vollkommen anderer Mensch geworden. Er war einst ein heller, unbeschwerter junger Mann, bereit für alle gutartigen Freuden und Scherze. Nun huldigte er der Zurückgezogenheit und wurde fast griesgrämig. Er lehnte alle Einladungen der United Irish Society ab, indem er einmal diese und einmal jene Entschuldigung vorgab, bis es denn Mitgliedern schließlich klar wurde, dass er nicht mehr dazukommen wollte.

Man betrachtete ihn als einen sehr schwerwiegenden Verlust in ihren Reihen, denn er hatte einen beachtlichen Einfluss über einen weiten Bereich des umliegenden Landes und war dazu gebraucht worden, um neue Rekruten für die Reihen der Bruderschaft zu gewinnen. Was seinen Verlust in den Augen der Führer der Vereinigung noch gravierender machte, war die Tatsache, dass es wie eine Abtrünnigkeit aussah und als solche anderen ein verleitendes Beispiel sein könnte, die auf Robert Grierson wie auf eine der Stützen der Gesellschaft blickten.

Sein Verhalten erschien unerklärlich. Obwohl ihn die über ihm Stehenden nicht als sehr entschlossen oder gebieterisch ansahen, glaubte man doch, dass er aufrichtig war. Schließlich kam jedoch die Erklärung, die der junge Grierson, aus welchem Grund auch immer, ungern selbst geben wollte. Als man die Geschichte beim Tod seines Vaters erzählte, hatte man die größten Gefühle der Sympathie für Grierson. Die meisten hatten anerkannt, dass man es ihm, unter den gegebenen Umständen, kaum anlasten konnte, das feierliche Versprechen gegeben zu haben, was ihn von den United Irishmen trennte.

Aber unter ihnen gab es auch einige nicht so Wohlgesonnene, die über Roberts Respekt vor dem Versprechen spotteten, das er dem Verstorbenen gegeben hatte. Es muss jedoch gesagt werden, dass die Mehrzahl ihn für das, was er getan hatte, respektierte, obwohl auch sie es als unangemessen betrachteten, solch ein Versprechen zu fordern, das für Robert nicht bindend sein kann.

Ohne seine Gefühle, so weit vermeidbar, zu verletzen, versuchten die obersten Männer des Bezirks ihn von seinem eingeschlagenen, einsamen Weg wegzubringen, aber vergeblich. Sie machten ihm klar, dass ein Versprechen, das unter solchen

Umständen gegeben wurde, nicht bindend sei, denn es würde bedeuten, dass die lebenden Generationen für immer an die Toten gebunden wären und damit aller Fortschritt in den menschlichen Angelegenheiten aufgehalten würde.

Aber Robert hörte nicht auf sie, und er wurde augenscheinlich noch niedergeschlagener. Alle Zeit, die ihm sein Beruf ließ, verbrachte er damit, am Ufer des Flusses entlangzulaufen, der breit und braun war und seine lohfarbenen Wellen hochwarf, als er unruhig über die Steine floss, die an manchen Stellen sein Dahinfließen unterbrachen, und die *Mearing* [irisch: Grenze] bildeten, zwischen seinem Land und dem von Mr. George Jephson, der eine der Obersten in der United Irish Society in seinem Bezirk war.

Eine kleine Geschichte machte die Runde, dass es einen anderen, zumindest zusätzlichen Grund gab, dass Robert Grierson sich so von den anderen abgrenzte. Man sagte, dass er der Verehrer einer jungen Lady war, die sich in einer Stellung befand, die höher als seine eigene war. In den Augen ihrer Eltern hatten sich seine republikanischen Prinzipien als unüberwindliche Barriere für ihre Vereinigung erwiesen. Mit dem Ziel, ihre romantische Beziehung zu beenden, wurde die junge Lady weg nach England geschickt und verschwand auf dieser Reise. Das Schiff, auf dem sie segelte, erlitt kurz vor Holyhead Schiffbruch, und alle an Bord ertranken.

Die Geschichte war in der Hauptsache wahr, und auch der Grund für die höchst schmerzliche Trauer von Robert Grierson, da er es zugelassen hatte, dass seine erste Liebe wegging, statt seine politischen Prinzipien aufzugeben.

Nun fühlte er sich durch das Versprechen genötigt, das er seinem verstorbenen Vater gegeben hatte, sich von diesen

Grundsätzen abzuwenden oder es wenigstens als notwendig zu erachten, sich von denjenigen zu trennen, die weiterhin Vertreter dieser Prinzipien waren.

Aber von der Liebe verletzt, wie es Robert Grierson geschah, war sein Herz nicht tödlich verwundet. Obwohl das häusliche Leben, das er nun führte, ihn zu einer Beute der Schwermütigkeit zu machen schien, und obwohl er sich einredete, dass er nun sehr liebesmüde war und sein Herz sicher vor den Angriffen von Amor, wusste er nichts von der Kraft und der List des ungeratenen Sohns der Aphrodite.

Er hätte nie davon geträumt, dass der kleine Bogenschütze den richtigen Pfeilschaft für den Bogen hatte, der die surrende Sehne nur verlassen würde, um einen Weg in das Herz von Robert Grierson zu finden.

## KAPITEL II.

An einem Abend im Mai 1797, lief Robert Grierson am Strand des Flusses entlang, der an seinem Landbesitz lag. Das Wetter war schon seit Wochen mild gewesen, und das Land war mit dem zarten Grün überzogen, dass noch nicht so tief von dem Sonnenlicht getrunken hatte, anders als die Blätter Mitte Juni, die so schwer und träge in der windstillen Luft hingen. Der Fluss war noch nicht so klar, wie er es einige Wochen später sein würde, aber er glänzte hell genug, als er aufblitze und aufwirbelte, wenn Steine oder Felsen seinen Weg blockieren wollten. Und selbst wenn er weich und tief dahinfloss, verwandelten die Sonnenstrahlen, die von einem fast wolkenlosen Himmel herunterkamen, seine braune Oberfläche in einen goldenen Farbton.

Wie die meisten romantisch veranlagten jungen Leute liebte es Robert Grierson, den Flüssen zu lauschen. Ihr Gezanke, ihr Flüstern, ihr geheimnisvolles Gemurmel und Schluchzen, ihr Scheuern an Hindernissen und das sanfte Nagen an den Ufern, wenn der Weg frei war, war ihm alles vertraut geworden. All das alles schien in seine dunklen Träumereien zu gleiten und ihnen ihre Klarheit zu nehmen, bevor er es bemerkte.

Hätte ihn jemand unterbrochen, als er so entlangschlenderte, und ihn gefragt, an was er gerade denke, hätte er es schwierig gefunden, wenn nicht gar unmöglich, eine befriedigende Antwort zu geben. Die Gedanken der jungen Leute, wie es uns die Poeten erzählen, sind 'ausgedehnt, sehr ausgedehnt', was eine andere Art ist, auszudrücken, dass es ihnen gegeben ist, in unbestimmbaren Sehnsüchten zu schwelgen.

Was auch immer die Träumereien von Robert Grierson an diesem Abend waren, wurde er plötzlich mit einem Schrei und einem Klatschen in seine wirkliche Umgebung zurückgebracht.

Auf der anderen Seite des Flusses, und knietief bis zu seinen Vorderbeinen, stand ein Pony, auf dem eine Lady saß, die zwar erschreckt aussah, aber auch von prächtiger Schönheit, im Licht der untergehenden Sonne.

'Ich werde ertrinken! Ich werde ertrinken!', schrie sie.

Es bestand jedoch absolut keine Gefahr. Das Pony war eine schmale Landstraße heruntergekommen, die zum Fluss führte – an eine Wasserstelle, und es wusste, was es tat. Nicht so die Lady, die, wie Grierson sah, eine Fremde war und offensichtlich Angst davor hatte, dass das Pony sie in die Mitte des Flusses tragen würde.

Ohne Zögern sprang Grierson hinein und watete für eine kurze Zeit im Wasser, bis es zu seinem Hals reichte, um dann zum Pony hinzuschwimmen. Nachdem er sich versichert hatte, dass der Lady keine Gefahr drohte, wartete er, bis das Pony seinen Durst gestillt hatte, drehte dann seinen Kopf herum und führte es zurück zur Landstraße.

Die Lady war überschwänglich in ihrem Dank, aber Grierson protestierte und sagte, dass dies nicht gerechtfertigt wäre. Trotzdem kam ihm das sehr willkommen, da dieser in einer Stimme ausgesprochen wurde, welche melodischer war, als irgendeine andere, die er je gehört hatte. Sie war süß, fast liebkosend, und da gab es zudem noch den Beigeschmack eines ausländischen Akzents, der einen besonders weichen Einfluss hatte, wenn er von einer Lady gesprochen wurde, jung und wunderschön und eine Fremde.

Mit einer letzten anmutigen Handbewegung, und einem abschließenden Blick aus ihren dunklen Augen, der zielsicher in Griersons Herz traf, drängte sie das Pony voran, umrundete die Biegung der Landstraße und war schnell aus seinen Augen verschwunden.

Grierson stand da und schaute ihr mit einem starren Blick nach, der, wie in einer Vision, fest fixiert war. Es könnte sein, dass es wegen der Sonne war, die hinter den Hügeln versank und verschwand, so wie es aus seinem Blickwinkel erschien. Die Umgebung war nun dunkel, der Strom floss in Schatten dahin, und seine total durchnässten Kleider halfen ihm dabei, sich aus dem Bann der Verzauberung zu befreien, in den er gezogen worden war.

Er hätte hastig nach Hause eilen sollen, um seine Kleider zu wechseln, aber er ging langsam dorthin und wiederholte in seinen Gedanken die kleine Szene, in der er seinen Teil gespielt hatte. 'Niemals war ein Gesicht so schön gewesen', flüstere er zu sich selbst; 'niemals war eine Stimme so süß, niemals waren Augen so verzaubernd'. Als er an all das dachte, schien es so, als würde seine eigene Seele versuchen, zu entkommen, um ihr zu folgen.

Ach, 'die immerwährende Liebe!'

Hätte es irgendjemand an diesem Morgen gewagt, Robert Grierson zuzuflüstern, dass er, bevor die Sonne untergeht, seine erste Liebe völlig vergessen hätte und zum Leibeigenen der Augen einer Frau werden würde, deren Namen er nicht kannte und die er nie zuvor gesehen hatte, hätte er diese Voraussage als kaum besser als eine Beleidigung empfunden oder als dummes leeres Geschwätz.

Und nun, als er in sein Haus zurückkam, fühlte er, dass er an diesem Abend, mit dem so unerwarteten Zusammentreffen mit der unbekannten Schönen, sein Schicksal getroffen hatte.

Er verbracht in dieser Nacht viele Stunden in denen er an sie dachte, und damit, sich zu fragen, wer sie war. Er vermutete, dass sie ein Gast seines Nachbarn war, Mr. ___, der, wie wir wissen, ein prominentes Mitglied der United Society war, und Grierson wunderte sich, warum er zuvor nichts von ihr gehört hatte. Aber dann erinnerte er sich daran, dass er sich in letzter Zeit so abgeschottet hatte, dass wenig Klatsch, welcher Art auch immer, an sein Ohr kam.

Als er daran dachte, auf welche Art er sie traf, konnte er nicht anders, als zu bereuen, dass er nicht die Gelegenheit hatte, ihr einen beeindruckenderen Dienst zu leisten.

Er begann damit, sich romantische Szenen auszumalen – ein Pferd, das wie wild am Abgrund zerrt, eine schreiende Jungfrau, die sich an seiner Mähne festhält. Im letzten Moment würde es ihm, Robert Grierson, gelingen, die Zügel zu ergreifen, das Pferd anzuhalten, aber dabei zu stolpern und ohnmächtig zu werden. Wenn er dann aufwachte, mit Schmerzen am ganzen Körper, würde er nicht wissen wo er war, als er sich in einem schwach beleuchteten Raum wiederfand. Und während er sich über das schöne Gesicht wunderte, das sich über ihn beugte usw. usw. usw...

Es folgten weitere Szenen, in denen die Geschehnisse variierten, bis er in den Schlaf fiel.

Als er am nächsten Morgen aufwachte, kam die schöne Erscheinung des vorausgegangenen Abends wieder in seine Gedanken, und er entschloss sich, dass er versuchen würde, herauszufinden, wer die Lady war.

Die Informationen kamen unerwartet zu ihm, denn Mr. ____ kam vorbei, um ihm selbst und im Namen seines Gastes zu danken. Grierson tat die Sache als belanglos ab, und, soweit es ihn betraf, nicht der Rede wert, aber Mr. ____ versicherte ihm, dass die junge Lady sehr dankbar war. Es würde ihm, wie er sagte, eine große Freude bereiten, wenn er, Grierson, heute Abend rüber zum Abendessen kommen würde.

Grierson, nach kurzem Zögern, das er, wie er meinte, vorgeben musste, da er so viele vorhergehende Einladungen aus dem gleichen Haus abgelehnt hatte, stimmte zu, hinzugehen. An diesem Abend fand er sich in der Gesellschaft von Rosette Neilan wieder, die kürzlich aus Frankreich zurückkam, und die eine glühende Verehrerin dieser galanten Menschen war, und auch voller Enthusiasmus für die Sache der Freiheit.

# KAPITEL III.

## DER TRIUMPH DER LIEBE

Die einzigen, beim Abendessen anwesenden Personen, waren Mr. ___, seine Frau, Rosette und Grierson, und es muss gesagt werden, dass die junge Lady das große Wort führte. Das meiste drehte sich um ihre Schultage, und es gab lebhafte, kleine Geschichten über das französische Leben und viel, aber nicht zu viel, über die Armee, die über Europa hinwegfegte und dabei alte Grenzen verschob und Dynastien beendete.

Man wunderte sich kaum darüber, dass die anderen nur Zuhörer waren. Das liebliche Gesicht der Erzählerin schien zu strahlen, als sie sprach. Ihre wunderschönen Augen waren manchmal so ruhig wie die wellenlose See, und auch so tief, wie unter dem blauen Himmel eines wolkenlosen Sommertags. Manchmal leuchteten und funkelten sie, als sie sich mehr auf das Thema Frankreich in ihrer Konversation konzentrierte. Ihr Vortrag schien zu fließen, wie der Gesang einer Lerche fließt, die zwitschernd und flatternd nach oben fliegt, bis sie in der Höhe verloren geht. Und da gab es noch den *soupçon* [Hauch] eines fremdländischen Akzents, auf den ich mich bereits bezogen hatte, und dem wir, halb dazu verleitet, den Namen *Brogue* [= irischer Akzent] geben würden, weil wir wissen, wie süß dieser Brogue, wie wir sagen, auf den Lippen eines reizenden irischen Mädchens klingt.

Dann gab es da noch ihre wundervollen Gesten, die den Anschein hatten, als würden sie ihren Beschreibungen gewissermaßen Farbe und Bewegungen geben. Es war einfach ein Vergnügen, dem Spiel ihrer Gesichtszüge zuzusehen, und was Robert Grierson anbelangte, erschien es ihm so, als wäre er verzaubert, und in Wirklichkeit war er das auch.

Wenn ihn die Liebe am vorangegangenen Abend verwundet hatte, dann war es in dieser Nacht so, als würde sie ihn an Händen und Füßen binden; und als er nach Hause kam, nach einem Gang im Mondschein, den Fluss entlang, schien er in ihm die Musik ihrer Stimme zu hören, als er murmelnd vorbeifloss.

Es braucht kaum erwähnt zu werden, dass er fortwährend die Gelegenheit suchte, sie zu treffen. Mr. und Mrs. ____ gaben ihm jede Möglichkeit dazu, besonders Mrs. ____, da sie, wie jede Frau, ein wenig von einer Heiratsvermittlerin hatte und auch immer noch Sympathie für kleine Liebesromanzen. Dass dies eine war, daran hatte sie keinen Zweifel. Jeder, der wie sie die Gelegenheit dazu hatte, hätte keine Schwierigkeiten gehabt, diese Entdeckung zu machen, und sie betrachtete diese Verbindung in jeder Hinsicht als passend. Rosette war in der Tat fast ohne einen Penny, während Robert Grierson genug für beide übrig hatte, ohne Verwandte, die von ihm abhingen, und sie dachte, er müsste stolz sein, ein solch schönes und bezauberndes Mädchen, wie Rosette, als Frau zu gewinnen.

Was Mr. ____ anbelangte, war er erfreut über die Vertrautheit, die er zwischen dem jungen Paar entstehen sah, aber für andere und kaum romantische Gründe.

Was Rosette selbst anbetraf, war sie sehr stark an Bewunderungen gewöhnt, sodass sie Robert Griersons Aufmerksamkeit zuerst als eine Selbstverständlichkeit betrachtete; aber es dauerte nicht lange, bis sie fühlte, dass ihr eigenes Interesse an ihm tiefer wurde und ihr Verlangen, ihn zu sehen, stärker.

Während ihrer früheren Zusammentreffen drehten sich die Gespräche um Dinge, die man erwarten konnte, zwischen einer attraktiven, brillanten, unbeschwerten jungen Dame, welche die

Haltung einer Königin annahm, und einem etwas verlegenen jungen Gentleman, der das Gefühl hatte, sein Herz wäre unter ihre Füße geraten, und der benommen war, von ihrer Schönheit und ihrem Willen, und nicht viel mehr tun konnte, als zuzuhören und sie zu bewundern.

Als sie aber miteinander besser vertraut wurden, bekam ihr Reden einen anderen Charakter. Sie begann damit, viel über Frankreich zu reden – von der Revolution – von der Sache der Freiheit.

Sie schien die wundervolle Geschichte der jungen Republik auswendig zu kennen, die mit schlechter Bewaffnung begann und uralte Dynastien bei der Kehle packte und sie gedemütigt in den Staub warf.

Als sie sprach, schienen sich die Schlachtfelder vor ihr aufzutun, und sie beschrieb die Konflikte, als hätte sie selbst daran teilgenommen. Bei einer Gelegenheit, nachdem sie erzählt hatte, wie eine Menge von bartlosen Jungs, ohne Schuhe und fast in Lumpen umherlaufend, die Anhöhen erstürmten und die österreichischen Kanoniere niedersäbelten, drehte sie sich plötzlich zu Grierson hin, und rief, mit einer leidenschaftlichen Geste aus:

'Oh, wenn ich ein Mann wäre, wollte ich ein Soldat sein. Aber wenn ich einmal heirate, dann heirate ich nur einen Soldaten für die Freiheit.'

Sie und Grierson standen auf einer Anhöhe, die sich über den Fluss erhob und die Farben des Sonnenuntergangs zurückwarf.

Sie fielen auch auf das Gesicht und den Körper von Rosette, und als Grierson ihren leidenschaftlichen Tönen lauschte und ihr liebliches Gesicht sah, das mit überweltlicher Schönheit glänzte, fühlte er, dass sie nur ihren Finger heben müsste, um ihm in die Zerstörung zu schicken, und er würde als Antwort wie ein Hund springen, den man von der Leine losgelassen hatte.

'Oh, glorreiches Frankreich!', rief sie aus, 'es musste nur mit dem Fuß aufstampfen, und seine Kinder kamen in Schwärmen herbei und bettelten es an, sie in den Kampf ziehen zu lassen, zu erobern und für es zu sterben.'

'Aber armes Irland', und ein wehmütiger Blick kam in ihre Augen, 'ich bin zu dir zurückgekommen, nur um eine Rasse von Sklaven zu finden.'

Und ihre Stimme, die noch eine Sekunde zuvor so frohlockend war, sank hernieder, als wäre sie mit Sorgen beladen.

Dann, nach einer kurzen Pause, fuhr sie fort.

'Ich fürchte aber, ich hätte nicht in dieser Weise sprechen sollen, Mr. Grierson. Der Abend verschwindet, und ich muss jetzt besser nach Hause gehen.'

'Nicht in dieser Weise sprechen sollen!', rief Grierson aus, 'als würde ich irgendetwas Falsches an ihren Worten finden, oder ihren Gedanken; als würde nicht jedes Wort von Ihnen ein Heim in meinem Herzen finden!'

Und er nahm ihre kleine Hand und hob sie an seine Lippen.

Sie ließ die Zärtlichkeit zu, zog dann sachte ihre Hand zurück und wiederholte: 'Ich muss jetzt besser nach Hause gehen.'

'Aber warum sollten Sie nicht zu mir sprechen und mir alles erzählen?', rief er leidenschaftlich aus.

'Weil – weil', stammelte sie, 'sie wissen, dass sie einmal einer von uns waren – einer von uns, aber das sind Sie nicht mehr länger.'

'Einer von uns!', und er betonte das letzte Wort.

'Oh, ich meine', antwortete sie, mit einem leichten Schwenken ihrer Hand, fast wie mit Verachtung, 'Sie waren einst ein Soldat für die Freiheit – aber das sind Sie nicht länger.'

Für eine Sekunde war er verwirrt, dann erfasste sein Herz, was sie meinte.

'Sie sagten, Sie würden nur einen Soldaten für die Freiheit heiraten?'

'Das ist wahr', antwortete sie.

'Und wenn ich einer wäre?'

'Aber Sie sind es nicht! Schauen Sie, die Sonne versinkt schon hinter den Hügeln – die Schatten kommen ins Tal. Ich muss zurückgehen.'

'Aber wenn ich wieder ein Soldat für die Freiheit werden würde. Wenn ich den Eid der United Men ablegen würde?'

'Den hatten Sie schon geleistet, Robert Grierson.'

'Aber Sie verstehen das nicht. Sie haben noch nicht alles gehört.'

'Ich verstehe. Ich habe alles gehört. Sie haben den Eid abgelegt, und während sich die Männer überall bewaffnen und die Revolution Irland zu einer Republik machen wird, wie Frankreich, und wie es in Amerika begonnen hat, spielen sie die Rolle eines Pflichtvergessenen und Träumers.'

'Aber mein Versprechen wurde dem Sterbenden gegeben – ich kann fast sagen, dem Toten.'

'Dann gehen Sie zwischen die Gräber und halten es.'

'Aber das ist zu grausam, Rosette – Rosey – kleine Rose. Sagen Sie mir, wenn ich wieder – wieder den Reihen der United beitrete, würden Sie mich als ein Soldat für die Freiheit betrachten?'

'Natürlich', antwortete sie. 'Jeder irische Soldat der Freiheit ist jetzt einer davon.'

'Und wenn ich das täte, gäbe es da Hoffnung für mich? Sie wissen, was ich meine.'

'Grün ist die Farbe der United Men', antwortete sie, 'und Sie haben davon gehört, bin ich mir sicher, dass Camille Desmoulines* am Anfang der Revolution, in den Gärten des Palais Royal, ein Blatt von einem der Bäume abriss, sich damit schmückte, und ausrief: »Grün ist die Farbe der Hoffnung«.'

[*einer der Führer der Französischen Revolution].

Ihre Augenlider hingen ein wenig herab, als er sie mit einem leidenschaftlichen Blick ansah.

'Und ich darf hoffen?', fragte er.

'Wenn du das Grün trägst.' Und sie hielt ihm ein Blatt hin, welches sie abgerissen hatte.

Er nahm es und küsste es, und dann?

Nun, es reicht, zu sagen, dass Robert Grierson erneut das Grün trug, als der verlobte Liebhaber von Rosette.


## KAPITEL IV.

### LA DONNA È MOBILE
[Die Frau ist launisch, aus Verdis Oper Rigoletto]

Die Ankündigung ihrer Verlobung mit Robert Grierson wurde von beiden, Mr. und Mrs. ___, mit großer Freude aufgenommen. Von Letzterer aus Gründen, die schon erwähnt wurden, und von Ersterem, weil es mit der Zusicherung verbunden war, dass der junge Mann wieder in die Reihen der United Society zurückgehen würde. Aber selbst als dies so war und er ihre Treffen besuchte, zeigte er kaum den früheren Eifer, und man dachte, dass sein gebrochenes Versprechen gegenüber seinem toten Vater auf ihm lastete. Vielleicht tat es das auch. Aber es ist nicht ausgeschlossen, dass auch die Liebe ihren Einfluss hatte.

Und es ergab sich, dass Rosette, die so begeistert für die Sache der Freiheit war und stets so eifrig darüber redete, andere und liebevollere Themen für die Unterhaltung fand, seit sie sich die Liebe für Robert eingestanden hatte und versprochen hatte, seine Braut zu werden.

Und als die beiden jungen Liebenden, ganz auf sich konzentriert, die grünen Wege entlangliefen, oder am Ufer des sich windenden Flusses, unter den blauen Himmel des Aprils, vergaßen er und auch sie, dass der Konflikt bereits begonnen hatte, der entscheiden sollte, ob die United Irish Society oder die englische Regierung die Herren in Irland sein würden.

Aber schließlich war die Zeit gekommen, die sie Angesicht zu Angesicht mit der Tatsache brachte, dass der Aufstand in Ulster bald stattfinden würde, und dass Robert Grierson daran teilnehmen musste.

Die Liebenden befanden sich nun im süßen Monat Mai, wo, unter anderen Umständen, ihre Herzen sich an dem fröhlichen Monat der Blumen erfreuen würden.

Als sie sich verlobten, nur so kurze Zeit zuvor, wussten sie, dass der Versuch, das britische Joch abzuschütteln, bald stattfinden sollte, und sie hatten sich ernsthaft entschlossen, die Hochzeit zu verschieben, bis alles vorbei war. Die Angelegenheit erschien nicht unsicher zu sein, waren da nicht die Franzosen, die ihnen zur Hilfe kommen würden? In ein paar Wochen würde Irland frei sein, von der Mitte bis zur See.

Aber nun verging fast kein Tag ohne Gerüchte über die Verhaftung von bekannten Führern und von den täglichen Kriegsgerichtsprozessen in Belfast und sonst wo. Diese hatten aber, wie man sagen muss, wenig oder gar keine Wirkung auf Grierson, aber sie hatten einen höchst unerwarteten Einfluss auf Rosette. Große Niedergeschlagenheit schien sich auf ihre Seele zu legen, denn nachts hatte sie furchterregende Visionen von Galgen, und von erhängten Männern, und in fast allen Fällen hatte das Gesicht des Opfers eine groteske Ähnlichkeit mit ihrem Liebhaber.

Sie versuchte, ihre Befürchtungen zu verbergen, die sie belasteten. Aber Robert überredete sie, ihm den Grund für ihre Traurigkeit zu nennen. Es war Zufall, dass sie dabei genau an dem Ort zusammenstanden, wo sie sich ihr gegenseitiges Gelübde gegeben hatten, und der natürlich beiden lieb und teuer war.

Wieder schien prächtig die Sonne, und der Fluss glänzte und funkelte, und von den Hecken kamen einige süße, schwache Stimmen, die ihr Abschiedslied für die untergehende Sonne sangen. Da gab es aber nicht mehr das strahlende Gesicht von Rosette. Das Licht des Sonnenuntergangs brachte nur dessen unbeschreibliche Traurigkeit zum Vorschein.

Grierson hatte seinen Arm um ihre Taille gelegt.

'Sag mir Liebling, sag mir, meine kleine Rosy, was bekümmert dich?'

'Oh Robbie, Robbie!' Die Tränen traten ihr in die Augen. 'Was hat mich hierher gebracht? Was hat mich und dich zusammengebracht?'

'Warum, Liebling, was meist du? Was hat dich hierhergebracht, außer mich zum glücklichsten Mann in Ulster zu machen, oder den verrücktesten.'

'Nein, nein, Robbie, mein Liebster, du warst glücklich, bis ich gekommen bin. Du könnest jetzt auch und für immer glücklich sein, aber ich – ich habe den Verlauf deines Lebens verändert. Es könnte ruhig verlaufen, wie der Fluss unter uns, auf seinem gewohnten Kurs, aber nun –'

'Aber nein, Liebling, wie auch immer sein Verlauf sein wird, es wird strahlender verlaufen, als der Fluss, der dort fließt, solange ich dich bei mir habe, mein geliebter Schatz, liebste kleine Rosette.'

Und er zog sie an sich und küsste sie.

'Aber Robbie, du verstehst nicht, Liebster. Ich hatte solche Träume gehabt, und von dir – oh, sie haben meiner Seele Angst eingejagt.'

'Du dummes Schätzchen. Weißt du nicht, dass Träume sich ins Gegenteil verwandeln?'

'Oh, aber sie kommen immer und immer wieder.'

'Also dann, wie waren sie, Liebste? Sie werden all ihren Schrecken verlieren, wenn du mir davon erzählst.'

Uns so entlockte er ihr die Geschichte, und er küsste sie und lachte ihre Ängste fürs Erste weg, aber das war nur für den Augenblick. Die Träume kamen wieder – jedoch nicht immer die gleichen, denn manchmal sah sie statt einem Galgen ein Schlachtfeld, auf dem sich die Toten türmten, die Gesichter der meisten Leiber verstümmelt, und zwischen ihnen, immer erkennbar für sie, doch fast bis zur Unkenntlichkeit entstellt – war das von Robert Grierson.

Das Ergebnis dieser Träume war, dass Rosette völlig überzeugt davon war, dass ihrem Liebhaber ein fatales Ende bevorstand, es sei denn, da sie keine andere Alternative sah, er würde das Land verlassen. Tag für Tag verschlechterte sich ihre Laune, und Robbie war nicht in der Lage sie aufzuheitern, was auch immer er tat.

Und nun kamen die Nachrichten, dass über das Stattfinden des Aufstands entschieden worden war, und ein paar Tage später kamen die Nachrichten, das Leinster [irische Provinz, zu der auch die Hauptstadt Dublin gehört] sich erhoben hatte.

Grierson musste sich eingestehen, das ihn Rosettes Vorahnungen tief getroffen hatten. Außerdem, als der Moment für den Einsatz gekommen war, drängte sich ihm fortwährend die Szene am Totenbett seines Vaters auf. Sein Gewissen regte sich, dass er das so feierlich abgegebene Versprechen gegenüber seinem Vater gebrochen hatte, und im nächsten Moment hatte er das Gefühl, dass ihm das niemals hätte abverlangt werden dürfen, und überhaupt wusste er, dass er es um Rosettes willen ein Dutzend Mal aufgegeben hätte.

Aber hier war Rosette, die nun traurig war, dass sie ihn veranlasst hatte, es zu brechen. Aber ohne das zu tun, wie hätte er sie gewinnen können? Und dann holte er sie in Gedanken zu sich, wie sie an diesem schicksalhaften Tag neben ihm stand.

Schließlich erhielt Grierson den Befehl, sich den Streitkräften unter Munroe* anzuschließen, und er und Rosette gingen noch einmal runter zum Fluss. 'Würde es das letzte Mal sein?', fragte ihn sein Herz, und er versuchte, fröhlich zu sein. Er sprach davon, in ein paar Monaten wieder vor der Tür zu stehen und Rosette zu seiner prächtigen Braut zu machen [*General Munroe, irischer Rebellenführer und Held der Revolution].

Rosette hatte ihrerseits versucht, alles mutig zu ertragen, aber schließlich brach sie völlig zusammen.

'Oh, Liebling, Liebling, ich habe dich in dein Verderben geführt, Ja – ja, ich bin es, die dich getötet haben wird. Ich würde meine Augen für dich geben, Liebster!'

'Behalte sie für mich, Liebling!, das wäre besser', antwortete Robbie, mit vorgegebener Heiterkeit, und er küsste ihr die Tränen weg.

'Aber Robbie, wenn du mich liebst, mein Bester, ist es immer noch Zeit, dich zu retten. Ich lag falsch, Robbie, es war sündhaft von mir, dich dein heiliges Versprechen gegenüber deinem sterbenden Vater verletzen zu lassen. Ich habe ihn letzte Nacht in meinen Träumen gesehen, und sein Gesicht war voller Ärger. Oh, Robbie, ich habe dir unrecht getan, und du – du bist das Opfer.'

Er presste sie an sich, tätschelte ihre Wangen und blieb still, weil er dachte, es wäre besser, sie ohne Unterbrechung sprechen zu lassen.

Schließlich zog sie sich aus seinen Armen zurück, ging einer oder zwei Schritte nach hinten und fiel dann auf die Knie, und streckte ihre Hände aus. 'Oh, Robbie, wenn du mich liebst, flüchte – flüchte heute Nacht, während es noch Zeit ist. Wenn du in Sicherheit bist, gib mir ein Zeichen, um zu dir zu kommen, und ich werde dir folgen, wenn nötig, um die ganze Welt.'

Robbie beugte sich herunter und hob sie zärtlich hoch.

'Liebste, du zerbrichst mein Herz, wenn du so sprichst. Was du verlangst, ist unmöglich. Sei mein braves Mädchen und verbanne diese albernen Gedanken. Du wirst mich nicht dazu bringen, dass sie mich als Feigling oder Verräter brandmarken. Ich wäre einer davon, wenn nicht beides, wenn mich der Mut verließe oder ich jetzt fliehen würde, wenn der Aufruf kommt. Wenn ich das machen würde, Liebste, weiß ich, dass ich mich schämen müsste, in deine Augen zu sehen, wenn wir uns wiedertreffen, da ich mich als Deserteur betrachten müsste, der ich dann wäre. Nein, meine Liebste, ich werde niemals diese Schande über mich bringen oder über die Frau, die mir ihre Liebe geschenkt hat.'

Bis die Nacht hereinbrach, versuchte er sie zu besänftigen und ihr Herz aufzuheitern – wobei sein eigenes traurig genug war. Nach den letzten Abschiedsworten begab er sich zu seinem Haus, das er zum letzten Mal besuchen würde, mit Bestimmtheit und dem Bewusstsein, dass er den einzigen Weg beschritt, der offen für ihn war, aber sein Herz war mit Vorahnungen verdunkelt.

An nächsten Tag schloss er sich Munroe an. Die arme Rosette blieb zu Hause. Sie betete und weinte und erwartete stets das Schlimmste, unfähig die Überzeugung zu überwinden, dass die Tage des Glücks für sie zu Ende gegangen waren.

Schließlich kam die Nachricht von Munroes Niederlage bei Ballinahinch und der Aufgabe seiner Streitkräfte. Zuerst hörte man nichts von Robert Grierson, und Rosette schloss natürlich daraus, dass er unter den Getöteten war.

Am folgenden Tag, etwa gegen Einbruch der Nacht, brachte ihr ein Arbeiter, der in den Diensten von Robert stand, die Nachricht, dass Robert sich in seiner Hütte versteckt hatte, die ein paar Meilen entfernt stand. Sie rannte dorthin und fand Robert in einem Haufen von sauberem Stroh, ziemlich schwer verwundet, aber in halbwegs freudiger Stimmung.

Sie blieb für einige Tage dort. Da er sich schnell erholte, kamen Rosettes Hoffnungen zurück, und sie schwelgte in dem Traum, dass sie und Robert glücklich sein würden, denn sie hatte ihm das Versprechen abgenommen, dass er nun frei erfüllen konnte – dass er, sobald es ihm gut genug ging, versuchen würden, nach Frankreich zu entkommen, wohin sie ihm folgen würde.

Aber, leider, war das nur ein Traum. Die Bluthunde folgten seiner Spur. Eines Morgens, gerade im Grau der Morgendämmerung, war Rosette auf dem Weg, nahe an der Hütte, in der Robbie lag, als sie plötzlich mit einer kleinen Gruppe von Yeos begegnete.

Sie drehte sich um und floh, verfolgt von Flüchen und abscheulichen Späßen. Noch schlimmer, zwei oder drei aus der Gruppe setzten ihr nach, und obwohl sie wie ein Reh davonrannte, wurde sie schnell eingeholt, denn ihr Fuß hatte sich in einem Dornenstrauch verheddert, und sie stolperte und fiel hin.

Der Yeo hob sie hoch und rief dann aus: Beim ____, das ist die Französin, da kann ihr Liebhaber nicht weit weg sein.'

In der Zwischenzeit wurde das Herankommen der Yeos zum Haus entdeckt, und der Besitzer hatte Grierson herausgeholt und zum Lagerplatz gebracht, wo er ihn gut unter einem Haufen Torf verstecken konnte, der beim Haus lag. Innerhalb von ein paar Minuten waren die Yeos gekommen und brachten Rosette mit sich, deren Gesicht vor Empörung entflammt war.

'Durchsucht das Haus', rief der Anführer der Bande. Das taten sie, aber es war niemand drin. 'Komm, Mann, sag und wo der Verräter Grierson ist, bevor wir dir etwas antun.'

'Das ist mehr, als ich weiß', antwortete der Hausbesitzer, an den die Frage gerichtet war.

'Nun, dieses Frauenzimmer wird es uns sagen', schrie einer der brutalsten aus der Bande, und er ergriff Rosette auf solch eine Art, dass sie aufschreien musste.

Plötzlich taumelte ein Klumpen Torf über den Hof, und mit leuchtenden Augen und einem weißen Gesicht stolperte Robert Grierson heraus und ging zu dem Grobian.

'Lass sie los, du Feigling', und er schlug ihm ins Gesicht. Trotz seiner Schwäche war der Schlag nicht ohne Wirkung, und Rosette konnte sich von dem schmutzigen Griff befreien.

Es gab da etwas in der Leidenschaft von Grierson, das die Sympathie des Captains der Yeomen zu gewinnen schien, der Grierson gekannt hatte.

'Komm', sagte er, 'lass dich ohne Widerstand fesseln, und ich gebe selbst mein Versprechen, dass das Mädchen unbehelligt davongehen kann.'

'Oh Robbie, Robbie!, war alles, was die arme Rosette sagen konnte, und ihr ganzer Körper schüttelte sich, als sie weinte.

Als die Yeos bereit waren, um mit Grierson wegzumarschieren, suchten sie erst nach dem Hausbesitzer. Dieser aber war geflohen, als sich Robbie selbst zu erkennen gab, und er war weggerannt, zu einem Ort, wo man ihn nicht finden konnte. Aus Rache setzten die Yeos das Strohdach in Brand.

Rosette bettelte darum, den Gefangenen begleiten zu dürfen.

Aber, nachdem er den Yeos befohlen hatte, sich von ihr fernzuhalten, holte der Captain sie zu sich hin.

'Ich würde ihren Wunsch erfüllen', sagte er gütig, 'aber wenn Sie meinen Rat annehmen wollen, gegen Sie nach Hause. Ich möge in der Lage sein, ihre Ehre zu beschützen, aber wir werden unseren Gefangenen in andere Hände geben.'

'Robbie drängte sie, sich gemäß seinem Vorschlag zu verhalten – und sie, indem sie versprach, ihn am nächsten Tag im Gefängnis zu besuchen und auch Mr. ___ mitzubringen, nahm mit gebrochenem Herzen Abschied, wobei sie versuchte, so stark zu erscheinen, um den Yeos keinen Grund zum Spotten zu geben.

Sie ging auf einen kleinen Hügel, von dem aus man die Straße für fast eine Meile überblicken konnte, und auf der die Yeos mit ihrem Gefangenen entlang gingen. Als sie ihn beobachtete, wie er immer weiter und weiter verschwand, schien das Blut des Lebens aus ihrem Herz zu verschwinden. Als sie schließlich zur Biegung kamen, die ihn außer Sicht brachte, brach die arme Rosette vollkommen zusammen und fiel ohnmächtig zu Boden.

Eine Woche später hatte der Galgen in Robert Grierson ein neues Opfer gefunden. Die Liebesgeschichte von Rosette war vorbei. Ihr dunkelster Traum war Wirklichkeit geworden.

Die folgende Geschichte, **Die List der Madame Martin**, ist die letzte, die Edmund Leamy geschrieben hat. Sie wurde in Frankreich verfasst, wohin er, seiner schlechten Gesundheit wegen, gegangen war. Sie befasst sich mit der Französischen Revolution und den Zeiten danach, die für manche Iren immer ein Beispiel für ihren eigenen Drang nach Freiheit und der Befreiung von der lästigen britischen Besatzung war. Edmund Leamy verstarb im Dezember 1904 in der französischen Stadt Pau im Alter von 56 Jahren. Es war ihm nicht mehr vergönnt die Entstehung einer unabhängigen Dominion von Irland innerhalb der britischen Monarchie im Jahre 1922 zu erleben, als Folge des Irischen Unabhängigkeitskriegs. 1949 konnte der britische Einfluss mit dem Austritt aus dem Commonwealth (Common = gemeinschaftlich, wealth = Wohlstand für die Engländer] gänzlich abgeschüttelt werden, und es entstand die heutige Republik Irland, der allerdings immer noch ein Stück fehlt an das sich die Briten (Engländer) immer noch genauso klammern wie an die Falklands am Ende der Welt oder der Taschendieb an die gestohlene Uhr.

Literarisch überragt 'Die List der Madame Martin' alle seinen anderen Geschichten, die er überwiegend in die entsprechenden Zeitabschnitte und Geschehnisse in Irland eingebaut hat. Sie ist frisch, fulminant und mit einem köstlichen Humor versehen, der sich sonst in dieser Weise nur bei der Geschichte 'Schlimmer als Cremona' wiederfindet, wo er den Schnupftabak schniefenden Prinz Eugen von Savoy, mit seiner davon vollgerotzten Weste, beschreibt.

Dabei ist sie aber auch sehr tiefgründig. Katherine Tynan hat es in ihrem Vorwort zum Buch gut formuliert: 'Sie zeigt, dass das Talent des Autors am hellsten war, als der Tod kam, um es auszulöschen.'

# DIE LIST DER MADAME MARTIN

Die Natur war ein wenig herzlos mit Danton Martin, als sie eine große Seele in einen kleinen Körper steckte, und die Liebe, die auch fantastische Streiche spielen kann, hatte ihn mit einer Ehefrau zusammengebracht, die einen Kopf größer war als er, aber andererseits auch mit üppigen Proportionen versehen, auf die er, nicht ohne Grund, sehr stolz war.

Sie war ungewöhnlich hübsch, hatte eine blendende Figur, und wusste auch das Beste daraus zu machen. Wenn er sich manchmal wegen der überlegenen Größe der Madame zurückgesetzt fühlte, gab es etwas, was dies ausgleichen konnte – ihr einziges Kind, Lucille, die gerade aus dem Nonnenkloster zurückgekommen war. Sie war nicht größer als ihr Vater und eine perfekte Kopie der Schönheit ihrer Mutter. Ihr kleines Gesicht strahlte wie ein Sommertag, aber ohne seine stetige Gleichförmigkeit, und die prickelnde Lebhaftigkeit hatte vielen jungen Burschen von Merploer die Köpfe verdreht.

Und wenn Monsieur Martin auf dem öffentlichen Platz saß, mit der kleinen Lucille neben ihm, an den Tagen, an denen die Kapelle spielte, sah er die vielen bewundernden Blicke, die in ihre Richtung geworfen wurden, und er fühlte sich dann stolz wie ein König auf seinem Thron.

'Nein, er war bestimmt keiner, der den König respektierte, ganz im Gegenteil. Er war, wie er versicherte, ein Republikaner unter den Republikanern. War es nicht so, würde er fragen, dass einer seiner Vorfahren an der Erstürmung der Bastille teilgenommen hatte? Hatte nicht ein anderer von ihnen sein Taschentuch in das Blut von *Monsieur Veto** getaucht? [*König Ludwig XVI., der später im Zuge der Französischen Revolution hingerichtet wurde, bekam den Spitznamen 'Monsieur Veto', wegen zweier Dekrete, gegen die er sein Veto einlegte].

Und später, wurde der Vater von Martin nicht im Kugelhagel verwundet, beim *coup d'état* [Staatsstreich] von *Napoléon le Petit?* [der kleine Napoleon, Napoleon der III.]. Und hat dieser dann Frankreich nicht verlassen, anstatt in dem verhassten Kaiserreich zu leben, und war er nicht erst zurückgekommen, als die Republik ein weiteres Mal errichtet wurde, auf den Ruinen eines Throns?

Leider gab es da einige, die dem widersprachen. Sie sagten, dass die 'Verwundung' lediglich ein Märchen war und dass er nur nach England ging, um sich besserzustellen. Er sei erst dann zurückgekommen, nachdem er für sich gute Voraussetzungen geschaffen, und wohl auch ein Vermögen gemacht hatte.

Sei es, wie es sei, Martins Vater heiratete die Tochter eines reichen Schiffseigners in Merploer, und als Beweis seines republikanischen Glaubens, gab er seinem einzigen Sohn den Namen von Danton [französischer Revolutionär, der später als angeblicher Verschwörer selbst hingerichtet wurde].

Danton Martin gab sein Bestes, um dem großen Namen gerecht zu werden, aber das war nicht einfach gewesen, in ruhigen Zeiten und sich langsam entwickelnden Reformen, und die republikanische Stimmung in Merploer war lustlos, wenn nicht sogar stockend.

Oft gab es Zeiten, wo Danton Martin niedergeschlagen war. Manchmal stand er – nicht immer unbeobachtet von Madame – in der Abgeschiedenheit seines Ankleidezimmers vor dem Spiegel. Beim Versuch, ein löwenhaftes Aussehen anzunehmen, schlug er sich auf die Brust und erinnerte sich an die berühmten

Worte, die Danton vom Fuß des Schafotts aus zugerufen wurden: 'Danton, zeig keine Schwäche!'

Beseelt von dem großen Namen und seinem Beispiel, gründete Danton Martin einen politischen Klub in Merploer im *Vieux Corsaire* [der alte Korsar]. Zweck der Vereinigung war es, die reinen republikanischen Prinzipien zu verbreiten, unter dem Motto: 'Eine einzige und unteilbare Republik'.

Jedes Mitglied des Klubs, das ein anderes Mitglied begrüßte, war daran gebunden, den Gruß mit dem Ausruf 'Lang lebe die Republik' zu beenden, und die unabänderliche Entgegnung darauf war, 'einzig und unteilbar'.

Dieser Satz hatte eine besondere Bedeutung in den Augen von Danton Martin. Mit dem Ausdruck 'Eine einzige und unteilbare Republik', meinte er eine, die über allen Gedanken eines wahren Franzosen erhaben sein und keinen Rivalen bei ihrem Einfluss dulden sollte. Deshalb sollte das, was er die Anmaßungen der Kirche nannte, zerschlagen werden. Wieder und wieder verkündete er seine Ansichten im *Vieux Corsaire*, und als öffentlicher Beweis seines Glaubens sorgte er dafür, dass dieser Satz auf einer Plakette, in Reliefbuchstaben und um einen Freiheitskopf herum, über dem Vordereingang seiner Villa angebracht wurde, die er nach seiner kleinen Tochter 'Villa Lucille' getauft hatte.

Aber, leider, gab es da einige weniger wohlwollende, eifersüchtige Zungen, die versicherten, dass die republikanischen Prinzipien von Danton Martin nicht weiter als bis zur Tür seiner Eingangshalle reichten und dass der lautstarke Redner aus den *Vieux Corsaire* im Inneren der Villa Lucille so leise war, wie die sprichwörtliche Kirchenmaus.

Darin gab es mehr als nur ein Körnchen Wahrheit. Madame hatte sich zunächst nicht so sehr mit den politischen Ansichten ihres Ehemanns belastet, bis die Gesetze zur Unterdrückung der kirchlichen Gemeinden in Kraft getreten waren. Als die Dinge so weit gegangen waren, dass die 'Guten Schwestern', die sie und später auch Lucille ausgebildet hatten, auf die Straße hinausgezerrt wurden, kannte die Empörung von Madame keine Grenzen mehr.

'Eine schöne Republik ist deine Republik', schrie sie Danton an. Es hat die Provinzen an Deutschland preisgegeben, ohne einen einzigen Versuch, sie wieder zurückzuholen, und der einzige Einsatz, den sie für ihre Armee finden kann – die große Hoffnung Frankreichs, wie man uns sagte – ist in Klöster einzubrechen und wehrlose Frauen auf die Straße zu zerren. Deine Republik, einzig und unteilbar, spaltet Frankreich entzwei. Sprich mir gegenüber nie wieder von ihr!'

Danton zuckte zusammen, blieb aber still. Er war schwach genug, um entschuldigende Umstände für die Aufregung von Madame zu finden. Da sie durch die Schwestern aufgezogen wurde, was sonst hätte man von ihr erwarten können?

Die Ehe der Martins basierte aber dennoch auf beiderseitiger Zuneigung, und das war die erste, dunkle Wolke, die sich über die Villa Lucille senkte; und sie würde stärker werden.

Die Tochter Lucille hatte eine sehr enge Schulfreundin – Yolande de Lauvens – deren Bruder Henri Leutnant bei der Pioniertruppe war. Da sich Yolande zu einem langen Besuch bei Lucille befand, hatte Henri, dank Madame, die eine hohe Meinung von dem jungen Leutnant hatte, vielerlei Gelegenheiten, Lucille zu sehen, natürlich immer in Gegenwart der Mutter.

Das Ergebnis war, dass die jungen Leute sich verliebten. Monsieur Martin hatte davon nichts mitbekommen, und er war echt erstaunt, als er von Madame erfuhr, dass der Leutnant nur auf seine Zustimmung wartete, ein Bewerber für die Hand seiner Tochter zu werden.

Er hatte eine solche Sache niemals erwartet. Mehr als einmal hatte er gegenüber Freunden erwähnt, dass er dafür sorgen würde, dass Lucille die Frau eines wahren Republikaners werden würde, und bei mehreren Gelegenheiten bei den Treffen im *Vieux Corsaire*, hatte er erklärt, dass sich die Republik nicht vollkommen auf die Armee verlassen könnte, bevor nicht die Adligen unter den Offizieren aussortiert worden sind. Dabei erinnerte er mit glühenden Worten an die Leistungen der Armeen der Ersten Republik, als die Aristokraten flohen und ihre Waffen gegen ihr Land richteten. Leutnant de Lauvens war ein Aristokrat, und in dieser Angelegenheit, meinte Danton, dass er nicht nachgeben könne. Die Antwort auf die Bitten von Madame war in seiner letzten Äußerung dazu zusammengefasst:

'Madame, die Sache ist unmöglich, und hier wirst du schließlich etwas finden, wo Danton Martin keine Schwäche zeigen wird!'

Danton wollte standhaft bleiben, und obwohl es so schien, als hätte Madame seinen Standpunkt als endgültig akzeptiert, und Lucille nichts sagte, war er doch sehr unglücklich. Tag für Tag verstärkte sich seine Traurigkeit. Zu ersten Mal ist etwas zwischen ihn und diejenigen gekommen, die er am meisten auf der Welt liebte.

Vielleicht war es gut für ihn gewesen, dass es ihm gelang, einige Ablenkung durch die Vorbereitungen für den Empfang des Marineministers zu finden, der im großen Stil vorbereitet wurde. Er sollte nach Merpleur zu einem bald stattfindenden Fest kommen, und dieser Besuch bot eine ausgezeichnete Gelegenheit, eine beeindruckende Demonstration des wahren Republikanertums zu bieten.

Eine der Besonderheiten bei der Kundgebung war ein Umzug, der zweimal den Boulevard entlanggehen sollte, an dessen Ende ein auffälliges Gebäude stand – die Villa Lucille, und Danton machte sich Hoffnung, dass am Tag des Umzugs der Balkon durch die Anwesenheit von Madame und Lucille geschmückt sein würde.

Ein oder zweimal hatte er gegenüber Madame solche Andeutungen gemacht, aber sie nahm den Hinweis mit kühler Stille entgegen. Danton jedoch, immer noch voller Hoffnung, gab Anweisungen, dass der Balkon mit Grünpflanzen und Siegeszeichen mit Tricolore-Flaggen [Tricolore, drei Farben, französische Nationalflagge] geschmückt werden sollte.

Schließlich kam die Nacht vor dem großen Tag. Danton kam sehr spät nach Hause, da er aufgehalten wurde, um die Gestaltung für den morgigen Tag zu perfektionieren.

In der Annahme, alle würden schlafen, schlich er sich nach oben. Vor Lucilles Zimmer hielt er inne. Er ließ seine Kerze draußen auf dem Podest und drückte sanft die Tür auf, um hineinzugehen. Er wollte ihr wie üblich, 'Gute Nacht' sagen, wie sie so in ihrem kleinen Nest schlief, unter den wachenden Augen der Madonna, vor deren Schrein stets eine rote Lampe brannte.

In dieser Nacht war er überrascht, das Zimmer in völliger Dunkelheit vorzufinden. Die Lampe muss ausgegangen sein, dachte er. Er holte seine Kerze herein, und als durch deren Licht das Zimmer erleuchtet wurde, war er kaum in der Lage gewesen, einen Ausdruck der Überraschung zu unterdrücken. Es war total verwandelt. Die zierlichen Überdecken fehlten auf dem Bett, der Schrein war entfernt worden und auch die Bilder der Heiligen an den Wänden. Stattdessen waren da jetzt Gemälde von Danton und anderen Titanen der Großen Revolution, und über Lucilles Bett war ein grässliches Bild der Hinrichtung von Ludwig XVI.

Er beugte sich über die schlafende Lucille und dachte, er würde die Spuren von Tränen auf ihren Wangen sehen. Höchst verwirrt stahl er sich aus dem Raum und hoffte, eine Erklärung dafür bei seiner Frau zu finden, aber sie schnarchte das Schnarchen der Gerechten, und an der Schlafzimmerwand sah er die Beschriftung 'Freiheit, Brüderlichkeit und Gleichheit'.

Danton wagte es nicht, Madame zu wecken. Mit dem Wunsch, die Worte zu vergessen, die ihn zu verhöhnen schienen, blies er die Kerze aus und ging im Dunkeln ins Bett.

Nach einer Stunde wachte er mit einem Schrei auf.

'Was ist los, Danton?', fragte Madame.

'Oh, nichts, Chéri, ich hatte einen Albtraum.'

'Keine Schwäche zeigen, Danton!'

'Nein, Chéri.

Nach einer Sekunde oder zwei hörte man wieder das rhythmische Schnarchen von Madame, aber der Schlaf von Danton kam nicht so schnell zurück. Er hatte von Umzügen geträumt. Dann dachte er, in einem Karren auf dem Weg zur

Hinrichtung zu sein und dass ihm die wütende Menge, mit drohenden Gebärden, wilde Schwüre entgegenrief. Als er sich umdrehte, um dem Anblick zu entgehen, fand er sich Angesicht zu Angesicht mit einer Leidensgenossin unter den Opfern – es war Lucille!

Obwohl er nun wusste, dass es nur ein Albtraum gewesen war, kam der schreckliche Anblick immer wieder zu ihm zurück, aber schließlich überfiel ihn ein gnädiger Schlaf. Als er wieder aufwachte, hörte er die heitere Stimme des Dienstmädchens, die wie üblich Monsieur und Madame einen 'Guten Morgen' wünschte, als sie das Schlafzimmer mit dem *petit déjeuner* [Frühstück] betrat.

'Guten Morgen, Julie', antwortete Madame, 'lange lebe die Republik!'

'Einzig und unteilbar', antwortete Julie in einer feierlichen Stimme.

Danton rieb sich die Augen, und er konnte seinen Ohren kaum trauen. Julie war in dem Aufzug eines Trommlerjungen der Ersten Republik erschienen!

'Guten Morgen, Mamma', sang eine Stimme im Nebenraum.

'Unser Vögelchen ist wach', sagte Madame, und dann mit einer lauteren Stimme, 'Guten Morgen Liebste! Lang lebe die Republik!'

'Einzig und unteilbar', antworte Lucille, und dann, 'Guten Morgen, Papa!'

'Guten Morgen, Chéri!'

'Lange lebe die Republik', sagte Lucille mit freudiger Stimme.

Zum ersten Mal in seinem Leben schien die Antwort im Hals von Danton stecken zu bleiben, aber er brachte sie heraus, 'einzig und unteilbar!', und er keuchte, als hätte er seinen Kaffee verschluckt. Als er sich erholt hatte, sprach er zu seiner Frau, die aufgestanden war und die Vorhänge zum Balkon aufzog.

'Ich bitte dich, Madame, wärst du so gütig, mir das alles zu erklären?'

'Die Erklärung ist einfach, und ich hoffe, sie wird zufriedenstellend ausfallen', sagte Madame im Ton einer Königin in einer Tragödie.

'Die Republik, einzig und unteilbar, ist in unser Haus gekommen und hat es in Besitz genommen. Sie ist in meinen Busen gekommen und nahm Besitz von ihm. Sie ist in den Busen von Lucille gekommen und hat Besitz von ihm genommen, und niemals soll gesagt werden, dass die Villa Lucille in sich geteilt ist. Niemals soll der Spötter sagen, dass die republikanische Einstellung von Danton Martin vor der Tür zur Eingangshalle stehen bleibt. Wir werden ihn heute zum Schweigen bringen, Danton, wir werden heute alle Spötter zum Schweigen bringen!'

'Du hast danach gefragt, dass Lucille und ich heute auf dem Balkon erscheinen, wenn der Umzug vorbeigeht. Wir werden dort sein – ich, als die begnadete Figur der Freiheit und Lucille als Tochter der Republik. Sieh her, fuhr Madame fort, als sie sich zur Garderobe hinbewegte, 'hier sind mein Helm, Lanze und Schild, und ich habe sogar rosa Strumpfhosen.'

'Strumpfhosen!' Danton war kaum in der Lage, das Wort heraus zu keuchen. Die Vorstellung der üppigen Figur von Madame in Strumpfhosen nahm ihm den Atem.

'Ja', fuhr Madame fort, als hätte sie seine Überraschung nicht bemerkt, 'ich werde, natürlich, etwas klassischen Stoff darüber tragen, aus Respekt vor der Meinung von Lucille. Aber schau, wie mir der Helm steht.'

Sie öffnete die Garderobe, und Danton sah den Glanz von polierten Waffen. Sie zog den Helm auf, ließ ihren linken Arm durch das Schild gleiten, nahm die Lanze in die rechte Hand und stellte sich mit ihrem Rücken zur Wand, unter der Beschriftung, 'Freiheit, Brüderlichkeit, Gleichheit – oder Tod'.

Danton konnte nur hinstarren. Er war sprachlos.

'Höre, Danton, höre, hast du den Schrei draußen vernommen? *'Vive le Drapeau Rouge!'* [es lebe die rote Fahne!]. Es sind die Arbeiter, die vorbeiziehen. Siehst du, ich habe die Tricolore auf dem Balkon so arrangiert, dass man nur den roten Streifen sieht.'

'Aber, Madame, bei Gott, die Rote Fahne!'

'Keine Schwäche zeigen, Danton, keine Schwäche zeigen!'

'Rat-ta-rat-ta-rat!'

'Was ist das?', wollte Danton wissen, als er den Klang von Trommeln aus dem unteren Stockwerk hörte.

'Julie übt die *Carmagnole?'* [Rundgesang und Tanz der Republikaner zur Zeit der Französischen Revolution].

'Die was? Seid ihr alle verrückt geworden?'

Dann klingelte es an der Tür. 'Das ist der Bäcker', sagte Madame. Sie ging an Danton vorbei in Richtung der Treppe und rief hinunter: 'Zwei Brote, Julie, nimm zwei Brote!'

'Und geht Julie jetzt hin zum Bäcker in diesem Kostüm?', kreischte Danton. Immer noch mit dem Pyjama bekleidet, rannte er die Treppe runter.

*'Mille diables!'* [tausend Teufel], schrie er, und zog Julie von der Eingangstür zurück. In die Küche, du Luder!'

Aber Julie, die noch leise auf der Trommel spielte, rannte stattdessen die Treppe hoch, zu ihrer Herrin.

'Guten Morgen, Monsieur', sagte der Bäcker, 'lang lebe die Republik.'

'Zwei Brote', antwortete Danton.

'Ich bin heute beschäftigt, Monsieur', fügte er hinzu, um seine Schroffheit zu erklären und um keine weitere Konversation führen zu müssen.

'Ah, ja, Monsieur Danton, sie müssen bald zur *Mairie* [zum Rathaus] gehen. Ich werde selbst auch dorthin gehen, wenn ich mein Brot ausgeliefert habe. Es wird ein großer Tag für den Umzug werden. *Vive le Drapeau Rouge!'*

Und der Bäcker winkte mit seiner Hand in Richtung Balkon, als Danton die Tür geschlossen und ihm diese dabei fast in sein Gesicht geschlagen hatte.

Danton warf die Brote auf den Tisch in der Halle.

Wieder hörte er das Schlagen der Trommel, diesmal von oben kommend, und er schoss die Treppe hinauf und eilte ins Schlafzimmer.

Da waren Julie, die die Trommel schlug, Lucille die neben ihr in einem weißen Leinenkostüm stand, mit einer Schärpe ein wenig unterhalb ihrer Knie, und mit einer phrygischen Mütze* auf dem Kopf.

[*rote Jakobinermütze, französisch *bonnet rouge*, von den Jakobinern als Ausdruck ihrer politischen Einstellung getragen. Als sogenannte Freiheitsmütze wurde sie Symbol republikanischer Gesinnung, bei den Gegnern der Revolution war sie aber auch Zeichen der jakobinischen Schreckensherrschaft].

Daneben, und sie überragend, stand die majestätische Madame.

Danton war außer sich. Er vergaß, dass er keine Hausschuhe anhatte, als er heftig gegen die Trommel trat und Julie anschrie, den Raum zu verlassen.

'In dein Schlafzimmer, Mademoiselle', rief er Lucille zu, die nur zu erfreut war, sich davonmachen zu können. Dann sprach er Madame an. 'Es ist Zeit, diese Posse zu beenden, Madame.'

'Posse! Sie meinen es ziemlich ernst auf der Straße, Monsieur.

Hör hin, Danton, da gibt es nichts, was man an der Seriosität dieses Schreis falsch verstehen könnte. Höre auf die Arbeiter, wenn sie vorbeiziehen, *Vive Le Drapeau Rouge!'*

'Und du hast wirklich die Tricolore so gefaltet', rief Danton aus. So extrem, wie er auch veranlagt war, die Tricolore hatte er noch nicht gegen die Rote Flagge ausgetauscht.

'Und warum nicht', antwortete Madame, 'denke an deine Vorfahren, Danton, an den, der sein Taschentuch in das rote Blut von *Monsieur Veto* getaucht hat, denk an den, der ___'

'Meine Vorfahren kann man aufhängen', rief Danton.

'Das hätten sie wirklich verdient, daran zweifele ich nicht', antwortete Madame, 'aber was würden sie im *Vieux Corsaire* sagen, wenn sie dich in dieser Weise sprechen hören?'

'Aber, Madame, du kannst es nicht ernst meinen, dich in diesem Aufzug auf dem Balkon sehen zu lassen?'

'Natürlich nicht, das ist mein Nachtgewand. Ich habe meine Strumpfhosen noch nicht angezogen.'

'Es ist unmöglich für mich, das zu glauben, Madame.'

'Wenn sehen glauben ist, wirst du es glauben, Monsieur, dieses Kostüm wird für den Moment genügen', und Madame, ohne weitere Umschweife, fuhr fort, die Glastür zu entriegeln, die sich zum Balkon hin öffnet. Sie war offensichtlich gerade dabei, hinauszutreten, als es Danton gelang, zwischen sie und die Tür zu kommen.'

'Madame! Madame! Das kannst du nicht ernst meinen! Augustine! Augustine! Chéri!'

Man konnte zweifelsfrei die Zartheit in seiner Stimme erkennen.

Madame nahm ihre Hand vom Griff.

'Ah, Danton, warum hast du es jemals zugelassen, dass das *Vieux Corsaire* zwischen dich und mich gekommen ist – seit zwanzig Jahren sind wir nun verheiratet. Ich war immer stolz auf meinen Ehemann, und er, so denke ich, hatte nie einen Grund, wegen mir beschämt zu sein.'

'Meine Liebe! Mein Stolz! Meine edle Augustine! Nichts soll zwischen uns kommen.'

'Aber das ist passiert, Danton. Dein *Vieux Corsaire*, und deine *Drapeau Rouge* [rote Fahne], und deine *mangeurs de prêtres* ['Priesterfresser', Verfolger der kirchlichen Vertreter] – du hast das alles zwischen dich und mich und unser Kind und seine Fröhlichkeit gebracht.'

'Nieder mit der *Drapeau Rouge!* Augustine, lass mich diese unheilvolle Flagge entwirren', und er rannte zum Balkon, und mit einigen geschickten und schnellen Bewegungen, holte er die blauen und die weißen Falten aus den Girlanden, bis der Balkon, an allen Stellen, mit den konventionellen und wahren Farben der *Tricolore* erstrahlte. Dann eilte er zurück ins Zimmer und breitete die Arme aus. Von seinen Augen liefen die Tränen herunter, er hechelte nach Luft, und er erschien wie ein kleiner Geysir und Vulkan der Gefühle.

'Komm an meinen Busen, meine Augustine! Lucille, wo bist du?'

Lucille rannte zu ihm.

'Dein Vater war ein Unhold, aber nein, nein, nein, das ist er nicht mehr. Du sollst deinen Leutnant haben, die Wahl deines eigenen Herzens, mein Kind, und den Segen deines Vaters, tausend und tausend Mal.'

'Nichts soll wieder zwischen uns kommen, Augustine', sagte er zu Madame. 'Dein Danton gehört dir, und nur dir – dir und Lucille.'

'Du wirst dich nicht darum kümmern, was sie im *Vieux Corsaire* sagen?', murmelte Madame zwischen ihren Seufzern.

'*Vieux diable!*' *Vieux sac-à-papier* [Alter Teufel! Alte Papiertüten! (hier Hohlköpfe gemeint)]. Danton interessiert sich nicht mehr dafür, was sie sagen. *Que mon nom soit flétri—là bas—que mes chéries soient heureuses!* [möge mein Name dort verderben, wenn nur meine Liebsten glücklich sind].

'Das ist mein guter Danton', sagte Madame. Sie wischte sich mit ihrem Taschentuch über die Augen und wand ihre üppige Figur aus der festen Umklammerung des kleinen Mannes.

'Dann wird Madame heute das schwarze geflochtene Kleid tragen, anstatt das Kostüm des 'Neunten Thermidor'*, sagte Julie, die Gute, die diskret an der Tür stand.

[*der neunte Therimidor. Der Thermidor ist der elfte Monat der Französischen Revolution. Am 9. dieses Monats wurde Robespierre verhaftet und am nächsten Tag hingerichtet].

'Ja, Julie, wir werden uns den Umzug heute Morgen ansehen, in den richtigen Kleidern – und mit der richtigen Einstellung, nicht wahr, mein lieber Danton?'

'Ja, meine Süße'.

Kurz danach gab es eine Hochzeit in der Kirche von Notre Dame in Merploer, die im *Vieux Corsaire* als großer Skandal betrachtet wurde. Die Zeremonie schloss sogar eine Brautzeremonie mit einem Priester ein. Aber Danton hatte sich danach dort nicht mehr blicken lassen – damals und auch nicht jemals wieder – um dem verdienten Zorn seiner philosophischen Freunde nicht ausgesetzt zu sein. Sie aber stimmten untereinander überein, dass er unter die 'Tyrannenschaft der Röcke' gefallen war.